The Act Workbook For OCD

Mindfulness, Acceptance, and Exposure Skills to Live Well with Obsessive-Compulsive Disorder

강박증 스스로 치료하기

Marisa T. Mazza, PsyD 저 | 신재현 · 이규홍 공역

학지사

역자 서문

강박증은 고통스러운 질환입니다. 머릿속에 강박의 스위치가 켜지면 모든 것이 불편하고 불쾌하며 불안해집니다. 이 불편함은 쉽게 떨쳐지지 않고 들러붙는 끈적한 감정처럼 느껴지고, 거기서 벗어나고자 하는 노력은 오히려 더 큰 고통을 유발하곤 합니다. 청결 강박의 경우, 손을 씻어야 한다는 압박감에 손의 피부가 갈라질 때까지 씻는 행동이 반복되고, 그 결과 피부가 성할 날이 없습니다. 머릿속에서 떠오르는 찝찝한 느낌을 해소하기 위해 반복해서 질문하거나 곱씹으며 대부분의 시간을 허비하는 경우도 많습니다. 이런 과정을 겪으며 느끼는 자괴감과 외부의 비난은 강박증 환자들에게 더 큰 고통을 안겨 줍니다.

우연한 기회에 많은 강박증 환자를 만나게 되었습니다. 치료 방향과 철학에 공감한 환자분들이 찾아와 주신 덕분에, 다양한 형태의 강박증을 경험하며 치료할 기회를 가질 수 있었습니다. 그 과정에서 현재까지의 연구에서 가장 효과적인 것으로 알려진 약물치료와 인지행동치료(CBT)를 적용해 보았지만, 강박증의 형태는 매우 다양했고 각자의 개인적 역사와 성격적 특성이 치료 과정에 큰 장애물로 작용하였습니다. 이는 기존의 인지행동치료만으로는 한계가 있다는 점을 깨닫게 했습니다.

수용전념치료(ACT)는 인지행동치료를 넘어 최신의 심리학적, 생물학적 이론을 아우르는 새로운 세대의 심리치료입니다. 이 새로운 접근법을 기존의 인지행동치료와 병행하여 적용함으로써 더 효과적인 치료 방향을 발견하게 되었습니다. 강박증 환자들이 불편함을 단순히 없애려 하기보다, 그 불편함을 수용하고 자신의 삶에서 의미 있는 행동을 이어 나가는 것을 목표로 하는 ACT가 많은 환자의 삶에서 긍정적인 변화를 가져온다는 것을 경험했습니다. 기존의 치료법이 강박증을 억누르기 위해 싸우는 과정이었다면, ACT는 그 불편함을 인정하고 삶을 계속 살아가는 법을 가르쳐 주었습니다. 덕분에 강박증을 치료할 때 더 적은 약으로, 짧은 시간 안에 치료가 종결되는 횟수가 늘어나는 경험을 할 수 있었습니다.

이 책은 강박증을 겪는 분들이 스스로 강박증을 이해하고, 그 고통과 마주하며, 점진적으로 벗어날 수 있도록 돕기 위해 만들어진 자조 서적(self-help book)입니다. 강박증은 단순한 논리적 설득만으로는 극복하기 어려운 질환입니다. 치료자가 아무리 문제의 원인을 설명하고 행동의 방향을 제시해도, 진정한 변화는 그 설명을 온전히 경험으로 받아들일 때 시작됩니다. 따라서 이 책에서는 독자가 직접 경험할 수 있는 다양한 연습 과제를 제시하고 있습니다. 연습 과제에는 답이 있는 것이 아니니, 부디 천천히 이를 겪어 나가며 강박증을 대하는 새로운 경험을 얻을 수 있다면 좋겠습니다. 이 책을 통해 독자들이 스스로 강박증과의 새로운 관계를 맺고, 이를 넘어서는 과정을 체험하길 바랍니다.

강박증을 극복하는 여정은 결코 쉽지 않지만, 올바른 도구를 사용하는 것이 치료의 핵심입니다. 이 책이 여러분의 삶에 조금이나마 도움이 되길 바라며, 책을 통해 스스로 경험하고 깨달음을 얻는 과정이 여러분의 온전한 삶을 다시 찾아가는 데 소중한 밑거름이 되길 기원합니다.

이 책을 만나게 된 여러분의 안녕을 기원하며

신재현, 이규홍 드림

서문

라이너 마리아 릴케는 『젊은 시인에게 보내는 편지(Letters to a Young Poet)』에서 "마음 속에 풀리지 않는 모든 것에 대해 인내심을 갖고 '의문 그 자체'를 잠겨 있는 방처럼, 아주 낯선 언어로 쓰인 책처럼 사랑하려고 노력하라."라고 말했습니다. 그는 "당신이 답 없이 살 수 없을 것 같다는 이유로, 당신에게 주어질 수 없는 답을 지금 찾으려 하지 마십시오. 중요한 건 모든 것을 살아내야 한다는 거죠. 지금 그 의문도 겪어 나갑시다. 그러면 자신도 모르게 먼 훗날 서서히 그 답을 찾아 살아가게 될 것입니다."라는 말을 남겼습니다.

강박증(Obsessive-Compulsive Disorder: OCD)은 의문을 좋아하지 않습니다. 오히려 불확실함을 경멸하고, 통제를 확실성으로 착각하며, 두려움, 불편함, 혐오감, 고통을 피하기 위해 자유를 포기합니다. 그리고 강박증은 조금이라도 도움이 된다면 어떤 것이든, 일시적인 안도감을 가져다주는 강박 행동에 당신을 가두어 버립니다. 강박증은 성인 100명 중 1명이 앓고 있으며, 청소년기에 시작되는 경우가 대부분입니다. 강박증이 꽤 퍼져 있음에도 불구하고, 강박증을 앓고 있는 개인이 표준적인 행동 치료, 노출 및 반응 방지(ERP)에 능숙한 치료자를 찾는 데는 10년 이상이 걸릴 수 있습니다. 이 병으로 어려움을 겪는 성인은 어린 시절을 잃었거나 수년간 어려움을 겪었을 겁니다. 이러한 어려움은 의미 있는 관계, 학업적 또는 직업적 성공, 심지어 이동의 자유나 삶의 기쁨을 누리지 못하게 합니다.

운 좋게 노출 기반 치료에 능숙한 치료자를 찾았을 수도 있습니다. 담당 의료진이 이 책을 건네주었을지도 모르죠! 좋은 치료자를 찾지 못했다면, 도움이 될 다른 자료를 찾다가 이 책을 발견했을 수도 있습니다. 강박증 환자가 이용할 수 있는 노출 및 반응 방지(ERP)에 초점을 맞춘 자조 서적(self-help book)이 많이 나와 있습니다. 그러한 책들은 모두 훌륭합니다. 하지만 정작 ERP에 참여하는 데 어려움을 겪고 있다면 어떨까요? 두려움에 갇혀 버려서 거기에 접근하는 것 자체가 불가능하고 도달할 수 없는 목표처럼 느껴진다면 어떻게 해야 할까요? 이미 포기하려고 마음을 먹은 건 아닐까요? 만약…… 지평선 너머에 다른 삶이 기다리고 있다면 어떨까요? 당신이 이뤄 나갈 삶이 고통과 그 고통에서 배운 모든 것을 가치 있게 만들 수 있다면 어떨까요? 마음은 그럴 수 없다고 말하지만, 자신의 삶을 다시 사랑할 수 있다면 어떨까요? 당신이 읽는 문장들, 각 문장의 단어 하나하나가 가능성을 향한 한 걸음이 될 수 있다면 어떨까요?

이 책은 강박증에 대한 수용전념치료(ACT) 접근법을 제시한다는 점에서 독특한 관점을 제공합니다. ACT는 여러 연구에서 입증된 노출 기반 치료법입니다. 이 치료에서는 두 가지를 목표로 삼습니다. 첫 번째는 경험적 회피, 즉 원치 않는 생각, 감정, 신체 감각을 경험하지 않으려는 의지와 그로부터 자신을 통제하거나 보호하려는 적극적인 시도입니다. 두 번째는 인지적 융합, 즉 생각에 대한 경험과 반응을 문자 그대로 진실인 것처럼 받아들이는 것입니다. 결론적으로, ACT는 당신이 되풀이하고 있는 통제 전략을 약화시켜 앞으로 나아갈 수 있도록 돕기 위해 노력합니다. 가장 중요한 부분은, 강박증이 나를 괴롭히더라도 삶을 가치 있게 만드는 것들을 향해 의도적으로 움직이도록 격려한다는 점입니다.

이 책은 매력적이고 명료한 문체를 사용하여 당신과 가족, 그리고 사랑하는 사람들이 자유를 되찾기 위한 모범 사례를 보여 주면서 당신을 이끌 것입니다. 마리사 T. 마자(Marisa T. Mazza) 박사는 의식에 얽매이지 않고 괴로운 생각을 위한 공간을 확보할 수 있도록 돕기 위해 현재 순간의 알아차림, 수용, 탈융합(생각에서 한 발짝 물러나, 생각을 진리가 아닌 그저 생각으로 보는 것) 등의 전략을 설명합니다. 맥락으로서의 자기 연습은 생각하는 사람으로서 자신과 생각 사이에 거리를 두게 해 주며, 강박 사고가 삶을 선택하도록 허용하는 대신 자신의 의도에 맞게 선택하는 방법을 알아차리는 데 도움이 될 것입니다. 마지막으로, 가치와 전념 행동은 삶이 강박증 통제 여부에 의해 좌우되는 것이 아니라, 진정으로 중요한 일로 방향을 전환할 수 있도록 도와줄 것입니다.

이 작업이 쉽지 않다는 건 분명합니다. 하지만 강박증을 가지고 산다는 것도 마찬가지입니다. 이 책을 통해 자신의 길을 선택하는 연습을 한다면, 강박증이 만들어 낸 덫에서 벗어날 수 있습니다. 우표 크기의 작은 삶에 갇힐 때까지 점점 더 조여 오는 강박 행동의 하강 나선에 빠지지 않고, 강박증에서 벗어날 수 있게 될 것입니다. 강박증 환자들이 흔히 오해하는 내용 중 하나는, 노출을 기반으로 하는 작업을 하면 지금보다 더 힘든 삶을 살게 될 것이라는 부분입니다. 하지만 이는 사실이 아닙니다. 고통스럽기는 하겠지만, 치료를 할 만한 이유가 있습니다. 치료를 피하면 더 큰 고통에 빠지게 됩니다. 이 책에서 설명하는 방식으로 강박증의 고통에서 벗어나면 자유, 빛, 기쁨 그리고 남은 삶과의 연결로 나아갈 수 있습니다. 이 책의 시작점인 지금, 당신은 갈림길에 서 있는 것과 같습니다. 당신이 던질 수 있는 유일한 질문은 '어두운 그림자로 돌아갈 것인가, 아니면 앞으로 나아갈 것인가'입니다.

이 책은 가능성과 희망에 대해 이야기합니다. 강박증이 숨겨 왔던, 내면에 잠재되어 있던 당신의 강함에 관한 이야기이기도 합니다. 호기심을 가져 보세요. 한번에 한 걸음씩 내딛을 때, 다른 삶이 조금씩 눈앞에 펼쳐진다면 어떨까요? 제가 당신에게 바라는 것은 그저 이 여정을 선택하는 겁니다. 이 여정에는 우여곡절과 가시밭길이 있지만, 충분히 그만한 가치가 있습니다.

Lisa W. Coyne, PhD

심리학자, 하버드 의과대학 조교수

뉴잉글랜드 강박증과 불안장애 센터(NECOA)의 설립자 겸 이사

차례

시작하며

강박증과 함께 온전히, 그리고 자유롭게 살아가기

많은 분이 이 책을 호기심 때문에 집어 들었을 겁니다. 우리 모두는 우리가 두려워하고 고통받을 때 특히 의문을 품게 됩니다. 아마 당신은 스스로 이렇게 질문할 거예요. '내가 뭘 잘못했지? 내가 왜 이렇게 불안할까? 내가 정말 강박증인가? 이걸 어떻게 없애지? 나 항상 이렇게 살아야 해? 약을 먹어야 할까? 이 책이 나에게 도움이 되기나 할까? 내가 이 작업을 해낼 수 있을까?'라고 말이죠.

질문을 던지는 건 인간 경험에 있어 중요한 부분입니다. 그것은 우리가 호기심이 있고, 변화를 갈망하며, 아마도 더 온전하고 자유롭고 싶다는 의미일 거예요. 우리는 열정과 흥분뿐만 아니라, 우리가 되고 싶은 사람으로 살아가는 삶을 갈망합니다. 우리 자신이 가진 고통의 무거운 사슬과 우리의 생각과 감정으로부터 자유로워지기를 원합니다. 저는 당신이 기꺼이 호기심을 갖고, 또 질문을 던지는 데 박수를 보냅니다.

당신의 질문들에 대한 답을 찾는 데 도움을 주기 위해 이 책을 썼습니다. 이 책은 또한 자신이 원하는 삶을 살아가고, 자신이 원하는 사람이 되는 방법에 대한 안내서이기도 합니다. 여기에는 당신을 짓눌러 왔던 것에서 어떻게 자유로워질 수 있는지를 배우는 방법도 포함됩니다. 당신은 많은 생각과 강박 행동을 줄이는 데 쓴 시간을 줄이고, 가장 사랑하는 것에 더 많은 초점을 맞추며 더 가벼운 삶을 살아갈 수 있습니다. 자신이 사랑하는 사람과 더 많이 시간을 보내며, 자신의 일에 더 많은 힘을 내고, 자신을 좀 더 많이 사랑하는, 당신이 되고 싶은 사람이 될 수 있습니다. 이에 대해 약간의 걱정이 들 수 있겠지만, 그 걱정은 완전히 정상입니다. 그러니 위험을 기꺼이 감수하고, 어쨌든 새로운 것을 시도해 보는 건 어떨까요?

예전에 태미라는 이름의 내담자가 눈물이 그렁그렁해 저에게 찾아왔었습니다. 그녀는 관계에서 수치심을 느꼈고, 삶의 대부분의 시간을 불안한 감정을 느끼는 것을 피하려는 데 썼습니다. 그녀는 더러워지는 것이 두려웠고, 메스껍고 불안한 감각을 견딜 수 없었습니다. 태미는 시간과 에너지 대부분을 더러운 물건과 주변 환경을 살피고, 집 안팎에서 더러운 장소를 피하고, 그녀의 연인에게도 이러한 장소를 피했는지 묻는 데 썼어요. 이전에 치료를 받기는 했지만, 그리 성공적이지는 않았습니다. 그녀는 "이 치료가 이전에 내가 노력했던 것들과 대체 뭐가 다른 건가요?"라고 물었습니다. 태미는 아주 절망적이었습니다.

저는 대답했습니다. "이 치료가 당신이 찾고 있는 변화로 향하는 데 도움이 될지는 모르겠지만, 해 보지 않으면 아마 영원히 알 수 없을 테지요. 새로운 방법을 시도하는 것은 위험을 기꺼이 감수하며, 당신이 원하는 충만함과 자유를 찾아낸다는 것을 의미합니다."라고요. 태미는 기꺼이 위험을 감내하려 했습니다. 결과를 확신할 수는 없었지만, 이 책에 있는 연습들을 기꺼이 시도하려 했어요.

결국, 태미는 더 이상 자신의 환경을 과하게 탐색하지 않는 것이 얼마나 자유로운지를 경험하고 깜짝 놀랐습니다. 대신에 그녀는 그녀 자신과 연인이 함께 있는 데 시간을 더 많이 쏟았습니다. 또 더 창의적인 일들에 참여했고, 친구들과 어울리기 시작했습니다. 원치 않는 생각들과 무엇인가를 확인하려는 충동을 계속해서 경험하지만, 자신이 원하는 사람이 되어 이 경험들을 더 잘 겪어 낼 수 있었습니다. 이는 그녀가 위험을 기꺼이 감수하면서 새로운 것을 시도하지 않았다면 일어나지 않았을 일일지도 모릅니다.

태미가 겪은 초기의 절망감은 때로 우리 모두가 경험하는 것입니다. 절망감과 같은 부정적 감정들은 우리에게 가르침을 줍니다. 만약 우리가 그 감정들에 귀를 기울인다면,

우리는 더 많은 것을 원한다는 것을 상기하게 됩니다. 어떻게 하면 더 많은 것을 얻게 될지 알지 못할지라도, 우리는 호기심을 갖고 열려 있을 수 있으며, 새로운 방법을 찾는 시도를 하는 데 있어 위험을 기꺼이 감수할 수도 있습니다. 위험을 감수한다는 것은 두려울 수 있어요. 그것은 결과를 알지 못한 채로 무엇인가를 시도한다는 것을 의미합니다. 이로 인해 패배감과 불편함을 느낄 수도 있습니다. 패배감과 불편한 감정은 인간에게는 정상적인 부분이며, 설령 패배감이 고통스러운 경험일지라도 때로는 가장 가치 있는 학습으로 남게 될 수도 있습니다. 그러니 실패와 그 감정들에 익숙해져 봅시다. 왜냐하면 인생에서는 그들을 엄청나게 많이 만날 테니까요!

태미가 처음에 그랬던 것처럼, 당신이 지금 하고 있는 행동이 자신을 원하는 곳에 다다르게 하지 못할 수도 있습니다. 당신은 훌륭하고 아름다운 삶을 누릴 자격이 있습니다. 그러니 기꺼이 위험을 감수하고, 새로운 것을 시도해 보는 게 어떨까요? 만약 그렇게 한다면, 이 책은 당신을 자신만의 여정으로 안내할 것입니다. 시작하기 전에, 당신이 호기심을 갖고, 마음을 열고, 기꺼이 헌신하고자 함은 당신의 두려움보다 더 중요한 것이 있고, 당신 안에 회복 탄력성이 있음을 말해 준다는 것을 알아야 합니다.

시작하며

당신은 아마 당신이 겪게 될 경험과 이 책이 어떤 도움을 줄지에 대해 많이 궁금할 테지요. 아마 자기 자신에게 이렇게 물을 겁니다. '나에게 대체 무슨 문제가 있지?' '왜 나는 불안하지?'라고요.

당신은 인간이고, 고통받고 있습니다. 우리는 자신의 통제를 벗어난 것을 너무 많이 경험하고, 모두 어떤 취약함을 갖고 태어납니다. 어떤 이들은 다른 이들보다 더 많은 불안을 경험하고, 또 어떤 이들은 당뇨병과 중독을 겪기도 합니다. 당신이 가진 취약함은 당신의 잘못이 아니며, 고통받을 필요는 없습니다. 이 책은 당신이 할 수 있는 것을 바꾸어 나가는 과정에서 통제할 수 없는 것들을 수용할 수 있도록 도울 것입니다.

나는 강박증일까

강박증(OCD)은 원치 않는 침투 사고(thoughts) 혹은 충동, 그리고 반복되는 신체적 혹은 정신적 행동을 경험하는 병입니다. 강박증은 불안과 불편함과 관련되어 있고, 매일의 삶에 부정적인 영향을 줍니다. 당신은 강박 사고, 강박 행동, 혹은 둘 다를 경험하고 있을 겁니다. 강박증은 스펙트럼을 가집니다. 어떤 이들은 심각한 증상, 이를테면 하루 종일 나타나는 원치 않는 생각, 충동, 강박 행동들을 경험하며, 이는 그들의 삶을 심각하게 방해합니다. 다른 이들은 조금 더 가벼운 증상을 경험하는데, 예를 들면 어느 정도의 시간이 걸리는(적어도 하루 한 시간 이상의) 원치 않는 생각, 충동, 반복적인 행동을 경험하고, 이는 삶의 일부에만 영향을 미칩니다. 어떤 이들은 원치 않는 생각, 충동, 강박 행동, 불안 혹은 불편함을 경험하더라도 그 시간이 오래 걸리지 않거나 그들의 삶에 큰 영향이 없기도 합니다. 이 사람들은 강박증의 증상을 가지고 있지만 강박증이라고 진단하지는 않는데, 이는 원치 않는 생각, 충동, 강박 행동을 경험하는 데 하루 한 시간 이상이 걸리지는 않기 때문입니다.

당신이 강박증을 가지고 있는지, 혹은 자신의 증상이 스펙트럼상에 위치하고 있는지 확신하지 못할 수도 있습니다. 아니면 전문가를 만나서 공식적인 진단을 받았을지도 모릅니다. 어느 쪽이든 이 책은 당신이 가진 원치 않는 생각, 감정과 당신과의 관계를 변화시켜 활기찬 삶을 살 수 있게 도울 수 있습니다. 1장에서 강박증은 무엇인지에 대해 자세히 설명합니다. 거기에서 당신은 몇 가지의 흔한 강박 사고와 강박 행동에 대해 알게 되며, 강박증 스펙트럼에 당신이 위치하고 있는지 알 수 있게 될 겁니다. 이 책에 담긴 이야기와 연습에서는 당신이 강박증을 갖고 있다고 간주하고 이야기를 하지만, 꼭 강박증 스펙트럼에 들어맞지 않더라도 이 책이 당신을 도울 수 있다는 사실을 기억하시기 바랍니다.

어떻게 강박증을 없앨 수 있을까

자신이 하는 흔치 않은 생각들과 불편한 느낌들을 좋아하지 않는다면, 그건 당신만이 느끼는 감정이 아닙니다. 그것들을 없애 버리고자 하는 욕망은 완전히 정상입니다. 사실, 당신은 자신의 생각과 감정을 없애 버리려는 목적으로 다양한 강박 행동에 참여하고 있을지도 모릅니다. 강박 행동이 일시적인 위안을 주더라도, 기저의 공포와 감정들은 종종 남게 됩니다. 그리고 어떤 형태로든 강박 사고는 다시 돌아옵니다.

당신의 생각과 감정을 없애 버리기 위해 시간을 많이 소비하게 되는 것이 다뤄야 할 주요 주제 중 하나입니다. 또 다른 주제(그리고 이 책에서 초점을 맞추고 있는 것)는 불편한 생각과 감정들을 가지는 방법을 배우는 데 시간과 에너지를 쓰는 것이고, 그렇게 할 수 있다면 그들이 나타날 때 짓눌릴 가능성이 더 적어집니다. 당신과 당신의 삶의 궤도에서 벗어나게 하는 경험들 대신에, 당신은 삶의 운전석에 앉아서 자신의 시간을 어떻게 보낼 것인지에 더 의미를 두고 조정할 수 있습니다.

노출 및 반응 방지(Exposure and Response Prevention: 이하 ERP) 같은 가장 많이 사용하는 치료들은 전형적으로 당신의 증상들을 줄이는 데만 초점을 맞춥니다. 증상을 줄이는 것은 중요한 목표겠지만, 장기적인 관점에서는 단순한 증상 감소의 성공보다 더 많은 것이 필요합니다. 증상을 조절하거나 통제할 수 있는 또 다른 전략을 익히기보다, 이 책은 당신의 생각과 감정을 매일의 삶에서 어떻게 가져 보아야 할지에 대해 가르쳐 줄 것입니다. 강박 증상의 감소는 이러한 과정의 한 결과겠지만, 이 책에서의 초점은 강박증을 갖고서도 온전하고 활기찬 삶을 살아내는 것입니다.

항상 이렇게 강박에 갇혀 있어야 할까

아픔(pain)은 삶의 한 부분이지만, 고통(suffering)은 그럴 필요가 없습니다. 지금도 강박 사고를 떠올리고, 불안을 경험하는 일이 계속되고 있을 겁니다. 그러나 좋은 소식은 여기서 경험들과 상호작용하는 새로운 방법과 감옥의 죄수처럼 당신을 가두기보다는 활기찬 삶을 향해 나아갈 수 있는 방법들을 배울 수 있다는 것입니다. 이 책은 당신의 강박 경험들에 대해 새로운 정서적·행동적 반응을 가르쳐 주어, 당신의 더 큰 목적과 연결될 수 있도록 도울 수 있습니다. 당신이 추구하는 가치들이 드러나게 하는 작업은 온전하고 목적 있는 삶을 살기 위해 우리가 취하는 행동에 동기를 부여해 줍니다.

약을 꼭 먹어야 할까

약을 먹을지 말지 여부는 개인의 선택에 달려 있습니다. 전적으로 당신과 당신의 주치의에 뜻에 달려 있는 거죠. 저(저자)는 의료인이 아니고 약에 대해서 전문가도 아니지만, 당신이 정보에 입각한 결정을 내릴 것이라고 믿습니다.

사실, 강박증 치료에서 최우선으로 고려하는 치료는 약물치료가 아닌 ERP 기법입니다(Hofmann & Smits, 2008). ERP 단독으로도 어떤 이에게는 증상과 재발을 줄이는 데 도움이 되지만, 대개 약물치료 단독으로는 충분하지 않습니다. 강박증을 경험한 사람들 중 절반이 선택적 세로토닌 재흡수 억제제(Selective Serotonin Reuptake Inhibitor: SSRI)를 복용할 때 다소의 증상 향상을 느끼지만, 그들은 이후에도 증상과 불편함을 계속해서 경험합니다(Abramowitz, Taylor, & Mckay, 2009). 또한 약물치료가 중단됐을 때 재발의 위험은 대략 24~90% 정도라고 알려져 있습니다(Abramowitz, Taylor, & Mckay, 2009).

그러나 당신이 ERP 기법과 약물을 함께 사용한다면 더 큰 증상 감소(Koran et al., 2007)가 일어나고, 만약 약이 중단되더라도 장기간의 재발 가능성(약 12% 정도)은 더 떨어지게 됩니다(Simpson et al., 2004; Koran et al., 2007).

약 사용에 대해 더 많은 정보를 얻고자 한다면, 이 책의 온라인 웹사이트를 살펴보시기 바랍니다(http://hakjisa.co.kr). 이 책의 도입부 후반에 온라인 웹사이트에 대해 더 많은 소개를 할 겁니다. 흔하게 처방되는 선택적 세로토닌 재흡수 억제제와 용량에 대해서나 강박증에 대해 전문적 지식을 갖고 있는 당신 주변의 정신건강의학과 의사를 찾는다면, 국제 강박증 재단 웹사이트를 방문하시기 바랍니다.

ERP 기법이란 무엇인가

ERP는 강박증 치료에 있어서 가장 중요한 치료입니다(Yadin, Foa, & Lichner, 2012). ERP는 자신이 두려워하는 것에 대해 전형적인 반응, 이를테면 강박 행동, 의식, 안전 추구 행동, 회피를 절제하면서 자신을 그 대상에 천천히 그리고 점진적으로 노출시키는 것입니다. ERP가 효과적인 이유 중 하나는 그것이 새로운 학습을 촉진하기 때문입니다. 시간이 지남에 따라 마음챙김 알아차림과 결합하여, ERP는 당신이 자신의 생각 및 감정과 어떻게 관계 맺을 것인지, 무엇이 도움이 되는지, 그리고 당신이 진심으로 해낼 수 있는 것은 무엇인지를 알 수 있게 도와줍니다. 사람들이 알게 되는 몇 가지 공통적인 패턴은 다음과 같습니다.

생각과 감정은 지속적으로 변합니다. 불안의 순간, 아픔은 꽤 강렬하며 계속될 것만 같습니다. 하지만 당신의 경험을 호기심 어린 눈으로 바라보게 됨으로써 당신은 그 느낌들과 자신에 대해 더 잘 알아차릴 수 있습니다. 바다의 파도처럼, 어떤 생각과 감정은 더 크고 두렵습니다. 하지만 또 어떤 것들은 더 작고, 그리 압도적이지는 않아요. 어떤 것들은 다른 생각과 감정들보다 더 오래 들러붙어 있기도 하지만, 결국 모든 생각과 감정은 덧없을 뿐입니다.

당신은 원치 않는 감정을 가지고 있지만, 여전히 살아갈 수 있습니다. 당신은 불편함을 느끼고, 명료하지 않음을 경험하면서도 당신이 원하는 것을 할 수 있어요. 상황에 머물거나 원하는 것을 하는 동안 불편함도 함께 느끼는 방법을 배울 수 있습니다. 시간이 지남에 따라 충분한 연습을 할 수 있다면, 당신은 어떤 생각이 떠오르더라도 받아들이는 방법을 알게 될 겁니다.

우리가 우리 생각을 믿어 버릴 때, 우리는 그것들에게 끌려가게 됩니다. 마음은 창조적이고 극적인 경향이 있습니다. 마치 수완 좋은 영업 사원처럼 우리를 잘도 끌어들이려

합니다. 마음은 당신에게 자신이 말하는 내용을 믿게 하려 합니다. 그러나 노출을 훈련함으로써 당신이 속한 그 게임을 알아차리게 되고, 당신이 행동하는 방식은 자신의 선택에 달려 있다는 것을 알게 됩니다.

ERP에서 강조하는 것은 체험적인 학습을 하는 겁니다. 체험적인 학습은 당신이 행동하거나 무엇인가를 경험할 때 새로운 정보를 받아들이게 합니다. 예를 들어, 누군가가 자전거를 타거나 차를 운전하는 방법을 당신에게 이야기해 줄 수 있지만, 당신은 자신이 그것을 직접 해 볼 때까지는 제대로 배울 수는 없습니다. 자전거를 타거나 자동차를 운전하는 방법에 대한 개념은 이해할 수 있지만, 실제로 경험하는 것이 더 도움이 되는 것처럼요.

몇 년 동안 치료자와 불편한 경험을 다루는 방법에 대해 이야기를 할 수도 있지만, 앞으로 나아가는 방법을 진정으로 배우는 순간은 불편한 경험을 할 때입니다. 제가 하는 말도 그대로 믿지는 마세요. 스스로 자신의 경험을 살피는 사람이 되어야 합니다. 당신이 천천히 자신의 강박 행동을 줄이고 불편함과 함께 앉아 있는 것을 연습하려 할 때, 무슨 일이 일어나고 있는지 호기심을 갖고 알아차려 보세요. 이 책은 마음챙김 알아차림을 이용한 노출 훈련을 통하여 당신을 안내할 것입니다. 불편함을 받아들이는 방법이 제대로 먹힌다면, 당신은 자신을 바라볼 수 있는 기회를 갖게 될 것입니다.

이 책은 어떻게 나를 도울 수 있을까

이 책에 있는 연습들은 현재 순간에 당신을 자극하는 요인들을 다룰 뿐만 아니라, 노출을 연습하는 도중의 느낌이 너무 압도적일 때 실제 생활에서 할 수 있는 것들에 초점을 맞출 것입니다. 이 개입들은 근거에 기반합니다. 이 말은 미국심리학회(American Psychological Association), 국제 강박증 재단(International OCD Foundation), 그리고 맥락행동과학협회(Association for Contextual Behavioral Science)와 여러 독립 연구자들이 광범위하게 연구하고 확인해 온 방법이라는 말입니다. 연구자들은 이 치료가 불안이나 강박증에 고통받는 사람들을 돕는 데 성공적이라는 사실을 입증했습니다.

ERP에 대해 덧붙이자면, 이 책에 있는 연습들은 마음챙김에 기반한 자기 자비(mindful self-compassion)와 수용전념치료(ACT)를 함께 포함합니다. 마음챙김에 기반한 자기 자비는 자신이 고통스러운 경험을 겪을 때 자신에게 반응하는 새로운 방법을 알려 줄 것입니다. 이를테면 수치심이나 자기 비난에 대해 자기 자비와 타인에 대한 자비심으로 반응하는 것이죠. 게다가, 수용전념치료를 통해 당신은 삶과 자신에게 중요한 것에 전념하면서 불편한 생각, 감정, 신체 감각을 경험하는 데 있어 기꺼이 함(willingness)을 경험하게 될 것입니다.

수용전념치료(ACT)는 무엇인가

수용전념치료(Acceptance and Commitment Therapy: ACT)는 스티븐 헤이즈(Steven Hayes) 박사에 의해 1980년도에 만들어진 이후, 현재 미국심리학회에서 강박증에 대한 근거에 기반한 치료로 인정받고 있으며, ERP처럼 효과적임을 입증하고 있습니다(Twohig et al., 2018; Arch et al., 2012). 사람들은 ACT가 치료적 개입일 뿐만 아니라 삶의 방식 중 하나이기 때문에 매력을 느끼며, 특히 정신 문제를 갖고 있는 사람에게 도움이 되기도 합니다.

ACT의 목표는 당신 자신이 생각과 감정에 반응하는 데 있어서 더 잘 알아차리고, 유연해지게 하며, 궁극적으로 어떤 행동을 선택할지를 돕는 것입니다. ACT에서 제공하는 연습들은 우리 삶에서 의미를 가지는 것들을 탐색하게 합니다. 이 연습들은 동기 및 삶의 질에 영향을 미치며, 다음 여섯 가지의 핵심적인 경로를 통한 증상 감소를 다룹니다.

- 수용(acceptance)
- 인지적 탈융합(cognitive defusion)
- 가치(values)
- 전념 행동(committed action)
- 현재 순간의 알아차림(present moment)

• 맥락으로서의 자기(self-as-context)

핵심적인 여섯 가지 경로들이 다음에 이어질 내용들에 연결되어 나오며, 이는 당신이 더 유연해질 수 있도록 안내할 겁니다. 불확실함에 무너지지 않고, 힘든 경험들을 성장하고 발전하는 기회로 바라보게 될 수 있습니다. 이 책에 있는 전략들을 사용하면서 당신 내부의 불안한 생각과 느낌보다 당신 자신이 더 크다는 것을 알아차릴 겁니다.

이 책은 강박증의 고통에 초점을 맞추고 있지만, 강박 증상뿐 아니라 사랑하는 이의 죽음, 이혼, 직장 내 문제와 같은 어떤 힘든 경험에도 도움이 될 수 있습니다. 이 통합적인 모델은 당신이 두려움을 마주하고 위험을 감수하는 데 용기를 내는 방법을 가르쳐 줄 겁니다. 이 모든 것들은 의미 있는 삶을 살아가는 동안 무엇이든 기꺼이 경험하려는 태도를 필요로 합니다.

과연 이 작업을 내가 할 수 있을까

저는 당신이 이 작업을 당연히 해 나갈 수 있다고 믿지만, 시도해 보기 전에는 알 수 없는 노릇이겠지요. 쉽지만은 않을 겁니다. 성공하기 위해서는 당신이 언젠가는 난관에 부딪힐 테고, 때로는 도움을 구해야만 하는 때도 있다는 것을 염두에 둘 필요가 있습니다. 또한 인내심이 필요할 겁니다. 이 작업은 삶에서 내내 이어지는 과정일 테니까요. 그러니 연습 시간을 잘 조율하여 당신 자신을 살피는 일을 우선순위에 두어야 할 것입니다.

연습 **도움을 요청하기**

당신이 난관에 부딪혔을 때, 도움을 요청해 보세요! 친구나 가족 혹은 전문가의 지지를 받는 것이 당신이 더 나아지도록 도와줄 것입니다.
지금 당장, 이 과정 동안 당신을 도와줄 수 있는 세 사람을 여기에 적어 보세요.

- ....
- ....
- ....

도움을 주는 이들의 목록이 완성된 후 당신이 무엇을 하려는지, 그들이 어떻게 도움을 주면 좋을지 그들에게 알려 주세요. 하지만 일시적인 안심을 위한 도움 요청은 아닌지 살펴보세요. 당신이 그들에게 무엇을 요청하든, 당신의 불안을 감소시키는 쪽으로 도움을 요청하면 안 됩니다. 대신, 그것을 겪어 낼 수 있도록 도움을 받아야 합니다. 고통을 없애 버리기보다 그 고통을 겪어 내는 당신을 그들이 '안아 줄 수 있는' 방법을 생각해 보세요.

당신을 돕는 사람들은 이 책에서 이야기하는 개념이 친숙하지 않을 수 있기 때문에, 당신이 힘든 순간에 무엇이 필요한지 구체화시켜 그들에게 정확하게 말해야 합니다. 여기에 당신에게 도움이 될 만한 말의 예시가 있습니다.

- "저런, 너무 불안해 보이네요. 나도 때로는 그렇게 불안해질 때가 있답니다."
- "당신이 불안해하는 게 여기까지 느껴지네요. 가장 두려워하는 게 뭔가요? 노출을 연습하면서 불확실함과 불편함을 마주해 볼까요?"
- "나도 이게 힘든 걸 알아. 더 오랜 기간 삶을 온전히 살기 위해 잠깐의 불편함을 기꺼이 경험해 보는 건 어떨까?"
- "우리 스스로를 돌보는 건 원래 아주 힘든 일이야. 장기적으로 자기 자신을 돌보는 데 필요한 건 무엇일까? 불확실성과 불편함을 마주하려는 시도도 그 중에 하나일까?"
- "만약 노출을 연습하는 것에 너무 압도될 것 같다면, 지금 당장 자기 자비 연습을 해 보는 건 어때?"

- "나도 이게 힘든 걸 알아. 나는 여기 너와 함께 있을 거야."

온라인 자원들을 활용해 보기

더 도움을 받을 수 있는 방법으로, 이 책은 많은 온라인 자원들을 활용할 수 있는 사이트(http://hakjisa.co.kr)와 연결돼 있습니다. 더 많은 정보를 얻기 위해, 그곳에서 활용 가능한 작업지와 참고 자료들을 PDF 파일로 다운로드 받을 수 있습니다.

인내심을 연습하기

요즘 건강식 레스토랑에서 판매하는 '슬로우 푸드(slow food)'라는 단어를 들어 봤을 거예요. 양보다 질을 더 강조한다는 말이지요. 이 책의 연습도 같은 맥락입니다. 이것은 '슬로우 메디슨(slow medicine, 느린 치료법)'입니다. 예상보다 더 많은 시간이 걸릴 거예요. 하지만 당신의 삶의 질과, 당신이 장기적으로 살고 싶은 삶의 방식에 초점을 맞출 것입니다.

연습 스케줄을 짜기

이 책에서 배운 기술들을 삶에 통합하는 일은 다양한 방식으로 일어납니다. 모든 이들이 다른 조건에서 시작하게 될 겁니다. 다음에 제시된 스케줄의 예를 참고하여 가장 기꺼이 해 보고 싶은 것이 무엇인지 생각해 본 후, 거기서 시작하면 되겠습니다.

마음챙김 연습(2분에서 20분 사이) 이것은 가이드가 있는 명상, 이를테면 바디스캔이나 자기 자비 명상과 같은 영상을 듣거나 마음챙김과 관련한 연습을 하루에 한 가지씩 하는 것을 포함합니다. 당신은 하루에 한 가지 연습으로 시작할 수 있고, 선호에 따라 아침에 시작하거나 자기 전에 연습을 할 수도 있습니다.

강박증에 대한 공부(15분) 책을 읽거나, 온라인에서 얻을 수 있는 자료들을 활용하거나, 강박증을 가진 이들을 교육하고 영감을 주기 위한 목적으로 만들어진 팟캐스트를 듣는 등 여러 강박증 관련 자료들을 찾아볼 수 있습니다. 자료들은 강박증에 대해 공부하는 데 초점을 맞추고 있습니다.

계획 노출 연습(60분) 이 책의 11장에서, 노출 연습의 더 자세한 부분으로 들어갈 것입니다. 일단 지금은, 계획 노출을 온전한 삶을 배워서 살아가는 것을 목적으로 불편한 감정과 불확실함을 갖는 법을 연습할 기회라고 생각하시면 되겠습니다. 당신은 이 연습을 위해 1시간 정도를 비우는 것이 좋습니다. 당신이 두려워하는 것이 무엇이든, 노출 연습 시간 동안이나 노출 후에 당신의 전형적인 반응 행동을 행하지 않은 채로 30~45분을 보내 봅니다. 그리고 연습하기 전에 노출 연습 시간 동안 말할 내용의 방향을 잡아 주기 위한 몇 가지 질문에 답하고, 노출 후에 속도를 늦추고, 알아차린 것을 관찰하는 과정을 거치며 학습이 강화됩니다.

기록하기(15분) 이 부분은 3장에서 시작하게 될 부분인데, 당신이 경험하는 매일의 강박 증상을 기록으로 남기는 것입니다. 또한 이 시간은 이 책의 후반부에 시작하게 될 구조화된 기록 활동을 위해 사용하게 될 것입니다.

또 무엇이 필요할까

당신은 마음챙김과 노출 훈련을 해 볼 만한 개인적인 여유 공간이 필요할 것입니다. 이 말을 듣는다면 아마 개인적인 공간이며, 편하게 앉거나 기대어 있을 수 있는 장소인 집을 그 공간으로 하고 싶을 것입니다. 이상적으로, 이 장소가 당신의 침대는 아니어야 합니다. 특히 당신이 잠들 것 같다면 말이죠.

또한 11장에서 시작하게 될 노출 훈련을 위해 노출 대상들을 정해 놓을 필요가 있습니다. 운전에 대한 노출을 위한 차, 상해에 대한 노출을 위한 가위, 혹은 오염에 대한 노출을 위한 청소용품이 될 것입니다.

매일 기록하고 캘린더를 활용하기 위해 노트와 펜이 필요할 수도 있습니다. 어떤 이들은 스마트폰에서 쉽게 사용 가능한 캘린더 앱을 선호합니다. 또 어떤 이들은 수첩에 있는 캘린더에 적는 것을 더 좋아하기도 하고요. 무엇이든 접근하기 더 쉬운 것을 선택하세요.

헤드스페이스(Headspace), 인사이트 타이머(Insight Timer), 혹은 캄(Calm)과 같은 마음챙김 명상(헤드스페이스와 캄은 한국어 앱이 있고, 국내 발매된 앱으로 코끼리, 마보 등이 있음-역주)에 관련한 앱을 다운받아 바디 스캔 연습이나 자기 자비 명상을 시도해 볼 수도 있습니다. 이 앱들은 매일의 명상 연습의 한 부분이 될 것입니다. 그 외에도 마음챙김 명상 수업을 듣거나, 커뮤니티에 가입하거나, 5장에 나오는 마음챙김 연습을 꾸준히 할 수도 있습니다.

당신의 총 연습 시간 안에는 앞에서 언급한 모든 것(마음챙김 연습, 읽기, 계획 노출 시간, 기록하기)이 포함됩니다. 현재 참여하고 있는 것을 회피하려 할수록 증상이 더 심해질 수 있고, 연습을 하는 데 더 많은 시간이 소요될 겁니다. 여기 적절한 연습 시간 지침을 알려드리겠습니다.

- 아주 심한 증상: 주 25~40시간
- 심한 증상: 주 15~30시간
- 중등도의 증상: 주 10~15시간
- 경미한 증상: 주 5~10시간

삶에서 가장 중요한 일은 자기 자신을 돌보는 것입니다. 자신을 돌봄으로써 다른 사람들, 그리고 소중한 것들에게 더 잘할 수 있습니다. 즉, 자신이 성장하고 원하는 모습에 더 가까워지는 데 도움이 되는 일을 할 시간을 내야 한다는 뜻입니다. 이제 당신 자신과 이 작업 두 가지를 스케줄의 가장 우선순위에 두어야 할 때입니다.

연습 스케줄에 이 작업을 끼워넣기

지금 당장, 매주 몇 시간씩 이 실습에 전념할 의사가 있는지 결정하세요. 처음에는 이 일을 하는데 더 많은 시간을 할애하고 싶을지도 모릅니다. 회피는 오랜 습관이며, 이 습관을 바꾸기 위해서는 초기에 더 많은 노력이 필요할 것입니다. 다음 빈칸을 채우며 약속합시다.

"일주일에 ____시간을 이 연습을 하는 데 쓸 거야."

스케줄을 사용하여 일상 업무에서 치료 시간을 정해 놓읍시다. 스케줄 관리에는 다음이 포함될 수 있습니다.

1. 마음챙김 연습(2~20분)
2. 강박증에 대한 공부(15분)
3. 계획 노출 연습(최소 45분, 주 5일). 증상의 정도가 중등도 수준 이상에서 심한 경우에 해당한다면, 앞에서 제안한 시간을 감안하여 시간을 늘리는 게 좋습니다.
4. 기록하기(15분)

	월요일	화요일	수요일	목요일	금요일	토요일	일요일
오전 5시							
오전 6시							
오전 7시							
오전 8시							
오전 9시							
오전 10시							
오전 11시							

	월요일	화요일	수요일	목요일	금요일	토요일	일요일
오후 12시							
오후 1시							
오후 2시							
오후 3시							
오후 4시							
오후 5시							
오후 6시							
오후 7시							
오후 8시							
오후 9시							
오후 10시							

이러한 방식이 당신에게 잘 맞는다면, 정말 다행입니다! 만약 당신이 이 방식이 부담스럽다고 느낀다면, 기꺼이 하고자 하는 것을 그저 선택하고, 거기서부터 시작하셔도 좋습니다. 자신을 돌보는 일은 중요한 약속입니다. 연습을 하면서 시간이 지남에 따라 당신은 자연스럽게 매일의 삶에서 나타나는 경험들에 몰입하기 시작할 것입니다. 당신의 강박 증상이 나타나는 매 순간이 호기심을 갖고, 용기를 연습하고, 배울 수 있는 기회입니다.

당신이 배우게 될 것들

이 책은 각 장이 이전 장의 내용을 바탕으로 구성되었습니다. 그러므로 이 책을 순차적으로 읽을 때 가장 큰 도움을 얻을 것입니다.

이 책에서는 다음의 내용을 배울 것입니다.

- 강박증의 하위 분류, 치료 방법을 포함하여 강박증에 대한 일반적인 정보
- 통제가 강박증에서 하는 역할
- 강박 사고를 다루는 방법
- 수용과 마음챙김을 연습하는 방법
- 도움이 되지 않는 행동을 식별하는 방법
- 당신의 가치를 파악하고 그것을 삶에서 실현해 나가는 방법
- 수치심, 자기 비판, 다루기 힘든 감정 등을 극복하는 방법
- 두려움, 불안, 불확실성과 같은 어려운 것들을 포용하는 방법
- 당신의 가치와 일치하면서 두려움을 대상으로 하는 노출 연습을 선택하는 방법
- 적절한 노출 연습을 지속적으로 하는 방법
- 일상생활에서 무엇인가에 자극받을 때 행동하는 방법
- 가족과 친구가 당신의 삶에서 차지하는 역할, 그리고 그들이 당신의 강박증에서 차지하는 역할

저는 우리 모두가 두려움과 옴짝달싹 못할 듯이 마비되는 느낌을 경험한다는 것을 알려 주고 싶습니다. 우리는 모두 선택의 기로에 서 있습니다. 이 책은 저 자신의 두려움으로부터 태어났습니다. 저는 비록 강박증은 없지만, 제 인생의 대부분을 걱정과 강박관념으로 고생했습니다. 이러한 생각들은 내가 사랑하는 사람들과 함께 있는 시간처럼 의미 있는 많은 순간을 놓치게 하고, 자기 의심으로 이어지게 합니다. 이런 제가 책을 쓸 수 있

으리라고는 결코 생각하지 못했습니다. 책을 쓰는 것은 많은 불안과 공포를 불러일으키니까요. 이런 말을 하는 지금도 제 마음은 제가 이 책을 완성할 능력이 없고, 주변의 모든 사람들이 크게 실망할 것이라고 말하고 있습니다.

제 마음은 그들이 이렇게 생각할 거라고 말합니다. '왜 이러한 위험을 무릅쓰는 걸까? 쟤는 똑똑하지도 않고 그럴 자격도 없어. 다른 사람들이 이 책을 더 잘 쓸 거야.' 하지만 개인적 경험과 전문가로서의 여정을 통해 저는 제 생각이 삶을 그런 식으로 허비하게 하고 몰아붙이게 둘 필요가 없다는 것을 배웠습니다. 제 희망은 이 경험을 당신과 공유하는 것입니다.

이 책을 읽을 때도, 고통을 겪는 중에도 당신은 혼자가 아니라는 것, 실패해도 괜찮다는 것을 기억하세요. 실패는 인간으로서 겪는 정상적인 부분이기 때문입니다.

관찰해 보기 **고통에 끝이 있을까?**

모든 사람의 삶에는 고통이 포함된다는 생각에 기꺼이 열린 마음을 유지하고자 한다면 스스로에게 물어보세요. 당신은 고통이 있는 작은 삶, 즉 의미 있는 활동이 전혀 없는 삶을 원하나요? 아니면 고통이 있되 더 큰 삶, 즉 의미 있는 활동으로 채워진 삶을 원하나요?

1장

강박증이란 무엇일까

강박증은 그리 별난 것이 아니라 그저 습관일 뿐입니다. 당신은 사람들이 단정하고 말쑥하게 보이고 싶은 욕구를 묘사하기 위해 "나는 정말 강박적이야."라고 말하는 것을 들었을지도 모릅니다. 하지만 강박증은 선택할 수 있는 성질의 것이 아니며, 성취감과 기쁨을 가져다주지도 않습니다. 사실, 강박증을 가진 대부분의 사람은 셀 수 없이 반복적인 행동과 마음의 악순환에 빠져든 후 수치심을 경험합니다.

아마도 당신이 사람들에게 강박증이 있다고 말했을 때 "아프지 않아 보여요." "걱정하지 마세요." "긴장하지 마세요." 또는 "그건 말도 안 돼."라는 말을 들어 본 적이 있을 것입니다. 그렇게 말처럼 쉬웠다면 좋았을 텐데요! 당신이 얼마나 많은 고통을 받고 있는지 사람들이 이해하지 못하고, 또 오해를 받을 수도 있습니다. 이러한 이유로, 강박증을 가진 사람들은 종종 가면을 씁니다. 겉으로는 함께 잘 어울리는 것처럼 보이지만, 마음으로는 무너지기 일쑤죠. 어떤 이들은 강박증이 너무 악화된 나머지 그들이 가장 중요하게 여기는 것들을 결국 잃게 됩니다. 강박 행동을 하지 않으면 나쁜 일이 일어날 거라고 마음이 말하지만, 궁극적으로 그 행동을 하게 되면서 당신을 삶에서 점점 더 멀어지게 한다는 것이 바로 강박증의 아이러니입니다. 당신이 알아차리기도 전에, 나쁜 일들을 겪지 않기 위해 투입된 이 모든 시간과 에너지가 실제로 나쁜 일들을 일어나게 해 버린 거죠!

강박증으로 인한 고통에는 당신이 소중하게 여기는 것을 잃을 것에 대한 두려움도 포함됩니다. 예를 들어, 당신의 삶이 끝나거나, 다른 사람들과의 연결을 잃게 되고, 미쳐 가고, 고통 속에서 여생을 살거나, 사랑하는 사람들이 큰 해를 입고 죽음을 당하거나, 편안한 삶을 잃는 일을 두려워하게 됩니다. 당신은 자신의 마음과 감정의 노예입니다. 당신은 무력감을 느낄 수도 있습니다. 마치 이 두려움을 없애기 위해 자신이 할 수 있는 일이 아무것도 없는 것처럼요. 아니면 미래가 암울하다는 절망감을 느낄 수도 있습니다. 당신의 증상이 당신 자신에 대한 믿음을 방해할 수도 있습니다. 당신은 두려움, 감정, 그리고 불확실성과 함께 살아갈 수 있다는 것을 믿지 않을지도 모릅니다. 또 불확실함과 자신에게 다가오는 다른 도전들을 다룰 수 있는 인간으로서의 능력을 더는 믿을 수 없게 됩니다.

이러한 감정과 경험을 인식하고 있으면서도 여전히 '내가 정말 강박증인가?'라는 의문이 들 수도 있습니다. 사실, 알 수 있는 확실한 방법은 없습니다. 한번에 100% 결론을 낼 수 있는 검사도 없습니다. 할 수 있는 최선의 방법은 정신건강전문가(특히 강박증에 특화된 전문가)에게 평가를 받는 것입니다. 전문가를 만나면 먼저 면담을 하고, 평가 도구인 예일-브라운 강박 척도(Y-BOCS; Goodman, 1989)를 완성해 보라고 요청받게 됩니다.

강박증 진단을 받았지만 정말 강박증인지 계속 의심된다면, 의심 또한 강박증의 일부라는 것을 알아 두어야 합니다. 또는 정신건강 전문가를 만날 수 없었지만 강박증에 대한 글을 읽은 후 그것이 당신이 경험하고 있는 것과 일치한다고 느낄 수도 있습니다. 그제야 당신은 강박증이 있다고 확신하게 될 겁니다.

어느 쪽이든 당신은 변화를 갈망하며, 새로운 것을 시도할 수 있는 선택권을 가지고 있습니다. 당신은 불확실함(자신이 경험하고 있는 것이 강박증인지 확실히 알지 못함에도 기꺼이)을 마주할 수 있고, 이 책에서 연습할 때 어떤 일이 일어나는지를 호기심을 갖고 살펴볼 수 있습니다. 이제부터 한번 해 보는 건 어떨까요? 당신이 이 책의 다음 내용에서 강박증에 대해 읽고 있는 동안, 당신 자신의 마음속에 의심이나 그것을 다시 읽고 싶거나 확실히 알아내고픈 충동이 나타나는지 알아차리기 바랍니다. 이것이 위험을 감수하는 첫 번째 연습입니다.

강박증이란 무엇일까

강박증은 불안, 두려움, 의심, 혐오, 또는 이러한 느낌들의 조합과 관련된 뇌와 행동의 장애를 말합니다(Yadin, Foa, & Lichner, 2012). 미국정신의학협회(American Psychiatric Association, 2013)는 강박증에 대해 하루에 적어도 한 시간 이상의 시간이 소모되거나, 생활에 심각하게 부정적인 영향을 미치는 반복적인 강박 사고나 강박 행동을 가진 질환으로 정의합니다.

강박 사고는 "반복적이고 지속적인 생각이나 충동으로, 증상이 나타나는 동안 불편하고 원치 않는 경험을 하게 되며, 대부분의 개인에게 현저한 불안과 고통을 유발"합니다. 강박증을 가진 이들이 "그런 생각, 충동, 이미지를 무시하거나 억압하거나, 다른 생각이나 행동으로 그것들을 무력화하려고 시도하려는 행위"가 바로 강박 행동입니다. 강박 행동은 "개인이 강박 사고에 반응하거나, 엄격하게 적용된 규칙에 따라 수행하는 반복적이고 충동적인 신체적 행동 또는 정신적 행동입니다. 이러한 행동이나 정신 활동은 불안이나 고통을 예방하거나 감소시키기 위한 것이거나, 어떤 무서운 사건이나 상황을 대비하기 위한 의도입니다. 그러나 이러한 행동이나 정신적 행동은 강박 사고로 인한 불편함을 무력화하거나 예방하는 데 있어 현실적인 해결책이 아니며, 명백히 과도"합니다.(APA, 2013, p. 237)

만약 강박 사고와 강박 행동이 물질, 의학적 상태 또는 다른 정신 건강 질환의 결과라면, 당신은 전문가의 도움을 받아 최선의 선택을 해야 합니다. 강박증과 함께 다른 유형의 불안(공황, 과도한 걱정, 사회불안)이 있는 것은 드문 일이 아니며, 우울증을 함께 보이는 일도 흔합니다. 이 책에서 하는 개입은 강박증뿐만 아니라 우울증과 불안에도 도움이 될 수 있다는 것을 알아 두세요.

누가 강박증을 앓을까

미국의 100명 중 1명은 강박증 진단을 받지만(Harvard Medical School, 2005), 그중 약

40%만이 치료를 받게 됩니다(Torres et al., 2007). 평균적으로 효과적인 치료로 연결되기 위해서는 시간이 꽤 걸리며, 증상이 시작된 후 최대 17년이 걸릴 수도 있습니다(Pinto et al., 2006). 강박증 증상은 어떤 나이에도 시작될 수 있지만 대부분의 경우 유년기와 청소년기에 시작됩니다. 남성은 13세에서 15세 사이에 강박증 증상을 먼저 경험하는 경향이 있습니다(Rasmussen & Eisen, 1990). 여성의 경우 시작되는 연령이 20세에서 24세 사이로 조금 늦습니다. 강박증은 성인 남성과 여성 사이에서 비슷하게 나타나며(Rasmussen & Tsuang, 1986), 증상이 나타났다 사라지기를 반복하거나 혹은 일정한 수준으로 유지되는 평생의 장애가 될 수도 있습니다(Marcks et al., 2011).

치료를 하지 않으면, 강박증은 완전히 나빠질 수도 있습니다. 미국의 NCS(National Comorbidity Survey, 전국 규모의 동반질환 연구)에서는 2001년 2월부터 2003년 4월 사이에 실시된 대면조사를 통해 대표할 만한 사람들의 표본을 수집했습니다. 조사에 참여한 1만 명의 성인 중 1.2%가 강박증을 가지고 있었습니다. 강박증이 심할수록 인간관계, 직장, 가정생활, 전반적인 만족도에 미치는 영향은 더 커지게 됩니다(Eisen et al., 2006). 1990년에 강박증은 전 세계를 통틀어 장애의 열 번째 주요 원인이었습니다(Murray & Lopez, 1996).

미국의 국립정신건강연구소(National Institute of Mental Health)는 지역사회를 기반으로 한 조사를 실시하였고, 강박증을 가진 사람들 중 22%가 실업자이고 24%가 평균 이하 수준의 사회경제적 지위에서 살고 있다는 것을 발견했습니다(Regier et al., 1993). 심각한 강박증은 일을 하고, 사회적 관계를 만들고 유지하고, 가정을 관리하고, 여가 활동에 참여하는 능력을 손상시킬 수 있습니다(Eisen et al., 2006). 강박증은 종종 가족 전체의 부담이 되기도 합니다(Gururaj et al., 2008).

당신은 강박증이 자신의 시간, 기쁨, 그리고 자유를 빼앗으면서 엄청난 정신적·육체적 에너지를 허비하게 한다는 사실을 알아차릴 겁니다. 자신의 생각에 사로잡혀, 진정 중요한 일에 시간을 보내지 못하고 끝나지 않는 강박 행동에 빠져드는 것은 너무나 흔한 일입니다. 강박증을 겪는 것은 두려울 뿐만 아니라 또한 매우 외로운 일이기도 합니다. 모든 사람이 강박증을 이해하는 것은 아니기 때문에, 강박증에 대해 타인에게 말하기는 참 어렵습니다. 또한 강박증에 대해 이야기하는 것은 수치심을 불러일으킬 수 있는데, 이것은 타인에게 자신의 강박증을 공유하는 데 있어 또 다른 장벽입니다.

이 장의 나머지 부분은 증상의 촉발 요인, 강박 사고 및 강박 행동을 자세히 살펴보기 시작하는 데 도움이 될 것입니다.

촉발 요인

촉발 요인은 강박증에서 당신이 원치 않는 생각이나 충동을 유발합니다. 촉발 요인은 외부(사람, 장소 및 주변의 사물)에 있거나, 내부적인 생각과 충동일 수도 있습니다. 내부적인 요인의 예를 들면, 당신이 직장에 앉아서 오늘 밤 여자 친구를 만나는 일이 얼마나 신날지 생각하고 있다고 해 봅시다. 그리고 강박증은 순간 '그녀가 내 진짜 인연이 아닐 수도 있어.' 하는 생각을 침투시키고, 당신은 불안해집니다. 아니면 자신의 심장이 뛰는 것을 알아차리고 생각합니다. '올 게 왔구나!' 하고요. 심장마비가 온 것이고, 곧 죽게 될 거라는 생각이 이어집니다. 촉발 요인은 또한 외부에 있을 수도 있습니다. 예를 들어, 평소보다 더 많은 장운동이 나타나면 생각합니다. '내가 병에 걸려 버렸구나!'라고요. 또는 당신이 엘리베이터를 타거나 공사장을 지날 때 강박증이 나타나서 뭔가 나쁜 일이 곧 일어날 것이라고 느끼게 합니다. 당신이 어떤 사람들이나 물건들 주변에 있을 때, 뭔가 불편함을 느끼고 그곳에서 벗어나려는 충동을 알아차릴 수도 있습니다.

원치 않는 침투 사고와 충동

강박 사고는 거슬리고 원치 않는 형태로 나타나는 빈번하고 지속적인 생각, 이미지 또는 충동입니다. 강박증이 있는 사람들은 '내가 통제력을 잃어버릴 거야!' 혹은 '이미 병이 있거나, 병에 걸리게 될 거야!' '나쁜 일이 일어날 거야!' 같은 생각을 합니다. 강박 사고는 시체나 자동차 사고의 이미지를 포함할 수 있고, 그 생각들이 불편하다고 느끼기 때문에 상황을 떠나거나 피하고 싶은 충동을 느낍니다. 어떤 이들은 불완전한 것에 대해 갑자기 머릿속에 침투하는 두려움을 느끼거나, 삶의 의미나 죽음에 대해 갑자기 떠오르는 실존적인 두려움을 가질 수도 있습니다. 또 다른 이들은 정확한 정보를 알아야 할 필요성을 항상 느끼고, 완벽주의와 씨름합니다. 또한 강박 사고는 자신이 누구인지에 대해 의심하게 하고, 무엇인가 잘못됐다는 느낌에 집착하게도 합니다.

강박 사고는 어떤 대상에도 초점을 둘 수 있고, 자신이 과거에 했거나 미래에 할 수 있는 일과 관련된 두려움을 포함하기도 합니다. 오늘 집에 가는 길에 '누군가에게 해를 끼쳤거나, 언젠가 누군가에게 해를 끼칠 수도 있다'는 식으로 나타나기도 합니다. 당신은 이러한 생각들을 무시하거나, 제압하거나, 다른 생각으로 대항하려고 할 수도 있고, 나쁜 생각을 좋은 생각으로 대체하거나, 그 생각으로부터 주의를 돌리기 위해 반복적으로 숫자를 세거나, 그것이 옳다고 느낄 때까지 반복적으로 무언가를 만지는 것과 같은, 그 생각들을 조절하기 위한 행동을 해야 한다고 느낄 것입니다.

침투적인 생각들 대신, 강박 사고는 당장 행동하고 싶은 충동의 형태를 취할 수 있습니다. 즉, 당장 고치거나, 문제를 해결하거나, 회피하려는 충동으로 나타납니다. 예를 들어, 당신은 실제로는 해결할 수 없는 의문을 해결하려고 시도하거나(이를테면 '왜 내가 강박증을 갖게 됐지?' 혹은 '부정적인 감정이나 결과를 피하기 위해 무엇을 할 수 있을까?'), 어떤 사람과 장소 혹은 사물이 단순히 불편하다 느껴 피하려고 할 수도 있습니다.

이러한 원치 않는 생각, 이미지, 그리고 충동은 보통 불안이나 혐오감, 찝찝한 느낌과 관련이 있으며, 그런 감정에 굴복하는 것은 장기적으로 도움이 되지 않는 일입니다. 당신이 그 느낌들에 빠져들면서, 다시 말해 자신이 생각을 너무 믿어 버리거나 충동에 굴복할 때, 당신 자신의 가치, 혹은 자신이 진정으로 중요하게 생각하는 것으로부터 더 멀어지게 됩니다. 예를 들어, 만약 당신이 '난 안전하지 않아.'라고 생각한다면, 당신은 자신의 집을 떠나 모험을 하고, 새로운 것을 시도하는 행동에 따르는 위험을 감수하려 하지 않을 겁니다. 만약 당신의 가치 중 하나가 여행을 통해 새로운 장소에 대해 배우는 것이라고 해도 말이죠. 그러고 나면 마음은 계속 그렇게 믿게 되며, 당신에게 정말 중요한 것에서 멀어지게 할 것입니다. 또 다른 예로, 당신의 마음이 진실이라고 속삭이는 말들을 모조리 받아들이게 된다면, 당신은 사랑하는 사람과 함께하는 힘든 순간이나 슬퍼하며 친구를 다독이는 것과 같이 당신이 실제로 머물고 싶을 수도 있는 상황에서 벗어나고 싶은 충동에 굴복할 가능성이 더 높을 것입니다. 만약 당신에게 진정한 친구가 되는 것이 중요하다면, 당장 벗어나고 싶은 충동에 굴복할 때 자신이 중요하다고 여기는 것에서 멀어지게 됩니다.

강박의 하강 나선에 빠지는 일은 오랜 고통을 초래할 수 있습니다. 어떤 경우에는 몇 시간 동안이고 집을 떠날 수 없게 되는데, 집을 나서기 전에 '이제는 됐다.'고 느낄 필요가 있다고 믿기 때문입니다. 너무 많이 손을 씻어서 피부 손상이나 감염으로 이어지거나 혹은 자신이 한 과제가 완벽해야 한다고 믿기 때문에 대학을 졸업하지 못하는 경우도 있습니다. 하지만 그것들은 절대로 100% 만족되지 않는 일이죠.

관찰해 보기 **당신이 경험하는 강박 사고는 무엇인가?**

자신이 원하는 삶(자신이 아끼는 사람들과 함께 있고, 의미 있는 일을 하고, 여가를 즐기려고 할 때)을 살려고 할 때, 어떤 반복적이고 원치 않는 생각이나 충동이 떠오르나요? 다음의 예시를 보고, 주어진 빈 곳에 자신의 생각과 충동을 적어 보세요.

강박 사고의 예: 내가 요리를 잘 못해서 아이들에게 독을 먹이거나, 아프게 할 거야. 왜냐하면 부엌은 온갖 세균들과 날 음식들 투성이니까. 집 구석구석에 다 퍼트려 버릴지도 몰라.

나의 강박 사고: ....

....

....

....

....

강박 사고를 기록하는 것이 어렵게 느껴질 수도 있습니다. 그것이 자신에게 어땠었는지 주목해 보세요. 이제 당신이 강박 사고와 관련한 생각과 감정도 함께 느끼고 있다는 사실도 알아차려 봅시다.

당신의 강박 사고를 알아차렸다면, 정말 잘하셨습니다! 이 연습은 더 잘 알아차리고, 열린 태도로 충만한 삶을 살기 위해 나아가는 단계 중 하나입니다. 이 책의 많은 연습과 마찬가지로, 당신의 알아차림을 향상시키는 연습입니다. 일단 우리가 알아차릴 수 있으면, 다른 것을 선택할 여유가 생기니까요. 반면에 우리가 알아차리지 못한다면, 우리는 거의 매번 기본적인 반응인 회피만을 선택하게 됩니다.

회피 전략

회피에는 불편한 경험을 완화하기 위한 모든 것이 포함됩니다. 강박 사고에 사로잡힐 때, 우리는 많은 것들을 피하고 싶어집니다. 강박 행동은 회피의 한 형태입니다. 이렇게 과도하고 반복적인 정신적 또는 신체적 행동을 하는 이유는 강박 사고, 혹은 강박 사고와 관련된 불안과 혐오감을 줄이거나 완화하기 위함입니다.

당신이 강박 행동을 하고 있을 때는 강박 사고에 초점을 두고 마음이 말하는 대로 행동하게 될 가능성이 높습니다. 이때는 마음의 기저에 있는 두려움이나 감정과 마주하지 못하는 상태임을 의미합니다. 예를 들어, '가족 중 한 명이 강도를 당하거나 살해당할 것이다.'라는 강박 사고에 사로잡혀 있다면, 집을 떠나기 전에 다섯 번이나 드나들며 확인하는 것이 기본적인 대응일 수 있습니다. 마음은 당신에게 이런 충동에 참여하는 것이 가족에게 나쁜 일이 일어날 가능성을 줄여 줄 것이라고 말합니다. 당신이 강박증에 빠져 상황을 통제하려고 노력하는 데 집중할 때(이 경우에는 집을 들락날락함으로써), 막상 몸에서 느껴지는 불안감이나 기저에 있는 두려움('내가 사랑하는 사람을 죽게 할지도 몰라.')과 연결되지 않게 됩니다.

정신적인 (물리적인 행동과는 반대로) 강박 행동은 눈에 보이지 않기 때문에 식별하기가 더 어렵습니다. 일부 일반적인 정신적 강박 행동은 과도하게 분석(일어날 수 있는 일에 대해 과도하게 생각하거나, 어떻게 반응할 수 있는지 생각)하거나, 기도(반복적으로, 정해진 방식으로, 그리고 불안에 반응하여 하게 되는)하고, 마음속에서 글자나 숫자를 반복하며(수를 세고, 순서대로 세는 것), 또는 '나쁜' 생각이나 이미지를 '좋은' 생각이나 이미지로 대체

하려 합니다(자동차가 충돌하는 이미지를 보면 무지개로 대체하거나, '나는 나쁜 사람이야.' 하는 생각이 들 때, '나는 좋은 사람이야.'라는 생각으로 대체하려 함).

누군가에게 해를 끼치지 않았는지 확인하기 위해 전날 밤에 한 일의 모든 세부 사항을 조사하는 행동처럼, 두려움을 주는 사건이 발생하지 않았는지 확인하기 위해 옛 기억이나 최근의 행동, 사건들을 모조리 검토하는 것은 정신적 강박 행동의 또 다른 예입니다. 완성해야 할 것들의 체크리스트나 완성해야 할 모든 것들을 암송하는 것과 같이 준수해야 할 단계들을 속으로, 때로는 말로 검토하는 것도 정신적 강박 행동이죠. '아이들 곁에 있을 때 사타구니에 뭔가를 느낀다면 소아성애자가 분명해.'라거나, '묘지를 지날 때 행복한 생각을 하면 나쁜 사람이 틀림없어.'라는 등의 특정 상황에서 어떻게 반응하는지를 지나치게 의식하는 것도 정신적 확인 강박입니다.

정신적 리허설(mental rehearsal)은 앞으로 펼쳐질 사건에서 당신이 두려워하는 일이 실현되는 것을 막기 위해, 자신이 할 수 있는 모든 방법에 대해 과도하게 생각하는 강박 행동입니다. 사회적 상호작용 속에서 사람들에게 완벽하게 이해받기 위해 자신이 말할 수 있는 것을 상상 속에서 연습하거나, 위험한 사람들과 함께 있지 않기 위해 머릿속으로 어떻게 해야 할지를 계획하기도 합니다. 자신을 덜 불안하게 만들기 위해 특정한 것들을 반복할 때, 자기 안심은 또 다른 유형의 정신적 강박 행동이 될 수 있습니다. 당신은 스스로에게 '나는 괜찮아.'라고 몇 번이고 말할 수도 있고, 아니면 '모든 것이 잘 될 것'이라거나, 아니면 '나는 좋은 사람'이라고 말하기도 합니다. 우리가 마음의 안에서만 머무른다면, 결국 자신의 삶에 존재하지 못합니다. 그렇게 우리는 자신에게 의미와 목적을 주는 것을 놓치게 됩니다.

다른 회피 행동은 의식(ritual)과 전반적인 회피로도 나타납니다. 의식은 불안감과 오염 가능성을 줄이기 위하여, 몸을 씻기 전에 머리를 열 번 헹구는 것과 같은 일정한 방법이나 횟수로 행해지는 행동입니다. 또는, 괜찮다는 느낌을 받기 위해, 옷을 넣기 전에 세탁기의 손잡이를 다섯 번 돌릴 수도 있습니다. 의식의 형식은 정신적이거나 신체적인 것, 둘 다 가능합니다.

전반적인 회피(general avoidance)는 강박증을 통제하기 위해 사람, 장소 또는 상황을 피하는 것입니다. 예를 들어, 당신은 불안하거나 슬퍼지는 것을 피하기 위해 쓰레기 트럭이나 특정 사람들을 피할 수 있습니다. 또는 관련된 불확실함과 불안에서 벗어나기 위해 취업 기회를 피할 수도 있고요. 더 편안함을 느끼기 위해 파트너, 친구 또는 가족과의 친밀한 대화도 피합니다.

회피 행동에는 다른 사람에게 "나 괜찮은 거 맞나요?"라고 묻는 것과 같이 안도감을 구하는 행동이 해당됩니다. 또는 '내가 좋은 사람일까?' '이 문서로 충분할까?' 또는 '이것이 정말 강박증 증상일까?'라고 묻는 것도 마찬가지입니다.

불안감이나 죄책감을 없애기 위해, 자신이 한 일을 반복적으로 고백하는 것도 또 다른 강박 행동입니다. 예를 들어, 만약 누군가가 당신에게 약간의 돈을 준다면, 당신은 불안을 느끼지 않으려 그 돈을 쓴 모든 목록을 그들에게 말하려 합니다. 혹은 당신이 일을 완벽하게 완수하지 못했다면, 당신을 나쁘게 생각하지 않도록 사람들에게 말하거나, 당신의 강박관념에 대해 반복적으로 이야기할 것입니다.

관찰해 보기 당신은 어떤 회피 행동을 하고 있나요?

강박 사고에 사로잡히면 무슨 일이 일어나나요? 당신이 강박 사고를 믿어 버리면 무엇을 하려고 하나요? 불안을 줄이거나 피하기 위해 어떤 회피 전략을 사용하나요? 이전의 연습을 다시 참조하고, 당신이 확인한 각각의 강박 사고에 대해 여러분의 반응을 기록하세요. 그런 다음, 주어진 표의 여백에 질문에 해당되는 답을 기록해 보세요.

당신이 강박 사고에 사로잡힌 상황(빈칸에 강박 사고를 적으세요.)	당신이 하게 될 것 같은 행동(빈칸에 강박 행동을 적으세요.)	그 행동이 단기적으로 도움이 되나요? 약간의 안도를 가져다주나요?	그 행동이 장기적으로 도움이 되나요? 생각과 충동을 계속해서 없어지게 해 주나요?	이 행동이 자신이 원하는 모습이 되고, 삶에서 중요한 것에 가까이 가는 데 도움을 줄 수 있을까요?
1.				

2.				
3.				
4.				
5.				
6.				

당신이 알아차린 패턴은 무엇인가요?

아마 당신이 사용하는 대부분의 행동이 단기적인 관점에서만 효과적이라는 것을 알아차릴 것입니다. 바로 그겁니다! 이것이 바로 우리가 회피하려는 이유입니다. 그것이 잠시 효과적이기는 하니까요! 또한 회피가 장기적으로는 효과가 없다는 것을 알게 될 겁니다. 그 생각과 충동은 어떤 형태로든 되돌아옵니다. 결국, 당신은 이러한 행동들의 대부분이 당신이 살고 싶은 삶과 당신에게 삶에서 중요한 것에 가까워지게 해 주지 않는다는 것을 알게 될 것입니다.

이 이야기는 무엇을 의미할까요?

첫 번째 교훈은 강박 사고 자체가 문제는 아니라는 겁니다. 우리가 우리의 생각을 진실인 것처럼 여길 때 문제가 발생하고, 그럴 때 우리가 가진 대부분의 시간은 삶을 온전히 사는 데 쓰이기보다 그 순간의 불편함에 소모됩니다. 일단 강박 사고를 인지하고 나면, 당신은 그것에 계속 몰두하거나, 아니면 그 생각을 놓아주는 방법을 배우기로 선택할 수도 있습니다. 이 부분은 6장에서 연습하게 될 것입니다. 두 번째 교훈은 불편함을 피하고 싶은 충동은 완전히 정상이지만, 강박 행동이나 다른 회피 행동에 참여하는 것은 장기적으로 효과가 없다는 겁니다. 왜냐하면 우리의 원치 않는 생각과 충동이 결국 되돌아오기 때문입니다. 회피하느라 소모하는 시간이, 우리가 의미 있는 삶을 살기 위한 시간을 빼앗습니다.

강박 사고와 강박 행동이 전혀 없이 자신이 살고 싶은 삶을 사는 게 가능할까요? 아마 아닐 겁니다. 이런 경험들을 없애 버릴 수 있다면 제가 그렇게 돕겠지만, 안타깝게도 그럴 수는 없습니다. 이 책에서의 연습은 당신이 현재 순간에 머무르면서도, 용기를 가지고 이러한 경험을 '지니고 있을 수 있는' 방법을 가르쳐 줄 것입니다.

무엇이 강박증을 일으킬까

강박증의 발현에 기여하는 많은 것들이 있는데, 그중 대부분은 완전히 당신의 통제 밖에 있습니다. 우리는 강박증의 정확한 원인을 알지 못하지만, 영향을 주는 생물학적 · 환경적 요소들은 알고 있습니다. 강박증이 생겨나는 과정은 사람마다 다르다는 것을 명심하세요.

생물학적 위험 요소

우리들 대부분은 특정한 생물학적 취약성을 가지고 태어났습니다. 어떤 사람들에게는 당뇨병으로 나타나고, 다른 사람들에게는 중독이고, 또 다른 이들에겐 불안이나 강박증으로 발현됩니다. 모든 사람들은 이상하고 특이한 생각을 경험하지만, 강박증이 있는 사람들은 더 많은 생각을 경험하는 경향이 있고, 이러한 생각 자체에 과도하게 판단적입니다.

예를 들어, 당신이 다리 위에서 운전을 하고 있고 '이 다리에서 떨어질지도 몰라.'라고 생각한다고 가정해 보겠습니다. 강박증이 없는 사람들은 이 생각을 평소답지 않은 것으로 여기고는, 라디오에서 나오는 노래나 그들이 가고자 하는 방향에 다시 초점을 맞출 것입니다. 강박증이 있는 사람은 '왜 내가 이런 생각을 하는 거지?' '뭔가 잘못된 것 같아.' '내가 혹시 그러고 싶은 걸까?'와 같은 반응을 할 가능성이 더 높습니다. 이와 같은 판단적인 생각은 대개 불안감과 지금 당장 무엇인가를 해야 한다는 충동과 더불어 나타납니다.

당신이 고콜레스테롤혈증이나 당뇨병에 대한 유전성을 가질 수 있는 것처럼, 강박증에 대한 유전적 소인을 가질 수 있습니다. 연구에 따르면 강박증을 가진 부모, 형제 또는 자녀가 있는 경우, 특히 그 가족의 강박증이 유년기 또는 청소년기에 시작된 경우, 발병 위험이 더 높은 것으로 나타났습니다(Taylor, 2011).

환경적 위험 요소

만성 스트레스, 외상적 사건 또는 질병과 같은 환경적 위험 요소는 강박증의 시작과 악화에 영향을 미칩니다. 스트레스 요인은 사랑하는 사람의 죽음, 이혼, 괴롭힘 또는 만성적으로 혼란스러운 가정 환경일 수 있습니다. 외상적 사건들은 당신 혹은 누군가의 삶이 위험에 처해 있고, 벗어나기 어렵다는 것을 인지한 상황을 의미합니다. 자연 재해 또는 신체적, 성적, 또는 감정적 폭력과 학대일 것입니다. 연쇄상구균으로 인한 인후염을 앓고 난 후에 강박증 증상이 나타날 수 있습니다. 이 반응은 연쇄상구균 감염과 관련된 소아 자가 면역 신경 정신 질환(Pediatric Autoimmune Neuropsychiatric Associated with Streptococcal Infections: PANDAS)이라고 부릅니다.

이러한 생물학적 및 환경적 위험 요소가 있다고 해서 강박증이 반드시 발생하는 것은 아니며, 이러한 위험 요소가 없이도 강박증이 나타나는 사람들도 있습니다. 아마 당신도 그들 중 한 명일 테지요. 반면에 어떤 사람들에게는 생물학적 요소와 환경적 요소 모두가 강박증의 발달에 영향을 줍니다. 예를 들어, 강박증이나 불안장애, 또는 우울증을 가진 가족 구성원이 있을 수 있고, 아마도 당신은 삶에서 꽤 큰 스트레스를 경험했을 것입니다. 혹은 강박증을 가진 가족이 없고, 삶에 큰 스트레스 요인을 경험하지 않은 경우에도 강박증은 생겨날 수 있습니다.

어떤 경우에도, 강박증에 대해 도움을 받기 위해 그 증상이 어떻게 생겨났고 악화됐는지 모두 알 필요는 없습니다. 사실, 저는 당신이 강박증의 원인을 알아내기 위해 너무 많은 시간을 들이지 않는 것을 더 추천합니다. 결국, 이것을 알아내는 데는 평생이 걸릴 수도 있으니까요. 강박증은 지금 바로 여기에 있고, 어떤 형태로 나타나든 희망은 있습니다! 강박증에 대한 완벽한 치료법은 없지만, 불안, 강박, 충동과 새롭게 관계를 맺을 수 있는 더 유용한 방법들이 있습니다. 이 책은 강박증에 허비하는 시간을 줄이고, 당신이 현재의 삶을 살고, 또 자신이 원하는 삶에 더 많은 시간을 쏟는 데 도움을 줄 행동적 기술을 알려 줄 것입니다.

강박증의 하위 유형

강박증에는 다양한 하위 유형이 있어서 저마다 다른 형태로 나타날 수 있으며, 일부 하위 유형은 다른 유형보다 더 널리 알려져 있습니다. 당신이 경험할 수 있는 강박증의 유형은 삶의 과정을 통해 바뀔 수도 있습니다. 다양한 하위 유형을 알아 놓는 것이 언젠가 일어날 증상의 변화를 식별하는 데 도움이 될 수 있습니다. 또 증상에 대해 좀 더 일찍 개입하여 고통받는 시간이 줄어들 수 있을 겁니다. 두 가지 이상의 강박증 유형이 나타나기도 합니다. 예를 들어, 완벽주의와 오염(청결)에 대한 강박증을 동시에 경험할 수 있는 것이지요.

하지만 다양한 하위 유형에 대해 배우기 전에 자신의 특별한 경험, 즉 당신만의 독특한 불안감이나 강박 사고에 대해 생각해 보겠습니다. 다음 연습에는 열린 마음으로 임해 주길 바랍니다.

관찰해 보기 **강박증에 이름 붙이기**

눈을 감고 강박증이 이야기하는 모든 것들을 떠올려 보세요. 어떤 패턴이든, 어떤 주제든 알아차려 보세요. 그것이 당신의 기분을 어떻게 만드는지 주목하세요. 만약 강박증이 여러분 앞에 앉아 있다면, 어떻게 보일까요? 어떤 색, 모양, 형태일까요? 괴물, 얼룩, 아니면 사람처럼 생겼을까요? 어떤 소리를 낼까요? 강박증의 모양과 소리에 대해 묘사해 보세요.

당신이 경험하는 강박증의 이름은 뭔가요? 어떤 사람들은 그것에 사람의 이름을 붙이고, 다른 이들은 새로운 이름을 만들기도 하며, 또 다른 이들은 그것을 그냥 '강박증'이라고 부릅니다. 당신의 경험에 이름을 붙여 보세요.

강박증의 하위 유형에 대해 계속 읽으면서, 강박증이 당신에게 이야기해 봤던 것들을 생각하고, 과거에 경험했거나 현재 경험하고 있는 하위 유형에 동그라미를 칩니다. 다음에 나오는 연습을 사용하여 특정 하위 유형의 흔한 촉발 요인과 특정한 유형의 강박 행동을 경험하는지 여부를 살펴볼 수 있습니다. 다시 말하지만, 촉발 요인은 강박증을 유발하는 외부의 사람, 장소, 사물 혹은 내부의 충동이나 생각입니다.

오염 강박(청결 강박)

오염 강박은 먼지, 세균, 병 또는 질환에 대한 거슬리고 원치 않는 생각입니다. 의사가 아니라고 말하더라도, 당신은 현재 HIV, 간염 또는 다른 질병에 감염되어 있다고 믿거나 미래의 오염에 대해 걱정합니다. 혹은 다른 사람들의 부정적인 생각이나 감정에 의해 오염되는 것을 걱정할지도 모릅니다. 만약 당신이 오염된다면, 다른 사람들이나 장소에 퍼뜨릴까 봐 걱정할 수도 있습니다. '나는 병이 걸렸고, 가족들에게 그것을 퍼뜨릴 거야.' 혹은 '이 방은 지금 오염됐어.' 또는 '이 옷들은 이제 역겨워.' 하는 식이죠. 어떤 사람들은 특정한 공포를 인식하기보다, 대신 특정한 사람들, 장소, 또는 사물들이 단지 찝찝하고 불편하다고 생각하고, 당장 피하고 싶은 충동을 경험합니다.

오염 강박을 가진 두 사람의 예를 살펴봅시다.

에드의 이야기

에드는 HIV에 감염되어 그의 아내에게 병을 옮기게 될까 봐 두려웠습니다. 에드는 자신의 두려움이 비이성적이고 위험한 행동을 하지 않았다는 것을 알았음에도 불구하고, 겁에 질려 강박 행동에 몰두했습니다. 강박증이 사람들과 장소들을 '위험한' 것으로 간주한다면, 그것들을 피했습니다. 이것은 그의 게이 친구들 중 일부와 노숙자나 게이들이 많이 사는 지역을 피하는 것도 포함합니다. 또한 그의 의사로부터 정기적으로 HIV 검사를 받았고, 그 결과는 항상 음성이었지만 검사를 하는 것이 그에게 짧은 안도감을 주었습니다.

신디의 이야기

신디는 자신의 강박 사고를 정확히 알지는 못했지만, '역겹다.'고 느끼게 하는 것들을 피해야 했습니다. 그녀는 자신이 어려운 감정을 감당할 수 있다는 것을 믿지 않았고, 만약 무언가 나쁜 감정을 느낀다면, 그것은 그녀의 가족을 돌보지 못하는 결과를 초래할 것이라고 믿었습니다. 그 결과, 신디는 그녀가 상처를 받은 친구들, 아픈 적이 있는 사람들, 오래된 사진과 같은 소장품들, 그녀가 한때 살았던 장소들, 쓰레기와 관련된 것처럼 자신을 슬프게 하거나 불편하게 하거나, 찝찝하게 느끼게 하는 것들을 모조리 피했습니다. 그녀는 쓰레기통이나 트럭 근처에 가지 않으려 했습니다. 대부분의 시간을 집에서 머무르고, 밖에 나갔을 때 자신을 불쾌하게 할 수 있는 것들을 찾기 위해 바닥과 주변을 탐색하는 데 많은 시간을 보냈습니다. 신디는 또한 그녀의 집을 깨끗하고 안전하게 유지하기 위해, 집에 들어갈 때 과도한 손 씻기와 샤워하는 의식을 치루었습니다. 또한 자신의 파트너에게 세탁을 하는 강박 행동에 참여시키고, 집안 청소 업무를 맡아 달라고 요청하기도 했습니다.

체크리스트 오염 강박의 촉발 요인과 강박 행동

오염 강박에서 흔한 촉발 요인 목록을 확인하고, 당신을 괴롭게 하는 요소 옆에 체크 표시를 해 보세요.

- ☐ 신체의 배설물(소변, 대변) 또는 체액(땀, 침, 점액, 정액)
- ☐ 혈액
- ☐ 쓰레기 및 쓰레기 주변 지역
- ☐ 가정용 청소기기
- ☐ 방사능과 관련한 물질, 납, 석면, 질병에 대해 듣거나 읽는 것
- ☐ 바늘이나 깨진 유리
- ☐ 끈적끈적한 물질
- ☐ 병에 걸리거나, 지저분하거나, 깨끗하지 않은 사람들
- ☐ 노숙자들이 사는 지역
- ☐ 상하거나 생소한 음식
- ☐ 특정한 사람들

☐ 비누
☐ 애완동물 또는 동물

다음은 오염 강박에서 흔한 강박 행동의 목록입니다. 당신에게 잘 나타나는 항목에 체크 표시를 해 보세요.

☐ 과도한 손 씻기, 샤워 또는 목욕하기
☐ 장갑 또는 천을 사용하여 '더러운' 물건을 만짐
☐ 물건을 버리러 가거나 쓰레기 근처에 있는 것을 피하기
☐ 정해진 방식대로만 목욕, 샤워, 양치질 또는 화장실 사용하기
☐ 특정 장소(체육관, 의료 시설, 병원)를 피하기
☐ 자신을 오염시킬지도 모르는 특정 사람, 특정 집단의 사람들을 피하기(병을 가진 사람들, 노숙자들, 당신을 불편하게 느끼게 하는 사람들)
☐ 특정 음식, 비누 또는 동물을 피하기
☐ 질병의 징후(심박수, 맥박) 확인하기
☐ 과도하거나 불필요한 의학적 검사 반복하기(보호 기구를 사용하지 않은 성관계나 주사기 재사용을 하지 않았음에도 HIV 검사를 하는 것)
☐ 스스로 안심시키려 노력하기(자기 자신에게 무엇인가에 닿지 않았고, 깨끗하다는 사실을 반복해서 상기하거나, 다른 이들에게 괜찮은지 반복해서 물어보기)

통제력 상실에 대한 강박

통제력 상실에 대한 강박 사고는 자신이 원치 않는 충동에 의해 행동을 함으로써 정신적으로('나는 정신을 잃을 거야.') 또는 신체적으로('나는 통제력을 잃고 난처한 짓을 할 거야.') 통제 불능일 가능성에 대한 걱정을 수반합니다. 통제력을 잃는 것에 초점을 맞춘 강박 사고는 '자신이 미쳐 버릴 것 같은 생각'이거나, '현실과의 연결을 잃을 것 같은 생각'일 수도 있거나, '걷잡을 수 없이 욕설을 내뱉는 것과 같은 말이나 행동을 하거나 공공장소에서 옷을 벗을지도 모른다는 생각'들입니다.

예를 들어, 베스는 자신의 신체와 정신에 대한 통제력을 잃게 될 것이라고 믿었습니

다. 그녀는 갑자기 말도 안 되는 말을 내뱉거나, 횡설수설해서 당황하게 될까 봐 두려웠습니다. 그녀의 불안감이 고조되었을 때, 그녀는 '미칠 것'과 '현실감을 잃는 것'에 대한 두려움을 가지고 있었습니다. 그녀는 공개적이고 사회적인 상호작용을 피하면서 집에서 많은 시간을 보냈습니다. 그녀가 사람들과 관계를 맺을 때, 그녀는 말을 최대한 아꼈습니다. 그녀는 또한 어려운 정서('나는 이것들을 조절할 수 없고, 미쳐 버릴 거야!')를 피하려고 노력했습니다. 그녀가 슬플 때, 일부러 신나는 음악을 연주하거나, 그 감정으로부터 주의를 돌리려 특정 행동을 반복했습니다.

자신이 통제를 상실한다는 강박에 대해 촉발 요인과 강박 행동이 있는지 탐색하기 위해 다음 연습을 해 보겠습니다.

체크리스트 **통제력 상실에 대한 강박의 촉발 요인과 강박 행동**

통제력 상실에 대한 강박증에서 흔한 촉발 요인들을 살펴보고, 당신의 증상을 촉발하는 요인에 체크 표시를 해 보세요.

- ☐ 어려운 감정들(분노, 불안, 벅찬 감정, 슬픔, 지루함, 혼란)
- ☐ 신체 감각(어지러움, 얼얼함, 현기증)
- ☐ 인지적 실수(정보에 초점을 맞추기 어려워하거나, 정보를 기억하지 못함)
- ☐ 섬뜩한 장면
- ☐ 대중 앞에 서거나 사람들 사이에 있는 것
- ☐ 가게 안에 있는 상황
- ☐ 해를 끼칠 수 있는 것들의 주변에 있는 것(위험한 물체, 기차역, 거리, 버스 정류장, 자동차 등)

다음은 통제력 상실에 대한 강박에서 흔한 강박 행동 목록입니다. 익숙한 항목 옆에 체크 표시를 해 보세요.

- ☐ 어려운 감정을 불러일으킬 수 있는 것들(슬프거나 무서운 영화, 이야기, 노래)을 피하기
- ☐ 통제력을 잃고 있는지 보기 위해 몸이나 마음을 연거푸 확인하기
- ☐ 공공장소, 상점, 또는 위해를 초래할 수 있는 물건이나 장소 주변에 있는 것을 피하기(뾰족한 물체, 기차역, 거리, 버스 정류장, 자동차 등)

☐ 나쁜 이미지나 생각을 좋은 이미지로 대체하기
☐ 당신이 한 일들과 그것들을 언제 했는지에 대해 자세히 메모하기

해를 끼치는 데 대한 강박

만약 당신이 이 강박증을 경험한다면, 자신이나 다른 사람들을 해칠 것을 걱정할 것입니다. 해를 끼치는 데 대한 강박 사고는 다른 사람이나 자신에게 해를 끼치거나, 죽이는 것에 대해, 또 그 일에 책임을 져야 한다는 염려가 두려움을 만들어 냅니다. 흔한 증상은 '나는 소아성애자일거야.'라는 생각이나 '내가 연인을 죽일지도 몰라.' 혹은 '나는 여러 비극적 사건에 대한 책임을 져야 해.' 등의 생각입니다.

자살에 대한 강박 사고는 자살 사고 또는 타살에 대한 생각과는 다릅니다. 진정한 자살 사고를 경험하는 사람들은 전형적으로 우울하고, 절망적이며, 그들의 삶이 끝나는 것에 대해 걱정하기보다는 정말로 삶이 끝나기를 원합니다. 타살에 대한 생각을 가진 이들은 다른 사람을 해치고 싶어 하죠. 그들은 죄책감을 느끼거나 그것에 대해 염려하지 않습니다. 만약 당신이 자신이나 다른 사람을 죽이거나 다치게 할 생각이 있고, 자신의 생각에 따라 행동하고 싶은 강한 충동이 있다면, 119에 연락하거나 병원, 심리 상담 센터 등의 전문가를 찾아가 보심이 좋겠습니다.

여기서 초점은 자살과 타살에 대한 강박 사고입니다. 강박증이 있는 사람들은 불안, 수치심 또는 죄책감을 경험하는 경향이 있습니다. 그들은 누구에게도 해를 끼치고 싶지 않지만, 언젠가는 그들이 해를 끼칠지도 모른다고 걱정합니다. 예를 들어, 카렌은 칼을 사용해 자살하는 이미지를 떠올렸습니다. 그녀는 자살할 생각이 없었기에, 오히려 이 이미지가 매우 불안하다고 느꼈고, 언젠가는 자살하게 될 거라는 생각에 두려워했습니다. 결과적으로, 그녀는 칼을 사용하는 것을 피했고, 그녀는 자신과 가족을 위해 하던 요리를 중단했습니다. 또 자살에 대한 이야기를 듣는 것이 그녀의 강박 사고를 자극할까 두려워 뉴스를 보거나 듣는 것을 피했습니다.

체크리스트 **해를 끼치는 생각에 대한 촉발 요인 및 강박 행동**

해를 끼치는 데 대한 강박에서 흔한 촉발 요인들을 검토하고, 해당되는 항목에 체크 표시를 해 보세요.

☐ 날카로운 물체(칼, 가위)
☐ 폭력 범죄에 관한 쇼를 읽거나 보는 것
☐ 운전하기
☐ 힘든 감정(불안, 외로움)
☐ 학교, 아이들
☐ 동물들
☐ 사건, 사고에 대한 기사 읽기(총격, 살해)

다음은 해를 끼치는 데 대한 강박에서 흔한 강박 행동의 목록입니다. 익숙한 항목 옆에 체크 표시를 해 보세요.

☐ 날카로운 물건 사용을 거부하기
☐ 해를 끼치는 것에 대한 뉴스나, 글 읽기를 피하기
☐ 다른 사람을 위해 요리하는 것을 피하기
☐ 위험을 초래할 수 있는 장소 또는 물건(위험물, 기차역, 거리, 버스 정류장, 자동차, 옥상, 학교)을 피하기
☐ 자신의 기분을 반복해서 확인하기('내가 우울함을 느끼나?' '내가 자살하고 싶은가?')
☐ 다른 이들에게 과거 사건에 대해 안심을 얻으려 하거나, 자신이 누구에게도 피해를 주지 않았음을 확인하고, 과거 사건의 세세한 부분을 곱씹기
☐ 자신이 해를 끼칠 것을 두려워하는 대상(어린이, 노인, 동물)을 피하기

완벽주의 강박

완벽주의 강박은 모든 것이 올바르고 완벽해야 하며, 100% 정확한 것에 초점을 맞춥니다. 당신 자신, 혹은 자신이 한 일이 충분히 괜찮은지 의문을 가질 것입니다. 완벽주의는 삶의 다양한 영역(일, 관계, 육아)에서 나타나는 경향이 있으며 다른 형태의 강박증과

결합되기도 합니다. 예를 들어, 관계에 대한 강박과 완벽주의 강박을 함께 가진 이들은 자신의 파트너가 완벽한지에 초점을 맞춥니다. 당신은 특정한 강박 사고를 식별할 수는 없어도, 기분이 나아지기 위해 계속해서 무엇인가를 할 필요가 있다고 느끼거나, 자신이 실패하거나 실수할 거라는 강박 사고를 인지하기도 합니다. 또한 너무 파고들려 하거나, 문제 해결에 대한 충동을 느낄 수도 있습니다. 완벽주의에서는 다른 사람들에 의해 완벽하게 이해될 필요성, 균일성 또는 정확성에 대한 염려를 느끼기도 합니다(특히 물건들이 대칭적으로, 혹은 적절한 위치에 있어야 하거나, 특정한 방식으로 또는 특정한 시간에 정해진 횟수로 행동이 행해져야 함).

예를 들어, 조의 강박증은 그가 밖으로 나서기 전에 모든 것이 괜찮고 완벽하다고 느끼는 데 초점을 맞췄습니다. 만약 그의 일이나 숙제가 끝나지 않았다면, 그는 불안해지고 수치심을 느꼈습니다. 조는 때때로 사무실에서 밤을 새워 업무를 검토하고, 그것들이 제대로 될 때까지 다시 해야만 했습니다. 그가 집에서 어떤 일을 매듭지어야 한다고 느끼면, 일하러 나갈 수 없었습니다. 조가 강박증으로 집을 나서지 못해서, 조와 아내는 친구들과의 사교 모임에 참여하지 못했습니다. 조의 강박증은 또한 그가 완전히 이해하지 못한 것들에 대해 듣거나 읽음으로써 촉발되기도 했습니다. 그는 다음으로 넘어가기 전에 그 주제를 파고들거나, 의문점을 꼭 해결해야 했습니다.

체크리스트 **완벽주의 강박의 촉발 요인과 강박 행동**

완벽주의 강박에서 흔한 촉발 요인 목록을 검토하고, 자신에 해당되는 촉발 요인에 체크 표시를 해 보세요.

- ☐ 일을 시작하거나 완료하기
- ☐ 무엇인가를 읽거나 쓰기
- ☐ 중요한 정보(뉴스, 지침)를 보거나 듣는 것
- ☐ 지저분하거나 어울리지 않는 것들을 볼 때
- ☐ 일상적인 습관(청소용품, 집 정리, 일상적 버릇, 식료품 쇼핑, 세탁하기, 직장 또는 학교로의 이동)
- ☐ 지불하기(비용, 청구서)

☐ 생각('이게 맞나?' '실패할 거야.' '모든 것이 완벽해야 해.' '상황은 내 생각대로 돌아가야 해.')
☐ 불편한 감정('그냥 기분이 안 좋아지는군.')

다음은 완벽주의 강박에서 흔한 강박 행동의 목록입니다. 익숙한 항목 옆에 체크 표시를 해 보세요.
☐ 학교나 직장 과제를 과도하게 점검하기
☐ 자신이 한 일에 대해 다른 사람들에게 확인받는 것
☐ 이메일 다시 읽기 또는 다시 쓰기
☐ 모든 것이 끝나거나, 완료될 때까지 일을 계속하기
☐ 돈을 확실히 지불했는지 확인하기 위해 지불을 피하거나, 과도하게 확인하는 것
☐ 과도한 위치 확인(모든 것이 제자리에 있는지 확인하는 일)
☐ 자리를 떠나기 전의 과도한 규칙(일을 끝내기 전 모두 괜찮다는 말을 마음속으로 열 번 반복하거나, 자신이 끝낸 일에 대해서 과도하게 확인하는 것)
☐ 대부분의 동료들보다 일과 연구 등에 더 많은 시간을 사용하는 것

성적 지향에 대한 강박

당신이 성적 지향에 대한 강박증을 가지고 있다면, 자신이 어떤 성별인지, 혹은 어떠한 성별에 끌리는지에 대한 두려움을 가질 것입니다. 예를 들어, 당신은 육체적으로나 성적으로 같은 성에 끌린 적이 없는데도 자신이 이성애자가 맞는지에 대해 의심을 가지게 됩니다. 당신이 동성에게 끌린다는 증거는 없어도, 어쨌든 그것에 대해 걱정합니다. 자신이 누군가에게 끌렸던 게 아닌지 고심하는 데 많은 시간을 할애하기도 합니다. 흔한 강박 사고는 '내가 게이가 아닌지'에 대한 염려나, 항상 '남성과 데이트하고 사랑에 빠졌음에도 여성에게 끌렸던 것은 아닌지 하는 생각들입니다.

예를 들어, 제러미는 그의 여자 친구와 2년 동안 사귀어 왔습니다. 그는 완벽주의와 도덕성에 대한 강박을 가지고 있었습니다. 그는 여성들만 사귀었지만, 게이가 되는 것에 대해 상당한 불안감을 가지고 있었죠. 그는 실제로 그렇다면 동성애자가 되는 것을 꺼리지 않겠지만, 확실히 알지 못한다는 사실이 많은 고통을 초래하고 있었습니다. 그는 여

자 친구와 함께 있을 때마다, 특히 그들이 친밀할 때 종종 자신의 흥분 정도를 확인하곤 했습니다. 그는 남성들이 지나갈 때 그들에게 끌리는 정도를 확인하곤 했습니다. 제러미는 게이 친구들을 보는 것이 자신이 게이일지도 모른다는 강박 사고의 촉발 요인이었기 때문에, 그들을 피하려 한다는 사실을 받아들이기 부끄러웠습니다. 제러미는 몇 명의 남자들과 입맞춤을 하기도 했지만, 그가 그것을 즐기지 않았고, 남성들에게 끌리지 않는다는 것을 알아차렸습니다. 하지만 그의 강박적 의심은 그의 파트너와 친구들과 함께 있는 것을 계속해서 방해했습니다.

체크리스트 **성적 지향에 대한 강박의 촉발 요인과 강박 행동**

다음은 성적 지향에 대한 강박에서 흔한 촉발 요인들입니다. 해당되는 촉발 요인 옆에 체크 표시를 해 보세요.

☐ 연인과 데이트하거나 함께 있는 것
☐ 매력적인 사람들(원래의 자신이라면 데이트를 하지 않았거나, 끌리지는 않을 사람들)
☐ 성적 경험

다음은 성적 지향에 대한 강박에서 흔한 강박 행동 목록입니다. 익숙한 항목 옆에 체크 표시를 해 보세요.

☐ 자신이 끌리는 정도나 흥분 정도를 확인하기
☐ 특정 사람들에 대해 어떻게 느끼는지 비교하기
☐ 마음속으로 계속해서 곱씹고, 자신의 과거 경험을 살펴보기
☐ 실제로는 끌리지 않는 사람들과의 만남을 통해 자신을 테스트하기
☐ 사람을 피하기
☐ 연인의 주변에 있을 때나, 데이트를 하고 있을 때 평소처럼 행동하지 않는 것

성 정체성/표현에 대한 강박

성 정체성/표현에 대한 강박을 경험하게 되면, 이전에 자신이 인식했던 자신의 성별을 의심하고, 확실하지 않다는 것에 대해 불안감을 느끼며, 그것을 알아내기 위해 상당한 시간을 소비하게 됩니다. 당신은 자신의 목소리가 어떠한지, 무엇을 입는지, 어떻게 생겼는지, 그리고 자신이 어떻게 보이는지와 같은 속성에 대해, 사회적으로 남성적이거나 여성적인 것으로 정의된 행동이나 특징과 일치하는지 여부에 대해서 걱정할 것입니다. 예를 들어, 당신은 자신이 남성인지 여성인지 확신할 수 없다고 생각할 수도 있습니다. 아니면 자신이 트랜스젠더는 아닌지에 대한 고민을 할 수도 있습니다. 성 정체성/표현에 대한 강박과 실제 성별 불일치는 모두 불안과 연관될 수 있지만, 두 가지는 엄연히 다릅니다. 성별 불일치는 누군가 사회가 그를 인식하는 방식과 일치하지 않게 식별할 때 발생합니다. 예를 들어, 당신은 남성이지만 옷을 입거나 행동하는 방식 때문에, 사람들은 여성으로 인식할 수 있는 것이지요. 성 정체성/표현에 대한 강박은 누군가 자신을 다른 성별로 인식하지는 않을지에 대해 걱정한다는 점에서 다릅니다. 그 사람은 실제로 다른 성별과 연결되지는 않지만, 자신이 그렇지는 않을지에 대해 강한 의심을 가지고, 그것을 좀 더 확실히 하기 위해 많은 시간을 허비합니다. 성 정체성/표현에 대한 강박을 경험하는 사람들은 대개 다른 유형의 강박을 가지고 있는 경우가 많습니다.

예를 들어, 20대 후반의 샘은 오염에 대한 강박이 있었습니다. 그녀는 평생 동안 자신을 여성으로 인식하고 살았지만, 지난 몇 년 동안 그녀의 성별을 의심하기 시작했습니다. 그녀는 자신의 성별이 양성이 아니라는 것을 알면서도 혹시 자신이 남성이 아닐까 두려워했습니다. 매일이 그녀에게는 힘든 시간이었습니다. 소변 보기, 옷을 입는 것, 그리고 그녀가 걷고 말하는 방식과 같은 것들이 모두 '내가 남자일지도 몰라.'라는 생각을 촉발시켰습니다. 활동을 하거나 특정한 옷을 입을 때마다 자신이 얼마나 남성적인지 혹은 여성적인지 신경 써야 했지요. 그녀는 자신이 가장 좋아하는 드레스와 여성스러운 옷을 입는 것을 그만두었습니다. 그녀의 새 옷은 성별을 드러내지 않기 위해서 펑퍼짐하고 중성적인 색으로 구성되어 있었습니다. 그녀는 또한 중성적인 어조로 말하려고 노력했으며 성별을 드러내지 않는 헤어스타일을 고수했습니다. 그녀는 '나는 남자가 되어 버릴지도 몰라.'라는 생각에서 벗어나기 위해 할 수 있는 모든 것을 하려 했고, 자신이 실은 남성이 아닌지 알아내려고 많은 에너지를 소비했습니다. 이 모든 문제들은 그녀가 입고 싶은 옷을 입는 것, 그녀 자신으로서 살아가는 것을 방해했습니다.

체크리스트 **성 정체성/표현에 대한 촉발 요인과 강박 행동**

성 정체성/표현에 대한 강박에서 흔한 촉발 요인 목록을 검토하고, 자신의 증상을 촉발하는 요소에 체크 표시를 해 보세요.

- ☐ 자신의 목소리와 말하는 방식
- ☐ 신체적으로 걸어가는 방식(걸음걸이, 형식)
- ☐ 소변 보기
- ☐ 데이트하기
- ☐ 성 경험
- ☐ 다른 성 정체성을 가진 사람들이 주변에 있는 것
- ☐ 자신이 입고 있는 옷

다음은 성 정체성/표현에 대한 강박에서 흔한 강박 행동의 목록입니다. 자신에게 친숙한 행동에 체크 표시를 해 보세요.

- ☐ 가능한 한 중성적으로 보이려고 노력하기(중성적인 옷을 입고, 너무 여성적/남성적으로 보이지 않으려 노력하기)
- ☐ 말하는 방식이나 걸음걸이, 행동 습관을 바꾸려고 노력하기
- ☐ 자신의 기분을 계속 확인하기('내가 여자인 것 같은 기분을 느끼는 건 아닐까?'처럼)
- ☐ 데이트와 성적 경험을 피하기
- ☐ 자신이 어떤 사람인지 드러내지 않기 위해 무엇이든 하는 것

도덕성에 대한 강박

만약 당신이 도덕성에 대한 강박 사고를 경험한다면, 나쁜 사람이 되거나 사회적 또는 종교적 규범을 더럽히는 데 대한 걱정을 느낄 것입니다. 도덕성에 초점을 맞춘 강박 사고는 정직하지 않게 되거나, 윤리적으로 '나쁜 사람'이 되는 것에 대한 두려움을 포함합니다. 또 항상 도덕적으로 옳은 일을 해야 한다는 것을 느끼기도 합니다. '이게 잘못된 건가?' 혹은 '내가 좋은 사람이 맞나?' 하는 생각들이지요. 이 생각들은 대개 불안, 죄책감, 수치심과 연결됩니다. 이 강박 사고는 종교나 특정 신념에 의한 도덕적 기준과 관련이 있을 수 있습니다 이 생각들은 '내가 신이나 교회를 모욕한 거 아닐까?' 혹은 '나는 지옥에 가는 걸까?'와 같은 생각일 겁니다.

예를 들어, 스티브는 좋은 사람이 되는 것과 관련된 걱정이 매우 많았기 때문에, 그가 나쁘다고 인식하는 생각, 감정 또는 충동을 경험할 때마다 집을 떠나지 않음으로써 자신을 고립시켰고, 이러한 상황은 대개 우울함을 느끼게 했습니다. 그가 '나에게 상처를 준 사람이 미워.' 등의 생각이 들거나 분노, 화와 같은 불편한 감정을 가지고 있을 때, 그것은 그가 도덕적으로 나쁜 사람이라는 것을 의미한다고 느꼈습니다. 그는 또한 자위행위를 한 후 엄청난 수치심을 느꼈습니다. 스티브는 자신을 고립시키는 것을 넘어, 자신의 나쁜 점을 씻어 내기 위한 방법으로 기도하고 샤워하는 데 상당한 시간을 보냈습니다.

체크리스트 **도덕성에 대한 강박의 촉발 요인과 강박 행동**

도덕성에 대한 강박에서 흔한 촉발 요인 목록을 검토하고, 당신의 증상을 촉발하는 요인 옆에 체크 표시를 해 보세요.

☐ 의사 결정 내리기(어디서 살아야 하는지, 무엇을 먹어야 하는지, 어떤 직업을 가져야 하는지)
☐ 금융 거래(물건 대금 지불하기, 사람들에게 거래에 합당한 돈을 보내기, 돈을 빌리기)
☐ 자연스럽게 드는 성적인 생각들('내가 이것 때문에 지옥을 가거나, 신을 모욕하는 것은 아닐까?')
☐ 성적 행위(성관계 혹은 자위 행위) 또는 타인에게 성적 매력을 느낄 때

☐ 법(무단 횡단과 같은 경범죄 위반에 대한 염려)

☐ 사회적 규범(모두와 웃고 눈을 마주치는 것과 같은)

다음은 도덕성에 대한 강박에서 흔한 강박 행동의 목록입니다. 익숙한 항목 옆에 체크 표시를 해 보세요.

☐ 결정을 미루고, 결정을 피하는 것

☐ 다른 사람들에게 무엇을 해야 하는지 과도하게 물어보기

☐ 물건값을 지불하거나, 돈을 빌리는 상황을 피하기

☐ 고백하기(자신이 정확히 무엇에 돈을 썼는지 사람들에게 말하기, 혹은 교회에서 고해성사하기)

☐ 지나치게, 그리고 정해진 방식으로 기도하기

☐ 자신을 안심시키기('나는 괜찮아.'라고 반복적으로 자신에게 말하기)

☐ 대부분의 사람들이 하는 일을 피하기(성관계나 자위 행위, 무단횡단과 같은 사소한 법 위반)

☐ 다른 사람들이 당신을 좋게 인식하도록 자신의 행동이나 표정을 통제하려고 노력하는 것

☐ 교회를 피하거나, 혹은 보통 사람들보다 훨씬 더 많이 가는 것

관계에 대한 강박

만약 당신이 관계에 대한 강박을 경험한다면, 자신의 관계나 연인에 대해 의심하게 됩니다. 관계에 초점을 맞춘 강박 사고는 특히 당신의 연인에 대한 생각을 포함합니다. 예를 들어, '그들이 나에게 충분히 매력적일까?' '그들은 충분히 똑똑한 게 맞는가?' '머리가 너무 큰 거 아냐?' 혹은 '그들이 정말 내 인연이 맞을까?'와 같은 생각입니다. 관계에 대한 강박은 또한 자신이나 파트너가 서로에게 충실한지 아닌지에 초점을 맞추기도 합니다. 비록 외도의 증거가 없다고 하더라도, 당신은 여전히 의심을 가집니다. 혹은 당신의 강박 사고는 당신의 연인이 여전히 나에게 끌리는지에 대한 것일 수 있습니다('그 사람이 정말로 나에게 끌리는지 어떻게 알 수 있지?' '내가 그 사람의 과거 연인들보다 더 매력적일까?' '내가 정말 그들에게 매력적일까?'). 관계에 대한 강박은 관계 자체에 대해 불안을 느낍니다('이 관계가 나에게 잘 맞는 것일까?' '다른 사람과 관계를 가지면 더 나아지지 않을까?'). 인간

관계에서 약간의 의심은 정상이겠지만, 강박증을 가진 사람이 이러한 생각과 행동에 허비하는 시간은 평균보다 훨씬 더 많고, 이런 생각과 행동이 관계에 부정적인 영향을 미치게 됩니다.

예를 들어, 스텔라는 관계에 대한 강박증을 겪었고, 이는 그녀의 연인이 괜찮은 사람인지에 대해 많은 의심을 갖게 했습니다. 스텔라는 그가 훌륭하고, 그들은 서로 사랑하는 관계라고 묘사했지만, 의심이 심해졌습니다. '그 사람이 내가 찾던 그 사람이 맞을까?' '그 사람에 대한 내 감정이 강렬한 게 맞나?'와 같은 생각이지요. 스텔라는 자신이 연인과 함께 있을 때든 아니든, 다른 매력적인 사람들과 함께 있을 때 어떤 느낌을 받았는지 반복해서 곱씹으면서 이 의심에 대해 반응하곤 했습니다. 그녀는 또한 그녀의 연인이 왜 소중한지에 대한 모든 이유를 확인하려 했습니다. 스텔라가 연인과 함께 있으면서 의심에 사로잡히게 되면, 연인에게 전적으로 충실하기는 참 어려운 일이었습니다.

체크리스트 **관계에 대한 강박의 촉발 요인과 강박 행동**

관계에 대한 강박에서 흔한 촉발 요인 목록을 살펴보고, 당신의 증상을 촉발시키는 요인 옆에 체크 표시를 해 보세요.

- ☐ 파트너의 전 연인에 대해 보거나 듣는 일
- ☐ 파트너의 집이나 자동차의 사소한 변화를 알아차리기
- ☐ 의사소통이 부족한 경우
- ☐ 관계에 대해 의심을 갖는 일
- ☐ 미래의 관계에 대한 계획(결혼, 가족 갖기)을 세우기
- ☐ 다른 매력적인 사람들을 보거나 다른 사람들에게 끌리는 경우
- ☐ 자신의 의심을 알아차리기
- ☐ 파트너 주변에 있을 때 자신의 감정 변화를 알아차리기
- ☐ '완벽한' 관계로 보이는 다른 커플과 함께 있는 것
- ☐ 로맨틱한 이야기를 읽거나 듣는 것
- ☐ 로맨틱한 영화 보기
- ☐ 파트너와의 의견 충돌

다음은 관계에 대한 강박에서 흔한 강박 행동의 목록입니다. 익숙한 항목 옆에 표시를 해 보세요.

- ☐ 파트너가 자신에 대해 어떻게 느끼는지, 또는 둘의 관계에 대해 파트너에게 반복적으로 질문하기
- ☐ 당신 자신을 파트너의 전 연인과 비교하거나, 파트너를 전 연인과 비교하기
- ☐ 파트너와 함께 있거나, 다른 매력적인 사람들과 함께 있을 때 기분을 반복해서 확인하기
- ☐ 로맨틱한 영화 관람, 로맨틱한 이야기를 읽거나 듣는 것을 피하기
- ☐ 다른 커플이나 매력적인 사람들을 피하기
- ☐ 친밀한 대화를 피하고, 자신의 기분과 필요한 것에만 집중하기
- ☐ 증거를 찾기 위해 파트너의 집을 확인하기
- ☐ 파트너에게 특정 사람(매력적인 사람이나 전 연인)과 이야기 하지 말라고 하거나, 곁에 두지 말라고 이야기하기

당신이 가진 강박증은

계속 읽기 전에, 잠시 멈추어 강박증에서 흔하게 나타나는 강박 사고와 강박 행동에 대해서 살펴보고, 자신에게 있었던 일에 대해서 기록해 보세요.

당신은 이제 자신이 혼자가 아니라는 것에 안도감을 느낄 겁니다. 물론 이상한 생각을 갖는 것에 대해 수치심을 느낄 수도 있겠지요. 하지만 이 생각들은 당신의 일부일 뿐입니다. 결코 당신의 전체를 구성하는 것은 아닙니다. 강박증은 우리에게 진실과는 다르게 이야기를 하려고 듭니다(수완 좋은 영업사원이니까요!). 그것은 당신을 혼란스럽게 할 수 있습니다. 혼란스럽게 느끼는 것은 괜찮으니, 계속해 나가세요. 이것은 삶의 정상적인 부분이며, 만약 삶에서 잘 받아들여진다면 훌륭한 학습으로 이어질 수 있습니다. 이 책의 연습을 통해, 당신은 강박 사고와 강박 행동을 해결하기 위해 노력할 수 있습니다. 일단 당신이 그 작업들을 시작하면, 당신 자신이 누구이고, 인생에서 무엇을 원하는지에 대해 더 잘 이해하게 될지도 모릅니다.

이제 확인한 항목을 검토하고 몇 가지 질문에 답함으로써 현재 자신의 경험이 무엇인지 자세히 살펴보게 되길 바랍니다.

Y-BOCS로도 알려진 예일-브라운 강박 척도(Goodman, 1989)는 강박증을 진단하고, 중증도에 대한 정보를 수집하는 데 사용되는 표준 평가 도구입니다. 이 도구는 강박증 전문가의 면담과 더불어 강박증을 진단하는 일반적인 방법입니다. 하지만 모든 사람이 강박증 전문가와 쉽게 만날 수 있는 것은 아니므로, 이 장에서는 자신이 강박증인지의 여부를 더 잘 파악하고, 이 책에서 제공하는 방법들이 도움이 되도록 일반적인 강박증의 하위 유형에 대해 설명했습니다. 이 정보만으로는 강박증을 진단하기에 충분하지 않겠지만, 자신이 강박증인지 염려되거나, 실제 강박증이라면 참조해 보면 도움이 될 겁니다.

당신의 경험을 더 많이 살펴보기 위하여 다음 연습으로 들어가 봅시다.

관찰해 보기 **당신의 강박증은 뭐라고 말하고 있나요?**

강박 사고는 불안이나 혐오감, 찝찝한 느낌과 관련된 거슬리고 원치 않는 생각 혹은 충동이라는 것을 기억하세요. 현재 경험하고 있는 강박 사고를 모두 적으세요. 이 장의 초반부에 당신이 썼던 내용을 함께 살펴보는 것이 도움이 될 겁니다.

....

당신의 모든 강박 사고를 떠올리면서, 다음 질문에 답해 보세요.
매일 당신은 이 강박 사고에 얼마나 많은 시간을 소비하나요? 당신은 차라리 그 시간에 무엇을 해 보고 싶습니까?

이제, 당신의 강박 행동에 대해 생각해 볼 시간을 갖겠습니다. 다시 말하지만, 강박 행동은 불안이나 혐오감에 대한 집착이나 감정을 줄이고, 중화시키기 위해 행해져야 한다고 느끼는 과도하고 반복적인 정신적 또는 신체적 행동입니다.

관찰해 보기 **당신은 강박증에 어떻게 반응하고 있나요?**

당신이 현재 겪고 있는 모든 강박 행동들을 적어 보세요. 이전 연습에서 확인했던 공통적인 강박 행동들을 함께 살펴봐도 좋습니다.

당신이 경험하는 모든 강박 행동을 함께 살피면서, 다음 질문에 답해 보세요.
매일 여러분은 이 강박 행동에 얼마나 많은 시간을 소비하나요? 당신은 차라리 그 시간에 무엇을 해 보고 싶습니까?

강박 사고와 강박 행동 둘 다에 시간을 소비하는 것이 기분, 행동, 인간관계, 여가 시간, 수면, 일, 그리고 가정에 어떤 영향을 미치게 되나요? 다음에 나오는 표에 자신의 경험을 적어 보세요.

기분	
행동	
인간관계	
여가 시간	

수면	
일	
가정	

이 장의 초반부 내용을 떠올려 보면, 강박증의 진단 요건을 충족하기 위해서는 강박 사고나 강박 행동, 또는 둘 다를 하루에 적어도 한 시간 이상 경험해야 하며, 이러한 증상들이 당신의 삶에 상당히 큰 부정적 영향을 끼쳐야 합니다. 만약 당신이 강박 사고와 강박 행동을 경험하긴 하지만 그것들이 하루에 한 시간 미만을 차지하거나 삶에 부정적인 영향을 그리 크게 미치지 않더라도, 이 책은 도움이 될 수 있을 겁니다. 증상의 초기에 도움을 받는 것이 더 이익이 되니까요.

강박증에 낭비되는 시간과 에너지는 사회적인 연결, 로맨틱한 관계, 직장이나 학교에서의 능률, 취미, 그리고 수면 등에 방해가 될 수 있습니다. 당신은 강박 증상들이 직장에서 해야 할 일이나 누구와 데이트를 해야 하는지와 같은 중요한 인생 결정을 내리는 데 방해가 된다는 사실을 알아차릴 것입니다. 강박증은 외로움과 단절감을 느끼게 하고, 일하는 것을 방해하며, 삶의 여러 다른 측면에 영향을 미치게 됩니다.

강박증은 당신의 가족과 친구에게도 영향을 끼칩니다. 강박증을 앓고 있는 사람을 돌보는 것은 힘든 일이며, 가족들은 당신의 고통을 줄이기 위해 뭐라도 하려 합니다. 예를 들어, 당신의 연인은 집을 떠나기 전, 당신이 늘 하는 강박 행동이 끝날 때까지 기다릴 것입니다. 또는 가족 구성원들은 강박증이 자극될까 봐 특정 주제에 대해 이야기하거나, 특정 TV 프로그램을 보는 것을 피하려 할 것입니다. 가족들이 강박증으로 고통받는 당신의 삶이나, 집에서의 책임을 대신 떠맡는 것은 드문 일이 아닙니다. 이는 가족들의 삶과 기분에도 부정적인 영향을 미치고, 그들과의 관계에 균열을 일으킬 수 있습니다. 만약 그렇다면, 고통을 줄이기 위해 가족 구성원들도 조만간 도움을 받아야 합니다.

이번 장에서는 강박 사고와 강박 행동이 당신의 삶에 미치는 영향을 살펴보는 것이 목적입니다. 만약 당신이 여전히 강박 증상들의 영향에 대해 확신이 없다면, 당신은 주변의 사람들에게 그들이 당신에 대해 보게 된 것을 물어볼 수 있습니다. 또한 전문가를 만나 보는 것도 좋습니다. 신뢰할 수 있는 사람들과 증상에 대해 논의하는 것이 도움이 될 겁니다. 왜냐하면 우리는 자신의 행동이 미치는 영향을 항상 제대로 인식하지 못하기 때문입니다.

당신이 경험하는 강박 사고와 강박 행동이 무엇이든, 당신은 의미 있는 삶을 살기 위해 그것들을 극복할 수 있습니다. 강박증의 노예가 될 필요는 없어요. 치료자로서 제가 가장 좋아하는 부분 중 하나는 내담자들이 다음과 같이 말하는 것을 들을 때입니다. "제가 오늘 하고 있는 일들을 할 수 있을 거라고는 상상도 못했습니다. 강박증을 극복할 수 있을 거라고 생각하지 않았어요.". 아이들 곁에 있어 주고, 꿈에 그리던 직업을 찾게 되고, 사랑하는 사람들과 함께 있는 것, 당신은 그곳에 도달할 수 있습니다! 이 다음 장의 연습은 당신이 중요시하는 가치(value)로 돌아가, 당신이 원하는 삶에 더 가까이 다가갈 수 있는 행동에 전념하도록 도울 것입니다.

과제 강박증이 당신의 삶에 어떤 영향을 미쳤나요?

이전 연습에서 붙인 이름을 사용하여 당신의 강박증에게 보내는 편지를 써 봅시다. 그것이 당신의 삶을 방해하는 모든 방법들을 적어 보세요. 그것이 당신의 기분, 일, 관계, 그리고 여가 시간에 어떤 영향을 미치는지 이야기해 보세요. 또 삶 전체에 어떤 영향을 미쳤으며, 당신에게 가장 소중한 것은 무엇인지도 적어 보세요. 강박증 때문에 당신이 잃어 왔던 것과, 자신이 사랑하는 사람들에게 어떤 영향을 미쳤는지도 말해 보세요. 이 편지를 쓸 때 자신에게 어떤 감정이 나타나는지 주목하고, 이것이 나 자신을 어떻게 느끼게 했는지도 알아차려 봅시다. 느껴지는 그 감정들을 있는 그대로 둘 수 있도록 노력해 보세요.

..................................에게

....

....

....

....

....

....

....

....

....

....

....

....

....

....

....

..................................가

2장

가치를 명료화하기

강박 사고와 강박 행동을 경험하는 것은 당신의 삶에 다양한 방식으로 영향을 미쳤을 겁니다. 아마 시간, 에너지, 관계, 그리고 더 훌륭한 삶을 살 기회를 모두 잃었을지도 모릅니다. 불공평하죠. 우리 중 대부분은 고통을 겪을 때 더 큰 목적이 있다는 것을 놓쳐 버립니다. 당신은 강박증이 자신을 침범하기 시작할 때, 꼼짝없이 있을 수밖에 없다고 생각할 겁니다. 그때의 당신은 자기 자신이 아닌 강박증, 그 자체가 되어 버립니다. 당신은 삶이 더 고립되고, 혼란을 느끼게 될 것입니다. 삶이 점점 좁아진다고 느끼게 될 테고요.

중요한 것과의 연결을 잃는다는 것

강박증이 나타나 마음이 소란스러워지고, 거기에 사로잡히게 되면 남은 삶이 어떻게 될까요? 종종 우리가 고통을 겪을 때, 외부에서는 무슨 일이 일어나는지 알아차리지 못합니다. 간단한 실험을 해 보겠습니다. 강박증이 당신의 오른손이라고 생각하세요. 이제 이 손을 가능한 한 얼굴 가까이에 놓습니다. 무엇이 보이나요? 당신의 초점은 어디에 맞춰져 있습니까? 당신은 자신의 손을 알아차리고, 그 너머에 무엇이 있는지에 대한 제한된 시야를 가질 수도 있습니다. 이제 이 손을 얼굴 앞에 둔 채로 하루를 보낸다고 상상해 보세요. '이 손이 내 앞을 가로막고 있네, 볼 수도 없어, 너무 힘들어.'라는 생각이 들 겁니다. 만약 당신이 손을 움직일 방법이 없다고 생각한다면, 분노, 좌절 혹은 슬픔과 같은 감정들을 경험할 겁니다.

이제 손을 얼굴 앞에 두고 팔을 쭉 뻗으세요. 뭐가 보이나요? 지금 당신의 초점은 어디에 맞춰져 있나요? 이제 당신은 주변에 무엇이 있는지 더 잘 볼 수 있지만, 손은 여전히 나와 세상 사이에 있으면서 시야를 방해하고 있습니다. 만약 당신이 하루 종일 이 손을 없앨 방법이 없다고 생각하면서 돌아다니는 모습을 상상해 보세요. 어떤 느낌일까요? 이쪽이 그나마 더 다루기 쉽다고 생각할지도 모르지만, 여전히 짜증 납니다.

이제 무릎 위에 손을 올려놓으세요. 무엇이 보이나요? 당신의 초점은 어디에 맞춰져 있나요? 세상을 더 잘 볼 수 있나요? 당신의 앞에 뭐가 있나요? 당신의 손(강박증)이 여전히 당신과 함께 있다는 것을 주목하세요. 하지만 당신은 새로운 방식으로 그것을 경험하고 있습니다. '나는 이 손을 없앨 수 없어.'라는 생각을 여전히 갖고 있더라도, 도움이 되는 방식으로 손을 옮길 수 있었습니다. 그 방법은 당신이 강박증 너머 세상과 당신에게 중요한 가치(value)를 볼 수 있게 해 주었습니다.

강박증의 렌즈를 통해 세상을 바라볼 때, 당신은 자신에게 중요한 것과의 연결을 잃어버립니다. 당신에게 삶의 의미와 목적을 주는 것, 즉 당신의 가치에 대한 시각을 잃게 됩니다. 마치 얼굴을 손으로 가린 것처럼, 손을 제거해야만 앞으로 나아갈 수 있을 것만 같습니다. 그 대신에, 강박증을 그저 무릎 위에 올려놓고 세상과 당신의 가치에 열려 있어 보시길 바랍니다.

저는 특히 당신이 온전한 모습을 찾고, 삶을 새롭게 발견할 수 있도록 돕고 싶습니다. 이 장은 강박증보다 더 큰 자신의 존재를 인식하고 삶의 다른 부분, 특히 자신의 가치를 파악하는 데 도움을 줄 것입니다. 더 큰 목적에 대한 명료한 감각을 갖는 것은 당신이 앞으로 나아갈 수 있도록 영감을 줄 수 있습니다. 고통을 포용하는 것이 당신이 되고 싶은 자신의 모습, 그리고 살고 싶은 삶에 더 가까워짐을 안다면 당신은 더 기꺼이 두려운 상황을 마주할 수 있습니다.

마지막으로, 당신은 자신의 가치와 일치하는 구체적인 행동들을 발견해 나갈 것입니다. 이 장을 마치면 원하는 삶을 얻을 수 있는 방법에 대한 좀 더 명료한 느낌을 받을 수 있게 될 겁니다.

시각화하기 **당신은 당신의 강박증보다 더 큰 존재입니다**

눈을 감고 아름다운 강을 상상해 보세요. 당신은 강이 흐르는 소리를 들을 수 있고, 강을 둘러싸고 있는 크고 아름다운 나무들을 볼 수 있습니다. 자신의 생각, 감정, 감각들이 흐르는 강의 일부라고 상상해 보세요. 아마도 무언가 나쁜 일이 일어날 것만 같은 강박 사고가 강을 따라 흘러 다니고, 통나무처럼 떠다니는 불안의 경험도 마주하게 될 것입니다. 떠다니는 것들을 알아차려 보세요. 각각은 당신이 인생에서 가지고 있는 다른 생각, 감정, 삶에서 맡은 역할(어머니, 딸, 직장인, 친구)을 의미합니다. 이 장면에서 당신은 무엇일까요? 당신은 바로 강바닥입니다. 당신은 당신의 생각이 아니며, 감정이나 역할도 아닙니다. 강바닥으로서 당신은 이러한 경험들을 담아내며, 이러한 경험들이 당신의 전부는 아닙니다. 당신은 이러한 유동적인 경험의 관찰자입니다. 우리는 통나무를 그저 알아차리며 흘려보내지 못하고, 붙잡으려 하면서 많은 것들을 놓쳐버립니다. 이제 두 눈을 떠 보세요.

강박 사고가 떠오르면, 당신은 그것을 없애거나, 고치거나, 어떤 방식으로든 바꾸려고 할 겁니다. 이 충동에 굴복할 때, 당신이 진실로 초점을 맞추게 되는 것은 결국 강박증입니다. 강에 있는 다른 모든 것들은 갑자기 당신의 시야에서 벗어납니다. 원치 않는 경험에 삶이 과도하게 소비될 때, 당신은 가치, 즉 더 큰 목적을 간과하게 됩니다. 당신의 가치는 계속 거기에 있어 왔을 테지만, 당신의 관심은 강박증으로 옮겨졌습니다. 짐작컨대, 당신에게 있어서 대부분 강박증이 가장 앞에, 가장 중심에 있다고 느끼는 것 같습니다. 그것은 아주 목소리가 크고, 큰 존재감을 가지고 있으니까요. 저는 당신이 가진 가치의 목소리를 발견하게 되길 바랍니다. 왜냐고요? 믿지 않을 수도 있겠지만, 당신은 크고 아름다운 삶을 누릴 만한 사람이며, 자신의 가치는 그곳에 도달하는 방법이기 때문입니다.

당신의 마음속에는 무엇이 있나요

가치는 당신이 삶을 향해 나아갈 때 방향과 동기를 안내하는 가이드입니다. 그것들은 우리의 마음이 우리에게 가장 중요하다고 말하는 것이죠. 가치는 당신이 삶에서 되고 싶은 방식이고 다른 사람들, 세상, 그리고 자신에게 행동하고 싶은 방식이기도 합니다. 가치는 다른 사람들이 당신을 대하는 방식이 아닙니다. 당신 자신, 그리고 당신이 함께 있고 싶은 사람들을 대하는 방식입니다. 이 원칙을 따르는 일은 당신이 무엇을 하고 어떻게 시간을 보내야 하는지를 안내하며, 삶의 의미와 목적을 가져다줄 수 있습니다. 강박증이 당신에게 강박 행동을 시작하라고 말할 때, 당신의 가치를 떠올리는 것은 당신에게 강박증보다 더 많은 것이 있다는 것을 상기시켜 주며, 결국 나 자신이 어떻게 행동하고, 삶을 어떻게 살아갈지에 대한 선택권을 갖게 됩니다. 종종 강박증에 굴복하는 것은 자신의 가치, 그리고 자신이 원하는 삶에서 더 멀리 벗어나는 것을 의미합니다. 강박증이 너무 오랫동안 자신의 삶을 이끌어 왔을 겁니다. 하지만 당신에게는 이제 새로운 대안이 있습니다. 자신의 가치를 삶의 지침으로 기꺼이 삼아 볼 의향이 있나요? 자신의 가치를 따르는 일은 장기적으로 더 만족하기 위해 더 힘든 길을 택하며, 단기적인 불편함을 감수하는 것을 의미합니다.

사만다의 이야기

사만다는 친구들과 잘 지내고, 한 인간으로서의 성장을 중요시하며, 운동선수로서 끊임없이 도전하는 것에 집중하는 활기찬 운동선수였습니다. 하지만 언제부턴가 그녀가 한때 이상하다고 여겼던 것이 어느새 삶의 대부분이 되었습니다. 몇 년 동안, 사만다는 오염된 것에 대해 끊임없이 생각했습니다. 그녀는 자신의 삶에서 자기 자신, 자신의 집, 그리고 그녀가 아끼는 사람들을 '깨끗하게' 유지하기 위해 강박 생각과 강박 행동을 이어 갔습니다.

강박 행동들은 다음과 같습니다. 그녀는 집에 도착하자마자 옷을 갈아입고, 과도하게 샤워하고, 오랫동안 손을 씻으며, 그리고 깨끗하고 더러운 것들을 분리하기 위해 상당한 시간과 에너지를 소비했습니다. 사만다는 또한 오염될 수 있는 장소와 사람들을 피하기 시작했습니다. 비록 직장에는 촉발 요인이 없었지만, 집으로 돌아오는 길에 마주칠 수 있는 잠재적인 더러움에 대해 걱정했기 때문에 외부에 있는 데 어려움을 겪었습니다.

사만다는 강박증과 하나가 되어 갔습니다. 그녀의 초점은 청결을 유지하는 데 맞춰져 있었습니다. 더 이상 친구들을 만날 시간은 없었습니다. 그녀는 직장과 경력에서 점점 정체되어 갔고, 운동 경기에 참여하는 일도 중단했습니다. 그녀는 자신의 삶이 얼마나 많이 바뀌었는지 알아챘지만, 삶을 살아가는 일이 멈추었다는 것을 깨닫지는 못했습니다. 결국, 강박 행동을 하거나 회피하고 싶은 충동에 굴복하지 않고 강박 사고를 그저 갖고 있어 보는 느낌을 연습할 때가 되었을 때, 그녀는 그로 인한 단기적인 고통이 중요한 삶을 되찾는 장기적인 이득만큼의 가치가 있다는 것을 알고 위안을 얻었습니다.

관찰해 보기 **안내하는 불빛으로서의 가치**

당신에게 아주 중요했기 때문에 고통스러운 일을 해야 했던 때를 떠올려 보세요. 그 일을 하는 과정에서, 그리고 그 과정 후에 어떤 고통이 나타납니까? 또 뭐가 나타났나요? 무엇이 그 고통을 그만한 가치가 있게 만들어 주었나요?

....

....

....

....

당신의 인생에서 힘들지만 해 볼 만한 가치가 있어, 지금 당장 해 보길 원하는 일은 무엇인가요? 그 일은 왜 그럴 만한 가치가 있나요? 그 일이 왜 그렇게 당신에게 중요한가요?

....

....

....

....

가치는 우리가 삶에서 경험하는 고통을 의미 있게 만들 수 있습니다. 삶이 불공평하고 고통스러울 때도, 가치는 우리에게 계속 삶을 누리도록 영감을 줄 수 있습니다. 가치는 당신이 삶에서 나아가고 싶은 방향을 정의하는 광범위하고 추상적인 이념입니다. 가치는 당신과 삶에 다양한 선택의 기회를 열어 줍니다. 가치가 지향하는 방향은 당신이 통제할 수 있으며, 행복, 목적, 그리고 의미를 경험할 수 있는 기회를 제공합니다. 중요한 가치 안에는 친절한 조언자가 되거나, 지지적인 배우자가 되는 것도 포함합니다. '다른 사람들이 나에게 사랑스럽고 친절했으면 좋겠어.'와 같은 욕망은 우리가 통제할 수 있는 범위에 있지 않기 때문에, 가치라고 할 수 없습니다. 당신의 가치를 향유하는 것으로 강박증이 없어지지는 않겠지만, 당신이 충만함을 느끼는 데 더 가까이 가도록 도와줄 수 있습니다.

또 가치는 목표가 아닙니다. 오히려, 당신이 노력해도 결코 100%에 닿지는 못하는 것입니다. 예를 들어, 석사 학위를 받는 것은 목표입니다. 여기에서의 가치는 교육을 지속하는 것입니다. 목표는 학위를 따는 것과 같은 유한한 목적을 가지고 있습니다. 하지만 교육을 받는 것의 가치는 지속적인 것이죠. 당신은 삶에서 결코 100% 모든 교육을 받지는 못할 테니까요. 항상 지속적인 학습의 기회가 있을 뿐입니다. 또 목표는 결과에 초점을 맞추는 반면, 가치는 당신이 원하는 과정에 초점을 맞춥니다. 가치와 같은 방향을 지향하는 목표를 갖는 것은 도움이 되지만, 결과에 너무 많은 에너지를 투자하는 것은 도움이 되지 않을 수 있습니다. 우리가 항상 결과를 통제할 수 있는 것은 아니며, 정말로 우리에게 의미 있는 것이 무엇인지를 놓칠 수 있으니까요.

가치의 아름다운 면은, 가치는 우리를 넓고 유연하며 다채로운 방식으로 살게 한다는 것입니다. 만약 당신이 가치를 의미 있는 삶을 사는 방법으로 여긴다면, 가치는 삶의 모든 영역에서 당신을 이끌 수 있습니다. 당신의 두려움을 넘어, 인생에서 가치가 당신이 진정 원하는 것을 결정하도록 선택하게 할 수 있습니다. 할머니는 항상 제게 '네 가치를 따르는 것'이 중요하다고 말씀하셨습니다. 저는 그 말을 '당신의 가치를 따른다면 다른 모든 것이 제자리를 찾아갈 것이라고 믿으세요.'라는 말로 확장하고 싶습니다. 알아차리고, 통제하는 것을 내려놓고, 당신의 가치를 따르고, 신뢰하기로 선택할 때 자연스럽게 뒤따르는 일은 아주 놀라울 것입니다.

이 다음 연습은 당신의 가치를 명료하게 하는 데 도움이 될 것입니다. 그래서 당신이 고통스러운 삶과 강박증을 마주할 때, 내 통제 안에 있는 것은 무엇인지에 초점을 맞추게 될 것이며, 어떤 행동이 당신이 원하는 삶에 더 가깝게 다가가게 해 줄지에 대해 잘 이해하게 될 것입니다. 자동적으로 자신의 마음이나 강박증이 당신에게 이야기하는 내용보다, 당신의 가치를 따라가는 것을 선택할 수 있습니다.

연습 **가치 카드 분류해 보기**

이 연습에서는, 어떤 가치가 자신에게 중요하고, 또 어떤 가치가 덜 중요한지를 분류해 보는 시간을 가질 것입니다. [이 연습은 로빈 월서(Robyn Walser)가 개발하였고 허가를 받아 사용함]

- **1단계**: 다음 몇 페이지에는 가치의 내용이 포함된 카드가 나옵니다. 페이지를 복사하거나, https://hakjisa.co.kr에서 다운로드하여 각각의 카드로 잘라 카드를 준비하세요.
- **2단계**: 카드에 표기된 내용을 보고, 각 카드를 2개의 개별적인 카드 그룹으로 분류합니다. 한 그룹은 나에게 중요한 것, 그리고 나머지 하나는 나에게 중요하지 않은 것입니다. 당신의 직관에 따라 빠르게 선택을 해 보세요. 작업이 끝나고 나면, 중요하지 않은 카드 더미는 치워 두도록 합시다.
- **3단계**: 중요한 카드 그룹에서 카드를 세 가지 범주로 다시 분류합니다. 매우 중요한 것, 중요한 것, 중요하지 않은 것의 순서로요. 중요하지 않은 카드들은 치워 놓습니다.
- **4단계 이상**: 카드가 5장만 남을 때까지 이 과정을 반복합니다. 남은 카드 5장이 가장 중요한 다섯 가지의 가치를 뜻합니다.

양육	충성심
친절	정의
독립심	명예
고결함	재미
공감	발견
수용	모험

용기	연결감
열정	놀이
안전함	성장
개방성	존중
신실함	신뢰감
유머	자유

자존심	지적 능력
활력	전통
자발성	봉사
믿음직스러움	정직
학습하기	종교적 영성
성실함	지지

감사함	진실
평정심	기쁨
위엄	믿음직함
창의력	인내심
동정심	내려놓기
사랑	이해

이제 당신에게 가장 중요한 다섯 가지 가치가 선택됐습니다. 각 항목들을 적고, 각각의 가치가 자신에게 어떤 의미를 갖는지 몇 마디로 설명해 보세요. 이 가치는 나에게 왜 중요한 것일까요? 가치의 개인적인 의미를 정리하는 것이 어려울 수 있으므로, 이 연습에서는 찬찬히 마음을 관찰해 보는 시간을 가져 봅시다.
다음은 친절의 가치를 사용한 예시입니다.

- 가치: 친절
- 그것이 당신에게 의미하는 것은 무엇인가? 타인과 자신을 애정 어리고 비판단적인 태도로 대하는 것

1. 당신에게 중요한 가치: ....
그것이 당신에게 의미하는 것은 무엇인가? ....
....
....

2. 당신에게 중요한 가치: ....
그것이 당신에게 의미하는 것은 무엇인가? ....
....
....

3. 당신에게 중요한 가치: ....
그것이 당신에게 의미하는 것은 무엇인가? ....
....
....

4. 당신에게 중요한 가치: ....
그것이 당신에게 의미하는 것은 무엇인가? ....
....
....

5. 당신에게 중요한 가치:

그것이 당신에게 의미하는 것은 무엇인가?

관찰해 보기: 당신은 이 연습에서 무엇을 알아차렸거나 배웠나요? 당신은 연습을 하며 어떤 생각과 감정을 떠올렸나요? 당신에게 중요한 것들에 대해 생각하며 시간과 에너지를 쓰는 경험은 어땠나요? 당신에게 중요한 가치에 초점을 맞추는 것이 어떻게 도움이 될까요?

당신의 가치에서, 혹시 다른 사람들을 어떻게 대하고 싶은지에 대해서만 주된 초점을 맞춘 것은 아닐까요? 만약 그렇다면, 그런 의도를 자신에게도 또한 적용해 볼 수 있을 것입니다.

가치 및 행동

행동이라 함은 우리가 어떻게 움직이는지, 무엇을 하는지, 그리고 우리가 어떻게 시간을 보내는지를 의미합니다. 어떤 행동은 다른 행동보다 우리의 가치에 더 가까이 다가가게 합니다. 예를 들어, 자신의 가치가 '사랑을 하는 것'이라 해 봅시다. 당신이 자신이나 사랑하는 사람들을 위해 저녁을 만들기로 선택할 때, 그 행동은 당신을 그 가치에 더 가깝게 다가가게 할 수 있습니다. 때때로 우리는 소파에서 군것질을 하며 가장 좋아하는 TV 시리즈를 보는 데 몰두합니다. 이러한 행동은 사랑에 가치를 두고 사는 데는 장기적으로 도움이 되지 않을 수도 있습니다. 행동은 선택할 수 있지만, 항상 선택할 수 있는 것처럼 느껴지는 것은 아니라고 말씀드리고 싶습니다.

당신의 삶에서 스스로 선택한 거라 느껴지지 않는 행동은 어떤 행동인가요?

....

....

....

....

....

우리의 경험 중 많은 부분이 '자동적'이기 때문에, 우리는 무언가를 알아내려고 노력하는 것, 미래에 대해 걱정하는 것, 또는 과거에 대해 반추하는 것 등의 정신적인 강박 행동 같은 우리의 초기 반응을 항상 알아차리거나, 잘 통제하지는 못합니다. 비록 이것들이 행동(정신적 행동)에 속하지만, 우리는 그것들이 일어나고 있다는 것을 항상 인식할 수는 없으며, 언제 그것들이 처음 시작되는지 통제할 수도 없습니다. 하지만 일단 우리가 그 행동을 알아차린다면, 선택권을 가질 수 있습니다. 우리는 그 문제들로 인해 하강 나선에 빠질 수도 있고, 대신에 노출 작업이나 현재 순간을 향해 방향을 바꾸는 시도도 할 수 있습니다. 이 책에서는 강박 행동을 포함한 도움이 되지 않는 행동들을 살펴볼 겁니다. 그 행동들은 종종 우리가 시간을 보내고 싶은 방식에서 멀어지게 하기 때문입니다. 반면에, 가치에 기반한 행동(value-based behavior)은 우리가 원하는 것에 더 가까워지게 합니다.

가치란 것은 광범위하고 추상적입니다. 가치를 눈으로 보거나, 삶에서 어떻게 작동하는지 직접적으로 추적할 수는 없지만, 삶 전체에서의 방향 감각을 제공합니다. 반면에, 가치 기반 행동은 자신의 가치와 일치하고, 관찰하거나 알아차릴 수 있는 특정 행동입니다. 예를 들어, 당신에게 중요한 가치가 타인과의 연결이라면, 이 가치와 일치하는 행동들은 타인과 눈을 맞추고, 대화에서 더 많은 질문을 하고, 적극적으로 경청하는 행동일 것입니다.

관찰해 보기

가치에 기반한 행동

앞에서 파악한, 자신에게 중요한 다섯 가지 가치와 일치하는 방향의 행동을 두세 가지 나열해 봅시다. 주의할 점은, 행동은 당신이 관찰하거나 알아차릴 수 있다는 것입니다. 한 가지 팁은 당신이 자신에 관한 다큐멘터리를 찍고 있고, 연기하는 카메라 앞에 서 있는 것을 상상하는 것입니다. 만약 당신이 이 가치를 가지고 삶을 살아간다면, 카메라 앞에서 무슨 행동을 할 수 있을까요? 당신이 지금 현재 무엇을 하고 있는지 묻는 것이 아닙니다. 당신은 무슨 행동을 할 수 있을까요?
다음은 그 예시입니다.

가치: 친절, 나 자신과 타인을 애정 어리고 비판단적 태도로 대하기
행동: 나 자신과 타인에게 귀 기울이기, 나 자신과 타인에게 무엇이 필요한지 묻기, 비판단적인 생각에 초점을 맞출 때를 알아차리기

가치 1: ....

행동: ....

....

가치 2: ....

행동: ....

....

가치 3: ....

행동: ....

....

가치 4: ....

행동: ....

....

가치 5: ....

행동: ....

....

이 연습의 목적은 당신이 원하는 삶을 살 수 있도록 돕는 것들에 대한 알아차림을 이끌어 내는 것입니다. 당신이 어떻게 삶에서 지내고 있는지 알아차리는 것은 이 과정의 중요한 부분입니다. 셈은 간단합니다. 만약 당신이 하루 중 대부분을 강박 사고에 빠져 강박 행동에 집중하는 데 사용한다면, 삶이 덜 만족스러울 것입니다. 그리고 강박 행동이 항상 자발적이라고 느껴지는 것은 아니지만, 일단 행동을 인식하고 나면 선택권은 자신에게 있다는 것을 알아두세요.

자신에게 중요한 가치를 매번 선택하지는 못할 수도 있습니다. 그래도 괜찮습니다. 그렇게 할 수 있는 사람은 어디에도 없을 겁니다. 하지만 만약 여러분이 여러분의 삶, 그리고 하루를 보내는 방식에 대해 불만족스럽다면, 당신에게 선택권이 있다는 것을 명심하세요.

관찰해 보기 **강박증은 어떻게 당신의 가치에 따른 삶을 방해할까?**

강박증이 당신의 가치를 따라 사는 데 어떻게 방해가 될까요? 몇 가지 구체적인 예를 적어 보세요.

당신에게 가장 중요한 것을 향해 나아가는 데 강박증이 방해가 되어서는 안 됩니다. 여기에 가치가 우리의 삶에 변화를 일으키는 데 어떻게 영감을 줄 수 있는지에 대한 몇 가지 예가 있습니다.

마이의 이야기

마이의 강박증은 그녀가 진료를 받으러 가는 것과 같은 건강과 관련된 행동을 취할 때마다 더 요란스러워집니다. 그녀의 강박증은 '만약 네가 병원에 간다면 (암 진단과 같은) 나쁜 일이 일어날 거야.'와 같은 것들을 말합니다. 결과적으로, 그녀는 강박증에 굴복하게 되고, 의사와의 약속에 가는 것을 피하곤 했습니다. 하지만 자신에게 중요한 가치를 살핀 후, 마이는 인생은 짧고 그것을 최대한으로 활기차게 누리며 사는 것이 그녀의 가장 중요한 가치 중 하나라는 것을 깨달았습니다. 그녀는 정기적인 검진 및 치료를 위해 병원에 가는 것이 그녀가 최고의 삶을 살 수 있게 해 줄 것이라고 판단했습니다. 그녀의 가치 중 활기찬 삶이 위태롭다는 것을 인지한 후, 마이는 병원에 가는 것이 불안감을 유발하더라도 의사의 진료를 기꺼이 받으려 했습니다.

주미의 이야기

주미와 남편이 집에 있을 때 강박 증상이 촉발되었고, 그녀가 그 생각에 더 빠져들수록 강박증은 한층 더 요란스러워졌습니다. 결국, 주미는 강박증을 줄이려 청소를 하고, 정리하는 강박 행동을 하기 시작했습니다. 이 시간은 남편과 함께 보낼 수 있었던 아까운 시간이었죠. 주미는 불안함을 느끼는 것 외에도 외로움과 관계에서의 단절감을 느꼈습니다. 주미는 자신의 가치를 사랑과 관계에서의 연결됨으로 파악했습니다. 그녀가 강박 생각에 빠져들고, 강박 행동을 하는 것은 남편과 함께하는 순간에 온전히 머물 수 있는 시간과 경험들을 앗아 갔습니다. 그녀는 사랑과 연결감의 순간들을 놓치고 있었습니다. 이 두 가지 가치를 확인하는 것은 자신의 강박 행동을 천천히 줄이는 데 도움이 되었습니다. 이런 시도는 불안을 자극하기도 했지만, 주미는 남편과 더 많은 시간을 보낼 수 있다면 그럴 가치가 있다고 느꼈습니다.

피터의 이야기

피터의 강박증은 인생의 많은 영역에서 패배감에 빠지게 만들었습니다. '모든 것이 다 끝날 때까지는 사무실을 떠날 수 없어. 그렇지 않으면 해고될지도 몰라.'라며 강박에 빠져 있을 때, 피터는 결국 새벽 2시까지 사무실에 머물면서 이메일과 보고서를 네 번 정도 확인하고, 제대로 한 게 맞는지 체크했습니다. 결과적으로, 그는 업무 탓에 데이트를 하거나, 친구들을 만나거나, 동료들과 수다를 떨 시간이 없었습니다. 자주 지루함을 느끼고, 또 슬프고 외로웠습니다. 피터에게 중요한 가치는 모험과 관계에서의 연결감이었죠. 그는 새로운 것들을 경험하고, 이를 그가 아끼는 사람들과 나누고 싶었습니다. 자신에게 중요한 가치를 알아차린 후, 그는 친구들과 캠핑을 가고, 데이트하는 시간을 가질 수 있다면 실수를 기꺼이 감내하며 일찍 퇴근해 보려 했습니다. 실수할 위험을 감수해야 했지만 피터는 어쨌든 이것들이 그에게 중요한 가치이기 때문에 이 선택을 하기로 결심했습니다. 쉽지는 않았지만, 그에게 중요한 가치와 이 책에 실린 연습들을 바탕으로, 그는 자신에게 중요한 것을 따르면서도 불확실성과 불안을 껴안는 법을 배울 수 있었습니다.

강박증이 당신에게 중요한 가치를 어떻게 훼손하는지 이해하는 일은 변화를 만들어 냅니다. 이는 강박증의 통제에서 벗어날 수 있는 중요한 과정입니다. 삶이 앞으로 나아가는 과정에서, 당신은 강박증에 굴복하거나, 당신에게 중요한 가치를 따라 살거나, 혹은 그 사이에 있는 무언가를 선택할 수도 있다는 것을 알아야 합니다. 다음 연습은 당신이 가지고 있는 선택권을 알아차리는 데 도움이 될 겁니다. 연습을 통해 가치에 기반한 행동에 기꺼이 전념함으로써 당신에게 중요한 가치를 되찾게 될 것입니다.

시각화하기 **당신에게 중요한 가치의 모습은 어떠한가요?**

앞서 1장에서는 강박증의 모습과 이름을 생각해 봤습니다. 만약 당신이 가진 강박 증상의 이름 또는 그것이 어떻게 생겼는지를 기억하지 못한다면, 지금은 그 내용을 상기시키기 위해 앞으로 돌아가서 잠깐 살펴보는 것도 좋겠습니다. 이번에는 가치의 이름과 모습을 만들어 볼 차례입니다. 가치의 모습의 예로는 따뜻한 친구, 위안을 주는 동물(판다, 토끼, 강아지) 또는 부드럽고 사랑스러운 어조로 도와주는 천사 등이 있습니다.

눈을 감고 당신 앞에 있는 자신의 가치를 상상해 보세요. 당신에게 진정으로 중요한 것들, 즉 구체화하고 싶은 특징을 표현하는 존재나 실체를 상상해 보세요. 어떻게 생겼나요? 어떤 모양, 형태,

색깔일까요? 그 색감을 알아차려 보세요. 그 목소리는 어떻게 들리나요? 만약 당신이 그것을 만진다면, 어떤 느낌일까요? 사람인가요? 혹은 어떤 물체인가요? 그 대상을 무엇이라고 부르는 게 좋을까요?

....

....

....

....

....

....

힘든 상황에서도 가치의 모습을 떠올리는 것은 자신에게 중요한 것이 무엇인지 상기시켜 줄 수 있습니다.

이제 강박증과 가치의 모습을 모두 떠올려 보았으니, 몇 분간 한쪽 어깨에는 강박증의 모습이, 다른 쪽 어깨에는 가치의 모습이 올려져 있다고 상상해 보겠습니다. 지금 강박증의 형상은 뭐라고 말하고 있나요? 가치의 형상은 뭐라고 말을 하나요? 당신은 어느 쪽의 이야기를 선택하려고 하나요?

....

....

....

....

....

....

인생을 살아갈 때, 늘 한쪽 어깨에는 강박증이, 다른 쪽 어깨에는 당신에게 중요한 가치가 놓여 있을 겁니다. 강박증은 경직된 규칙들을 외치며 당신을 두려움 속에서 살도록 하는 반면, 가치는 당신의 삶에 더 깊은 의미를 주고 살아 있음을 느끼게 해주는 것들을 상기시킵니다. 당신에게는 어디에 초점을 맞출지를 선택할 자유가 있습니다. 강박증에게 먹이를 주거나, 혹은 당신의 가치를 따라 살아가는 두 가지 선택이지요. 당신 자신의 가치에 집중할 때 무슨 일이 일어나는지 주목해 보세요. 삶에 대한 영감을 얻기 위해 위험을 감수할 수 있을까요? 불확실성을 동반한 단기적 고통이, 실은 장기적으로 당신에게 중요한 것을 경험케 돕는다면 이는 충분한 가치가 있습니다. 시도하지 않으면 알 수 없는 것들일 테지요.

관찰해 보기 **가치를 지침으로 사용하기**

강박증이 최근에 자극됐던 때를 떠올려 보고, 지금 이 순간 증상이 나타나고 있다고 상상해 보세요. 당신은 어떤 상태인가요? 강박증을 촉발하는 것은 무엇인가요?

....

....

....

이 시나리오에서 당신의 모습을 상상할 때, 한쪽 어깨에는 강박증의 모습이, 다른 한쪽 어깨에는 중요한 가치의 모습이 있다고 생각해 봅시다. 강박증은 뭐라고 말하나요? 당신에게 중요한 가치는 뭐라고 말하고 있나요?

....

....

....

이 두 가지 목소리가 들릴 때, 당신이 어떻게 반응했는지 알아차려 보세요. 당신의 선택은 무엇이었나요? 당신의 가치가 들려준 이야기를 들은 순간, 강박 행동을 할 가능성이 얼마나 될까요?

....

....

....

강박 사고, 충동, 그리고 불안감을 겪는다는 것은 고통스러우며, 종종 통제할 수 없는 일입니다. 하지만 당신은 자신의 행동만은 통제할 수 있습니다. 강박증이 말하는 것을 알아차리면서도 자신에게 중요한 가치에 초점을 둠으로써, 우리는 선택의 가능성을 만들 수 있습니다. 당신에게는 이제 강박증에 어떻게 반응할지, 내 시간을 어떻게 보낼지, 어떻게 살아갈지를 선택할 자유가 있는 것이지요. 그렇다고 항상 중요한 가치를 따르는 선택을 할 수는 없을 테죠. 하지만 괜찮습니다. 적어도 당신은 이제 이것이 선택의 문제라는 것을 알고 있으니까요. 하루를 보내는 방식, 또 강박증에 반응하는 방식에 아주 작은 변화라도 나타날 수 있다면, 승리한 걸로 여깁시다!

더 큰 삶을 살기 위해 전념하는 데 있어 한 가지 장벽은 당신이 더 큰 무언가를 가질 가치가 없다고 믿는 것입니다. 우리는 가끔 실패자처럼 느끼며 기쁨이나 재미, 흥분, 열정 등을 느낄 수 있는 더 나은, 그리고 더 큰 삶을 가질 자격이 자신에게 있는지 의문을 가질 때가 있습니다. 하지만 그런 삶의 경험들은 '우리에게 그럴만한 가치가 있다.'는 것을 믿도록 일깨워 주기도 합니다. 그 경험은 최악의 시기에도, 우리에게 더 큰 목적이 있다는 신념을 가질 수 있음을 상기시켜 줍니다. 신념은 무언가를 믿기 위해 적극적인 선택을 하는 것입니다. 어떤 사람들은 다양한 가능성 중에서 인류와 우주, 신, 그리고 부처, 곁을 떠난 가족 혹은 본받고 싶은 이들에 대한 신념을 통해 자신의 가치를 상기시킵니다.

관찰해 보기 **당신의 가치를 떠올리게 하는 것은 무엇인가요?**

어떤 사람 혹은 어떤 대상이 당신의 가치를 떠올리게 하고, 또 더 큰 삶에 대한 신념을 주나요? 당신이 가치 있는 사람이라 믿는다면, 무엇이 어떻게 달라질까요? 만약 당신이 더 크고 중요한 것을 믿고 따르려 한다면, 어떤 모습이 될 수 있을까요?

신념을 만들어 가는 과정은 쉽지 않지만, 삶의 소중한 것을 향하는 명료한 경로를 헤아려 보려는 노력이 당신에게 가르침을 줄 것입니다. 당신에게 중요한 대상을 떠올리는 것 또한 도움이 됩니다. 비록 우리가 생각과 감정을 통제할 수 없지만, 우리는 자신이 어떻게 살 것인지에 대한 통제권을 가지고 있습니다. 당신의 가치를 명료하게 살피는 일은 결국 원하는 삶으로 가는 길을 만드는 것과 같고, 당신에게 자신이 하려는 행동에 대한 선택권이 있다는 사실을 상기시킵니다. 결국, 거기에는 희망과 살아갈 가치들이 있을 테지요.

당신이 선택의 여지가 없다고 느낄 때, 용기 또한 도움이 될 수 있습니다.

용기를 기른다는 것

인생은 위험으로 가득 차 있습니다. 당신이 매일 침대에서 일어나 집을 나설 때마다 위험을 껴안고 사는 셈입니다. 마음은 그러한 위험을 짊어지지 않으려 합니다. 강박증은 당신에게 가장 의미 있는 위험에 초점을 맞추려 하며, 매우 설득력 있게 우리에게 이야기를 합니다. 강박증은 이 상황에서 무슨 일이 일어날지 알고 있으며, 당신이 그것을 처리할 수 없을 것이라고 말할지도 모릅니다. 이성적으로, 당신은 강박증이 이야기하는 것이 가능성이 낮으며, 심지어 사실이 아닐 수도 있다는 것을 알 겁니다. 하지만 당신이 걱정하는 일이 일어날 가능성은 항상 있기 때문에, 두려울 수밖에요.

용기를 낸다는 것은 기꺼이 취약해지고, 더 두려워하며, 자신에게 중요한 위험을 감수하는 일입니다. 용기는 놀이기구를 탈 때 두려움을 끌어안는 것을 의미하기도 합니다. 용기는 당당하게 '나는 더 이상 너의 노예가 되지 않을 거야. 내 삶은 내가 선택하는 거야.'라고 말하는 것을 의미합니다. 당신은 기꺼이 취약해지기로 결심하지 않고서는 용기를 낼 수 없고, 그렇게 하는 것은 분명 두려운 일입니다. 만약 당신의 취약함 때문에 진정으로 원하는 사랑과 지지를 받지 못한다면 어떻게 될까요? 두려움과 취약함을 감내하며 진정한 자신이 된다는 것이, 다른 사람들이 당신을 사랑하지 않는다는 것을 의미한다면 어떨까요? 사회성은 우리가 생물학적으로도 추구하도록 되어 있기 때문에, 관계에서 멀어짐은 우리 대부분이 본능적으로 두려워하는 일입니다. 마음은 '네가 진정한 너로 살려고 하면, 이 관계가 끊어질지도 몰라.'라고 말합니다.

사람들이 치료법을 찾지 않으려는 이유 중 하나는 취약함을 인정하는 것이 힘든 일이며, 위험을 수반하기 때문입니다. 당신이 누군가를 해칠 것이라는 강박 사고('나는 나 자신을 해치거나, 다른 사람들을 해칠 거야.')를 갖고 있기 때문에 미친 사람으로 여겨지거나, 병원에 입원하게 될 것을 두려워할지도 모릅니다.

예를 들어, 케이티라는 환자는 자살 시도를 할지도 모른다는 자신의 공포에 대해 저에게 말하는 것을 두려워했습니다. 저를 만나기 전에, 케이티는 이런 두려움을 다른 치료사에게 어렵사리 이야기한 후 응급실로 보내졌습니다. 결국, 그녀는 저에게 말한 후 같은 일이 일어날까 봐 두려워했습니다. 저는 그녀가 가진 누군가를 해하려는 강박 사고에 대해 말하는 것이 얼마나 두려운 일인지를 인정했고, 그렇게 자신을 드러내기 위해서 얼마나 많은 용기가 필요한지에 대해 강조했습니다. 그녀는 눈물을 흘리며 희망을 가졌고, 자신의 삶이 바뀌기를 바란다고 말했습니다. 그녀는 치료자에게 솔직해지는 것이 그 과정의 첫 번째 단계라는 것을 알고 있었습니다. 비록 그 일이 위험을 감수하는 행동일지라도요.

용기는 태도다

용기는 당신에게 있거나, 없을 수 있는 어떤 자질이기보다는 선택할 수 있는 태도에 가깝습니다. 시간을 들여 연습을 할 수 있다면, 용기를 기를 수 있습니다. 용기 있는 태도는 특히 당신이 두려울 때 나타나는 생각, 느낌, 감각을 기꺼이 경험하는 것입니다. 처음에는 작은 두려움에서 시작해서, 더 많이 접하고 연습할수록 마치 근육처럼 강해져, 가치에 기반한 어려움을 더 기꺼이 감수할 수 있게 될 것입니다.

이러한 기꺼이 함(willingness)은 대부분 저절로 이루어지는 것이 아닙니다. 대신에, 그것은 삶을 대담하게 살아가겠노라고 스스로에게 하는 약속과 같습니다. 산꼭대기에 서서 겁에 질리고 떨리지만, 두 팔을 쭉 뻗어 "나는 기꺼이 나로서 살 것이고, 위험과 두려움을 기꺼이 경험할 것이고, 어떻게든 살아 낼 거야!"라고 소리치는 사람을 생각해 보세요. 당신은 자기 자신으로서 살아가기를 선택할 수 있습니다. 또 두려움을 느끼면서도 용기를 내어 자신의 마음에 있는 것들을 행할 수 있습니다.

관찰해 보기 **용기 있는 태도를 취하기**

당신이 기꺼이 용기 있는 태도를 취했던 때, 무섭지만 의미 있는 일을 위해 위험을 감수했던 때를 떠올려 보세요. 당신이 경험한 상황, 그리고 그 상황으로부터 무엇을 배웠는지 적어 보세요.

....

....

....

....

....

....

이제 자신의 가치를 알아차리고 용기를 키울 수 있게 되었으니, 그다음 행동은 무엇이 돼야 할까요? 당신에게 중요한 가치는 무엇인가요? 더 크고 충만한 삶을 살기 위해, 당신이 지금 감수하려는 위험은 무엇인가요?

전념 행동

이제 당신 자신에게 중요한 것이 무엇인지 확실히 알게 되었으니, 다음 단계는 자신을 돌보는 데 필요한 행동을 결심하고, 전념하는 단계가 될 것입니다. 이것은 완벽하기보다는 충분히 좋은 방식으로 진행될 것입니다.

과제 **당신에게 소중한 가치에 전념해 보기**

당신이 적어 둔 가치 기반 행동을 살펴보세요. 당신이 지금 당장 혹은 이번 주에 기꺼이 해 보고 싶은 가치 기반 행동은 무엇입니까?

....

....

....

앞으로 일주일 동안 이 행동을 몇 번이나 기꺼이 해 볼 수 있을까요?

....

....

....

정확히 언제 할 건가요? 캘린더에 정한 시간과 날짜를 표시해 보세요.
당신이 이 가치 기반 행동을 할 때, 그 행동을 하는 동안과 행동을 완료한 이후 어떤 생각과 감정이 나타나는지 주목해 보세요. 당신이 알아차린 내용을 기록해 보세요.

어렵지만 의미 있는 행동을 할 때가 오면, 당신이 그 행동을 하려는 이유를 떠올려 보는 것이 도움이 될 테지요. 어떤 사람들은 그들의 침실용 탁자나 벽에 스티커 메모를 붙입니다. 또 다른 이들은 그들의 가치를 나타내는 팔찌나 장신구 등을 사용합니다. 가치를 표현하는 그림이나 사진들로 게시판을 꾸미기도 하죠. 자신의 가치를 기억하고, 간직하게 하는 자신만의 방법을 찾아봅시다. 알람을 사용하여 때때로 무슨 일이 일어나는지 확인하고, 기록지에 자신의 경험에 대해 적는 것도 좋은 방법입니다.

이제 당신은 자신이 살고자 하는 삶을 누리는 데 있어 어떤 가치와 행동이 도움이 될 것인지에 대해 좀 더 명료해졌습니다. 때로 장애물을 만났다 느끼면(우리 모두가 종종 그러하기 때문에), 한쪽 어깨에는 당신의 강박증의 마음이, 그리고 다른 한쪽 어깨에는 자신에게 중요한 가치가 놓여 있다는 것을 알아차립시다. 그들은 각각 뭐라고 말하고 있나요? 용기 있게 살거나, 혹은 강박증에 더 힘을 싣는 선택 중 어느 쪽을 선택하고 싶나요? 때로는 흑과 백처럼 명쾌하지 않고, 또 강박증에 굴복할 수도 있지만, 그래도 괜찮습니다. 용기를 내보기로 선택할 때, 당신 앞에는 이제 더 큰 삶으로 향하는 길이 놓이게 됩니다. 당신은 "전혀 도움이 되지 않는다는 것을 알면서도 왜 계속 강박증에 끌려 다니는 걸까요?"라고 물을지도 모릅니다. 이 다음 장에서는 강박증의 기저에 있는 중요한 요소 중 하나인 '통제'에 대해 이야기해 보겠습니다.

3장

통제를 놓아 주기

어떤 이들은 "강박 행동이 도움이 되지 않는다는 것을 알면서도, 나는 왜 이 행동을 하는 걸까요?"라고 말합니다. 우리 모두에게는 피하려는 본능이 있습니다. 강박 행동은 이것의 한 예이며, 어느 정도는 목적에 부합합니다. 강박 행동을 하면 일시적으로 위협을 없애거나, 최소한 무력화시킬 수 있습니다. 기저의 공포와 불안감에 초점을 덜 맞출 수 있기 때문입니다. 회피의 목적은 바로 고통에서 벗어나는 것입니다.

강박증이 만들어 낸 엄청난 고통과 괴로움이 있으니, 당신이 강박증에서 탈출하고 싶은 마음은 당연합니다. 감정적이든 신체적이든 우리가 고통을 경험할 때, 그 고통이 사라지기를 바라는 건 정상입니다. 우리는 본능적으로 고통을 피하고자 합니다. 예를 들어, 우리의 손이 불에 닿으면 고통을 느끼고 마음은 이렇게 말할 것입니다. '아! 위험해. 손을 치우자!'라고요. 그리고 우리는 이 생각을 믿고, 뜨거움을 느끼기 때문에 손을 치울 것입니다. '탈출'하는 행동은 우리가 위험에 처했을 때 효과가 있고, 우리는 실제로 고통을 유발하는 것에서 벗어날 수 있습니다. 하지만 만약 고통스럽지만 당장 탈출할 수 없는 상황이 오면 어떻게 될까요?

우리의 통제를 벗어나는 것들은 너무 많고, 거기에 집중하는 것은 보통 도움이 되지 않습니다. 우리의 신체적 · 정신적 행동에 집중하는 것이 더 나은데, 왜냐하면 그것들은 통제할 수 있기 때문입니다. 신체적 행동은 당신의 몸을 움직여 어떤 행동을 하거나, 손을 불 가까이 두는 것 같은 특정 행동을 하지 않는 것, 둘 다를 포함합니다. 정신적 행동에는 걱정, 반추, 정신적 검토, 또는 정신적 리허설 등이 포함됩니다. 일단 당신이 이러한 생각들이 나타나는 것을 발견한다면, 거기에 계속해서 빠져들 것인지 아닌지에 대해 통제력이 생기는 셈입니다. 우리는 처음의 생각과 감정은 거의 통제하지 못합니다. 하지만 대신 속도를 늦추고 그 생각과 감정이 언제 발생하고, 그중 무엇을 계속하고 싶은지 알아차릴 수 있습니다. '내 가족이 죽을지도 몰라.'라는 생각을 살펴봅시다. 물론, 우리는 처음에 그 생각에 사로잡힐 것입니다. 대부분의 사람들은 이러한 생각을 원하지 않을 것이며, 어떤 이들은 그에 대해 걱정을 하거나, 안전하다고 여기는 행동이나 강박 행동을 함으로써 그 생각을 피하려고 할 수도 있습니다. 이러한 행동을 취하는 것이 주의를 산만하게 하거나 고통을 중화시키는 데 도움이 될 수도 있지만, 과연 생각이나 고통을 영원히 사라지게 할 수 있을까요? 그러한 생각과 감정으로부터 잠깐 떨어져 있겠지만, 그들은 분명 다시 돌아올 것입니다.

통제할 수 없는 것을 통제하려 한다면

마음은 감정과 생각이 실제로 위험하고, 그것에서 벗어나야 하며, 통제할 수 있다고 우리가 믿기를 원합니다. 생각이나 감정 때문에 죽는 사람은 아무도 없습니다. 우리가 아무리 노력해도, 이러한 고통스러운 경험은 어떤 형태로든 다시 나타날 것입니다. 우리가 강박증을 통제하려고 노력할수록, 우리의 삶에 쏟을 시간은 줄어들게 됩니다. 뎁의 경험을 살펴봅시다.

뎁의 이야기

뎁이 진료실에 처음 방문한 때는 그녀가 20대 초반이었을 때입니다. 첫 면담에서, 뎁은 자신의 생각('언젠가 아이를 해칠지도 몰라.')과 불확실함('내가 나쁜 사람인지 아닌지 확실히 알아야 해.')으로 인해 깊은 괴로움을 겪고 있다고 말했습니다. 그녀는 불안감을 느꼈습니다. 뎁은 이러한 생각을 하고 싶지 않았고, 생각을 없애기 위해 할 수 있는 모든 일을 했습니다. 그녀가 살면서 한 모든 좋은 일들을 떠올렸습니다. 또한 자신이 나쁜 사람인지에 대해 다른 사람들에게 물어보기도 하고 음악, 마리화나, 친구로 주의를 돌리려고 노력했습니다. 뎁은 또한 강박적인 생각과 감정을 유발할 수 있는 장소를 피했습니다. 그녀는 대중교통을 이용하지 않거나 공원을 피하거나 학교나 아동용품점 근처를 걷지 않았지만, 여전히 직장과 외부 활동을 유지할 수는 있었습니다.

회피는 뎁에게 일시적인 안도감을 주었지만, 장기적으로는 강박증을 악화시킬 뿐이었습니다. 그녀의 강박증은 다른 것들도 피해야 한다고 말하기 시작했고, 그녀는 안도감을 얻기 위한 강박 행동에 더 많은 시간을 투자했습니다. 그녀는 몇 시간 동안 기도하고, 공공장소와 사람들을 피하기 시작했습니다.

면담을 할 때, 그녀는 대부분의 시간을 회피와 강박 행동에 몰두함으로써 강박증을 통제하려고 노력했습니다. 그녀는 회사 일, 취미 생활이나 친구들과 어울리는 일을 멈춰 버렸습니다. 그녀는 매우 고립되어 있었고, 외롭고 우울했습니다. 그녀는 "저는 강박증을 없애기 위해 너무 많은 시간과 노력을 들였고, 제가 하는 것은 결국 아무 효과가 없었어요."라고 말했습니다.

뎁의 경험과 비슷한 일은 꽤 흔합니다. 때로 사람들은 강박증에서 벗어나기 위해 어떤 행동이든 피하려고 합니다. 모든 사람이 단기적으로는 꽤 효과가 있기 때문에 회피에 몰두합니다. 우리 모두는 불편한 경험에서 벗어나려 합니다. 문제는 대부분의 시간을 우리의 삶을 온전히 사는 데 쓰기보다 내적인 경험을 통제하는 데 사용한다는 것이지요.

제가 이야기하고 싶은 것은, 생각과 감정의 맥락 안에서 통제하려는 시도가 장기적으로 효과가 없다는 사실입니다. 하지만 제 말을 다 믿지는 마세요! 다음 연습을 사용하여 당신의 경험을 통제하려는 노력이 실제로 효과가 있었는지 탐색해 보도록 합시다.

관찰해 보기 **통제 의제 탐색하기**

눈을 감고, 강박증이 처음 나타났을 때를 떠올려 보세요. 강박증이 꽤 최근에 나타난 것이라면, 염려나 불안이 처음 나타났던 시기를 생각해 보세요. 무엇인가를 염려하거나 불안감을 느끼기 시작했을 때, 또는 강박증이 처음 나타났을 때는 몇 살 때였나요? ....

강박증과 염려, 또는 불안을 통제하거나 제거하고, 벗어나기 위해 당신이 했던 일들을 떠올려 보세요. 몇 가지 예를 들자면 세균과 닿지 않기 위해 장갑을 끼거나, TV에 과몰입하거나, 술을 너무 많이 마시고, 해를 끼치지 않기 위해 사랑하는 사람을 피하고, 모든 일이 잘 되도록 과도하게 기도하고, 치료를 받으러 가고, 약에 집착하고, 과한 운동을 하는 것입니다. 강박증을 조금이라도 줄여 보기 위해 당신이 오랫동안 해 왔던 모든 일들에 대해, 이번에야말로 시간을 들여 깊이 생각해 보세요. 그리고 다음에 그것을 적어 봅시다.

....

....

....

....

....

....

당신은 지금 몇 살인가요? ....

강박증을 없애 버리기 위해 몇 년 동안을 노력해 왔나요? 걱정과 불안에서 벗어나기 위해 얼마나 많은 시간과 에너지를 쏟았나요?

....

....

....

....

....

벗어날 수 있었나요? 아니면 강박증이 여전히 여기 있나요?

....

....

....

....

....

....

이 생각들과 감정들이 오랫동안 존재해 왔지만, 염려와 걱정은 사라지지 않았다는 사실을 알아차리는 것이 어떤 느낌인지 살펴봅시다. 지금 어떤 감정들이 나타나고 있나요? 슬픔, 절망, 분노, 두려움, 수치심을 느끼시나요? 다른 감정들은 없나요? 만약 이 감정들이 나에게 이야기한다면, 그들은 뭐라고 말할까요?

....

....

....

....

....

....

다음 빈칸을 채워 보세요.

“내가 이 생각과 감정을 없애려고 노력한 지 벌써 [햇수를 기록하세요] ....년이 지났어. 그리고 나는 [당신이 지금껏 불편한 경험들을 없애 버리려고 노력했던 모든 일들을 적으세요]

....

.... 을 해 왔지만, 여전히 강박증은 여기 남아 있어.”

이제, 방금 쓴 문장을 천천히 세 번 반복해서 읽어 봅시다.

이 작업을 완료한 후, 당신은 어떤 생각과 감정을 알아차리게 되나요?

....

....

....

....

많은 사람이 '요점이 뭐야? 다 소용없어.'와 같은 생각들을 알아차릴 겁니다. 절망, 슬픔, 또는 상실감과 같은 감정들이 나타날 수도 있습니다. 아마도 이런 힘든 감정은 나름의 이유로 나타날 겁니다. 뭔가 잘못됐다는 말일 테죠.
당신이 강박증을 통제하려는 시도에 휩싸였을 때, 당신은 결국 무엇에 초점을 두게 되나요? 당신의 삶인가요, 아니면 강박증인가요? 당신 자신의 마음에 사로잡히거나 강박 행동에 몰두할 때, 당신은 무엇에 주의를 기울이나요? 당신의 삶인가요, 아니면 강박증인가요? 여기에 당신의 반응을 적어 보세요.

....

....

....

....

통제의 대가

당신이 유지해 왔던 통제 목표가 실은 절망적이라 느낄 것입니다. 당신은 자신의 삶을 잃어 가고 있습니다. 당신이 해 왔던 모든 대처 방법들은 단기적인 관점에서만 효과적이었을 것입니다. 장기적인 관점에서 그 행동들은 당신에게 진실로 중요한 것을 방해하고 있습니다. 저는 강박증을 통제하려는 당신의 시도가 자신이 진정 살아가고 싶은 삶을 사는 데 도움이 되지 않으며, 자신의 경험을 통제하려는 시도가 외려 생생한 삶을 살아가는 것을 방해하고 있다는 사실을 알려 주고 싶습니다.

통제는 문제가 됩니다. 통제는 당신에게 나타나는 어떤 것이든 기꺼이 경험하지 않으려 하는 것입니다. 수용전념치료에는 이런 말이 있습니다. '당신이 그것을 갖지 않으려 한다면, 결국 그것을 갖게 될 것이다.' 우리의 경험들은 여기 눈앞에 놓여 있습니다. 우리가 내려야 할 유일한 선택은 우리가 기꺼이 그들을 감내하고, 껴안을 수 있을지에 관한 것입니다.

강박 행동은 통제의 한 형태입니다. 그것들은 대개 불안을 줄이거나 적어도 중화시킬 수 있다는 점에서 단기적으로 효과가 있습니다. 그러나 자신에게 일어나는 경험을 기꺼이 받아들이지 못한다면, 장기적으로는 그들 자신을 받아들이지 못하거나, 자신이 실제로는 받아들일 능력이 있다는 것을 배우지 못하게 됩니다. 우리가 통제에 전념한다면 현재 이 순간에 존재할 수 없으며, 불편한 내적 경험과 불확실성을 품을 수 있는 방법을 배울 기회를 놓칩니다. 이러한 경험은 삶의 정상적이고 당연한 부분이기 때문에 더 중요합니다. 또 모든 감정과 생각 또한 인간의 정상적인 부분입니다. 그리고 우리는 자신의 내적 경험을 통제할 수 없습니다. 당신이 더 노력할수록, 당신은 결국 강박증에 더 초점을 맞추게 되고, 삶의 성장이나 온전히 자신의 삶을 사는 것과 같은 중요한 일들에 집중하는 데는 시간이 모자라게 되는 거죠.

당신이 지금까지 해 온 행동이 장기적으로 도움이 되지 않는다면, 다른 것을 시도해 볼 때입니다. 단기적으로는 어렵고 불편하겠지만, 장기적으로는 당신이 원하는 삶에 더 가까이 다가갈 것입니다. 당신에게 새로운 것을 시도해 볼 의향이 있나요? 자신의 생각과 감정을 통제하려는 시도는 장기적으로 도움이 되지 않습니다. 그리고 제가 이 책에서 당신이 연습하기 바라는 첫 번째 기술은 바로 이것입니다. 통제를 놓아주는 것이죠.

저명한 심리학자인 칼 구스타프 융(Carl Gustav Jung)은 이렇게 말했습니다. "당신이 저항하는 것은, (오히려) 계속될 뿐이다." 당신의 내적 경험과 더 싸우려 들수록, 더 나빠질 뿐입니다. 우리는 이를 뎁의 이야기에서 볼 수 있었죠. 아마도 당신은 지금 자신의 삶에서 그것을 보고 있을지도 모릅니다.

이 책을 앞으로 읽어 갈 때, 그리고 삶이 나아갈 때 다음 내용을 알아차려 보세요.

1. 당신은 자신의 불편한 생각과 감정을 포함하여, 당신의 통제 밖에 있는 것들을 통제하려고 애쓰고 있습니까?

2. 만약 그렇다면, 경험을 회피하기로 결정했을 때 자신의 삶에 어떤 일이 일어나고, 어떻게 느끼는지 알아차려 보세요. 통제가 당신이 장기적으로 원하는 방식으로 삶을 살 수 있도록 도와주는지 살펴봅시다. 그것이 당신을 현재에 존재하며 사랑할 수 있도록, 또 진정으로 할 수 있는 것이 무엇인지 배울 수 있도록 도와주나요? 당신이 중요한 가치를 좇아갈 수 있도록 도와주나요?

3. 만약 그렇지 않다면, 당신이 어려운 경험을 수용할 때 장기적으로 무슨 일이 일어나는지 살펴봅시다. 그것이 어떻게 느껴지는지 알아차려 보세요. 또 불편함과 불확실성을 받아들이는 것이 장기적으로 당신이 원하는 방식으로 삶을 살도록 도와주는지 살펴봅시다. 그 행동은 당신이 현존하고, 사랑하며, 또 진정으로 무엇을 할 수 있는지를 배우도록 도와주나요? 그것이 당신의 가치를 좇아가도록 도와주나요?

관찰해 보기 **놓아주기를 살펴보기**

당신이 통제를 내려놓고 당신에게 떠오르는 어떤 생각과 감정이든 받아들이려 할 때, 어떤 생각과 감정이 나타날까요? 당신은 무슨 일이 일어나기를 기대하나요? 자신이 떠올린 것을 적어 보세요.

....

....

....

....

....

통제를 놓아 버린다는 생각이 두려움을 불러일으킨다면, 모든 사람들이 똑같이 느낀다는 것을 알아 두세요. 이 생각만으로도 강박 증상이나 '나는 할 수 없어.' 혹은 '나는 무능해.' 같은 생각을 촉발할 수 있습니다. 마음이 통제를 유지하기 위해 목소리를 높이고 있을 때, 당신은 무엇을 하게 될까요? 그래도 당신은 통제를 놓아주는 연습을 해 나갈 것입니다!

연습 통제를 놓아주기

통제를 놓아준다는 것은 자신에게 의미 있는 일을 하는 과정에서 나타나는 모든 것을 기꺼이 경험하겠다는 의미입니다. 당신이 늘 하고 싶었지만 피해 왔던 의미 있는 일은 무엇인가요? 작은 도전 과제를 정해 보세요. 꼭 강박증과 관련된 것일 필요는 없습니다. "저는 이웃들에게 제가 없는 동안 우편함을 확인해 줄 수 있는지 부탁하고 싶었습니다."와 같은 말이어도 됩니다.

작지만 의미 있는 도전을 여기에 적어 보세요.

....

....

....

당신이 이런 도전에 대해 생각할 때, 머릿속에서 무엇이 떠오르나요? 앞의 예에서, 누군가는 이렇게 말할 수 있습니다. "이웃에게 제 메일을 확인해 달라고 부탁하는 것을 생각하면, 저는 불안하고 불편해져요. 제 마음은 내가 다른 사람에게 부담이 될 거고, 이웃 사람은 내 부탁을 거절할 거라고 말합니다." 당신의 마음속에서는 무엇이 떠오를까요? 다음에 적어 봅시다.

....

....

....

....

....

....

이러한 도전이 어떤 것에 중요하다고 느껴지나요? 이에 대한 답변을 예로 들면, "도움을 요청하는 것은 나 자신에게 친절해지는 방법이며, 내가 좀 더 현재에 머무를 수 있게 도와줍니다."라고 말할 수 있습니다. 당신의 도전이 당신 자신, 혹은 당신의 삶에서 어떤 면에서 중요한가요?

....

....

....

....

....

....

....

통제를 포기할 때 나타나는 것이 무엇이든 기꺼이 경험하겠다는 태도는 '나는 짐이 될 뿐이야.' 혹은 '그가 싫다고 거절할 거야.'와 같은 생각을 그저 가지고 있거나, 자신에게 친절해지는 것이 중요하기 때문에 당신의 이웃에게 도움을 구하면서도 불안감과 함께 머무를 수 있다는 것을 의미합니다. 다시 말하지만, 그것은 당신에게 중요한 것을 위해 기꺼이 불편함과 불확실성을 수용하겠다는 것을 의미합니다. 이는 강박 행동이나 전반적인 회피와 같은 전형적인 통제 전략을 포기한다는 말입니다.

이 도전을 통해, 놓아주는 과정을 오늘이나 내일 기꺼이 시작해 볼 수 있을까요?

....

....

당신은 이 도전에 참여하기로 결정했거나, 혹은 아직은 아닐 수도 있습니다. 어느 쪽이든 괜찮습니다. 만약 당신이 이 도전에 뛰어들어 이러한 기술을 강박증에 적용하고 싶다고 느낀다면, 당신은 다음 연습에서 한 걸음 더 나아갈 수 있을 겁니다.

관찰해 보기 **통제를 알아차리기**

강박 사고나 충동이 나타날 때, 잠시 멈추어 보세요. 내 마음이 자신에게 무엇을 말하고 있는지 잠시 주목해 봅시다.

여기 한 가지 예가 있습니다. '나는 자기 전에 문을 잠갔다 열었다를 여러 번 반복하고 싶은 충동을 알아차리고 있어. 내 마음은 그렇게 하지 않으면 누군가가 집에 침입해서 나를 죽일 것이라고 말하고 있구나.'

다음에 빈칸을 채워 보겠습니다.
"나는 내 마음(혹은 대신에 당신이 이전에 만든 강박증의 이름을 사용하셔도 좋음)이 나에게 .... 라고 말하는 것을 알아차리고 있어."

혹은, 이렇게 적어 볼 수도 있습니다.
"나는 내가 .... 을 하려는 충동을 알아차리고 있어."

스스로 질문을 던져 보고, 자신이 떠올린 답을 적어 보세요.
"나의 충동에 굴복하고, 내 마음이 말하는 것을 믿어 버린 대가는 무엇이었을까?"
"..
...."

스스로 질문을 던져 보세요.
"마주한 상황에서의 내 느낌이나 결과를 통제하지 않아 보는 것은 어떨까? 이렇게 하는 것은 무슨 가치를 위한 것일까?"

떠올릴 수 있는 답의 예들은 다음과 같습니다.
'내가 사랑하는 사람과 함께 현재를 살아가는 것' '한 사람으로서 성장하는 것' 혹은 '업무에서 좀 더 창의적이 되는 것' 다음에 당신의 답을 적어 보세요.
"..
...."

자신의 마음에 다음과 같은 말을 기꺼이 해 볼 수 있나요? '네(마음)가 상황을 통제해야 하고, 그렇지 않으면 앞으로 일어날 일을 감당할 수 없을 거라고 말하는 것이 들리지만, 나는 현재 삶에 충실하고, 창의적으로 일하고, 삶에서 성장하기 위해 어떻게든 기꺼이 노력할 거야.' 마음은 우리를 안전하게 지키기 위해 나름의 최선의 노력을 하지만, 이 때문에 우리가 모든 상황, 특히 불편한 상황에서도 결과를 통제할 수 있다고 믿게 만듭니다. 하지만 사실, 그렇지 않다는 것을 이제 알 것입니다.

통제에 관한 신화

많은 사람들이 생각, 느낌, 감각과 같은 자신의 내적 경험을 통제할 수 있다고 생각합니다. 아마 당신도 그렇게 느낄 수 있습니다. 하지만 저는 당신의 이런 생각이 좀 느슨해지기를 바랍니다.

불안을 경험하는 사람으로서, 저는 제 자신이 겪었던 투쟁담을 들려드리고 싶습니다. 몇 년 동안, 저는 제 생각과 감정을 통제할 수 있다고 믿었습니다. 그래서 저는 불안을 느끼는 저 자신을 탓하곤 했죠. 모든 감정과 생각이 인간 경험의 정상적이고 자연스러운 부분이라는 것을 알게 된 후에야, 저는 통제를 놓을 수 있게 됐고, 생각과 감정을 바꾸는 것을 비롯하여 제 자신을 고치려는 노력을 멈출 수 있었습니다. 강박증을 가진 사람이나 가지지 않은 사람 모두, 온갖 이상하고 특이한 생각과 다양한 감정을 경험하게 됩니다. 당신은 한 인간일 뿐이고, 모든 인간은 이러한 힘든 경험을 한다는 것을 알아야 합니다. 힘든 시간 동안, 우리는 자신에 대한 판단을 내려놓고 자연스러운 경험을 더 받아들이려 노력할 필요가 있습니다. 물론, 실제로 그렇게 하는 것은 쉬운 일은 아닙니다. 과학 역시 생각을 통제하려는 노력이 패배가 보장된 싸움과 같다는 걸 이해하도록 도와주었습니다.

과학자들은 완전히 동의하지 않을 수 있겠지만, 우리가 하루에 하는 생각의 수의 추정치는 매일 2만에서 7만 개 사이입니다(Neuroskeptic, 2012). 심지어 낮게 잡아 하루에 2만 개 정도라고 해도 여전히 많은 생각들입니다! 이것이 어떻게 작동할까요? 이 생각들은 모두 다 우리의 탓일까요? 절대로 아닙니다! 대부분은 자동적입니다. 우리는 얼마나 많은 생각들을 가지고 있는지 알 수 없으며, 그것들이 언제 나타나는지, 또는 얼마나 오랫동안 머물지 조절할 수 없습니다.

조금 이상하지만, 재미있는 예를 들어 보겠습니다. 만약 제가 당신의 머리에 총을 겨누고 "불안을 느끼기만 해 봐, 쏴 버릴 거야!"라고 말한다면 어떤 일이 벌어질까요? 당신이 불안을 느낄 가능성이 매우 높아집니다! 생사가 걸린 상황에서도, 우리는 우리의 감정들을 조절할 수 없습니다.

이 책의 목표는 당신에게 여러 내적 경험을 통제하려 하지 않고, 그저 그 경험을 가지거나, 혹은 함께할 수 있는 방법을 가르치는 것입니다. 연습을 통해, 당신은 강박 행동에 끌려가지 않으면서 강박 사고, 불편한 느낌, 그리고 불확실성을 수용하는 방법을 배우게 될 것입니다.

이 개념에 대해 도움이 될 수 있는 또 다른 비유는 늪입니다. 만약 당신이 늪에 빠지게 된다면, 당신의 몸의 자연스러운 반응은 무엇일까요? 당신은 어떻게든 벗어나기 위해서 몸부림치게 되지 않을까요? 만약 그렇게 한다면, 실제로 어떻게 될까요? 늪에서 발버둥치는 행동은 당신을 더 가라앉게 만듭니다. 그렇다면 어떻게 해야 할까요? 가만히 있거나, 매우 느리게 움직이는 행동은 모든 것을 포기하는 것처럼 보이지만, 답이 될 수 있습니다.

투쟁하는 것은 통제하려는 반응입니다. 불편함과 싸우는 행동은 고통과 위험의 불확실성을 피하기 위해 우리가 흔히 하는 일입니다. 그러나 늪 혹은 불편한 상황과 투쟁하는 것이 도움이 될까요? 싸우거나 통제하려는 것이 그 순간에 당신이 원하는 삶에 가까워지게 할까요?

많은 사람들이 그들의 경험을 통제하려는 동기는, 두려움으로부터 해방되어 행복감을 느끼고 싶은 열망입니다. 만약 이 책을 읽는 목표와 삶 전체의 목표가 행복을 느끼기 위함이라면, 당신은 아마 실망할 것입니다. 사실, 대부분의 사람들은 행복하지 않습니다. 오히려 대부분의 사람들은 고통을 경험하며 살아갑니다. 수용전념치료와 이 책의 목표는 행복을 느끼는 것이 아니라, 강박증을 안고서도 충실한 삶을 사는 것입니다. 이로 인해 기뻠과 행복을 느끼게 될 테지만, 이 감정들이 우리의 최종 목표는 아닙니다.

저의 바람은 당신이 장기적인 성공을 할 수 있도록 돕는 것입니다. 다시 말하지만, 우리는 감정을 통제할 수는 없습니다. 왜냐하면 감정은 순식간에 사라져 버리는 것이니까요. 우리가 통제할 수 있는 것은 우리가 사는 삶의 형태입니다.

관찰해 보기 **행복이 당신에게 의미하는 것은 무엇인가요?**

이 질문에 대해 행복감을 느끼는 것이라고 말하시겠습니까? 몇 단어로 줄여 보면, 행복은 당신에게 어떤 의미인가요?

....

....

....

....

연구자들이 행복감을 느끼며 사는 사람들에게서 발견한 것은, 그들은 행복을 삶의 한 방식으로 보고 있으며, 이는 의미 있는 활동들을 중요하게 여기며 거기에 참여하는 것을 포함합니다. 덜 행복한 사람들은 행복을 느낌이나 순간의 정서적 상태라고 정의하며, 통제할 수 있다고 가정합니다(Catalino, Algoe, & Fredrickson, 2014). 두 가지 정의 모두 통제를 포함하지만, 다음과 같은 차이점이 있습니다. 하나는 우리의 내적 경험(우리가 느끼는 방식)을 통제하려는 시도이고, 다른 하나는 시간을 보내는 행동 방식을 통제하는 것입니다. 과연 우리는 내면의 경험을 통제할 수 있을 것이며, 그렇게 하는 것이 도움이 될까요?

마우스와 그의 동료들(Mauss et al., 2011)은 또 다른 연구에서 이러한 통제에 대한 개념을 더 자세히 연구했습니다. 참가자들에게 영화 클립을 보기 전에 기사를 읽도록 요청했습니다. 그룹의 절반은 행복감을 스스로 느끼려 하는 노력에 초점을 둔 기사를 읽었으며, 그 기사에서는 영화 보는 중에도 그들이 그렇게 할 수 있다고 이야기했습니다. 나머지 참가자들은 행복에 대한 언급이 없는 기사를 읽었습니다. 영상 클립을 보면서 스스로 행복감을 느끼려고 노력한 참가자들은 영상 클립을 본 후 기분이 더 나빠졌고, 실망감을 느꼈으며, 자책에 빠졌습니다. 하지만 행복에 관한 기사를 읽지 않은 참가자들은 이러한 생각과 감정에서 자유로울 수 있었습니다.

이 결과가 말해 주는 것은 우리의 느낌을 통제하려고 노력하고, 매순간 우리가 느끼는 것을 실제로 통제할 수 있다고 믿는다면 더 많은 고통, 실망, 그리고 자기 비난을 초래할 뿐이라는 것입니다. 자신이 얼마나 행복한지를 자주 살피는 습관이 있는 사람은 덜 행복하다고 느끼는 경향이 있습니다(Schooler, Ariely, & Loewenstein, 2003). 반면, 통제의 초점이 우리가 삶을 보내는 행동 방식에 있다면 도움이 될 수 있습니다. 그들의 삶에서 즐거운 활동을 계획하는 사람들은 더 행복할 가능성이 있습니다(Catalino, Algoe, & Fredrickson, 2014). 불행하게도, 강박증을 가진 사람들은 그들이 한때 즐겼던 것, 즉 한때 그들에게 의미 있었던 활동을 그만두는 경향이 있습니다.

일생 동안의 긴 과정

다시 말하지만, 통제를 포기한다는 말은 당신에게 나타나는 것이 무엇이든 기꺼이 경험하겠다는 태도를 의미합니다. 그것은 당신이 더 현재에 머무르며, 생생한 삶을 살기 위해 단기적으로 기꺼이 불편함을 느끼겠다는 것을 의미합니다. 이것은 평생 이어지는 일생 동안의 긴 과정입니다.

때때로 우리는 다른 때보다 자신의 경험을 더 많이 받아들이려고 합니다. 관건은 언제 통제하려고 하는지 알아차리고, 그 경험을 수용하기 위해 최선을 다하는 것입니다. 우리가 어떻게 살아가는지 알아차리는 한 가지 방법은 강박증 기록지를 적는 것입니다. 기록지를 적어 나가는 일은 강박증과 통제가 일상생활에서 어떻게 나타나는지에 대한 감각을 제공할 것입니다. 촉발 요인, 강박 사고 및 강박 행동을 추적해 나가는 일은 마음 밑바닥의 공포와 두려움이 느껴질 때 하게 되는 회피 행동(통제)과 같은 패턴을 감지하는 데 도움이 될 수 있습니다. 이 정보는 또한 강박증 때문에 얼마나 많은 시간이 걸리는지에 대한 감각을 제공할 겁니다.

과제

강박증 기록지 작성하기

이 강박증 기록지를 사용하여 향후 2주 동안 당신의 강박증을 살펴보세요. 강박증이 촉발되는 순간, 또는 하루에 한 번씩 강박증을 추적할 수 있습니다. 현재 경험하는 강박 증상을 살펴보는 것이 더 좋은데, 강박증 기록지를 사용해서 자신이 경험한 내용을 더 잘 기억할 수 있기 때문입니다. https://hakjisa.co.kr에서 강박증 기록지 사본을 다운로드하거나, 기록지를 노트북이나 휴대폰의 스프레드시트 등에 옮길 수도 있습니다. 휴대전화에 암호를 설정하거나, 노트북을 안전한 곳에 보관하는 등 개인 정보 보호에 유의하시길 바랍니다.

날짜와 촉발 요인(또는 강박 증상이 발생하기 직전에 있었던 일)을 기록하세요. 촉발 요인은 내부(생각 또는 느낌) 혹은 외부(사람, 장소 또는 사물) 둘 다가 될 수 있습니다. 강박 사고(원치 않고 거슬리는 생각 또는 충동)와 강박 행동(당신의 반응)을 기록하세요. 강박 행동은 정신적인 행위(예를 들어, 속으로 숫자를 세거나 확인하는 것), 의식(특정한 방식으로 또는 특정 횟수 동안 행동해야 함), 자신이나 다른 사람에게 안도감을 얻으려는 행위(자신에게 괜찮다고 하거나, 다른 사람에게 어떤 종류의 확신을 달라고 부탁하는 것), 혹은 전반적인 회피 행동(사람, 장소 및 사물을 피하기)을 포함할 수 있습니다. 그런 다음, 이에 사용된 시간을 기록하세요. 시작하기 전에 다음의 예를 참고하기 바랍니다.

강박증 기록지 작성 예시

날짜	촉발 요인	강박 사고	강박 행동	소비된 시간
2023. 3. 12.	집을 나서게 됨	뭔가 나쁜 일이 일어날 거야.	문을 들락날락하며 10회 확인, 머릿속으로 안전하다는 것을 점검함.	10분 정도
2023. 3. 13.	발표 준비를 마무리하는 상황	충동: 제대로 된 게 없어, 괜찮아질 때까지 다시 해야 해, 그렇지 않으면 나쁜 일이 일어날 거야.	5회 그 일을 반복하고, 나의 상사에게 괜찮은지 확인받음.	3시간

강박증 기록지

날짜	촉발 요인	강박 사고	강박 행동	소비된 시간

기록을 완료한 후 다음 질문에 답합니다.

지난 2주 동안 강박증을 통제하는 데 얼마나 많은 시간이 걸렸습니까? 오른쪽 열(소비된 시간)에 걸린 시간을 모두 합산합니다.

이 시간 동안에 당신은 무엇을 했었나요? 그 행동들은 당신에게 의미 있는 행동이었을까요?

만약 당신이 자신의 경험을 통제하는 것에 덜 집중하고, 그것을 받아들이면서도 의미 있는 삶을 사는 것에 더 집중한다면, 당신의 삶은 과연 어떤 모습일까요?

....

....

....

....

만약 그것이 더 목적 있는 삶을 사는 것을 의미한다면, 당신은 기꺼이 당신의 경험(강박 행동과 통제를 포기하는 것)을 받아들이겠습니까?

....

....

....

....

통제를 포기하는 과정은 당신이 경험을 통제하고 있음을 알아차릴 때 시작됩니다. 일단 당신이 알아차리고 나면, 당신은 현재에 머무르며 원하는 방식대로 시간을 보내기 위해 불편한 생각과 감정을 그저 가지고 있기를 선택할 수 있습니다. 수용전념치료(ACT)에서는 이 과정을 중요한 가치를 위해 나타나는 모든 것을 경험하려는 의지인 수용(acceptance)이라고 말합니다. 다음에 나오는 몇 개의 장에서는 고통스러울지도 모르는 감정과 생각을 어떻게 그저 갖고 있어 볼 수 있는지 알려 줄 것입니다. 당신 자신이 원하는 삶을 살아가는 데 좀 더 가까워지게 될 테고요!

4장

수용

당신은 수용에 대해 생각한 적이 있나요? 그것은 무엇을 의미할까요? '나는 매일 불안하고, 삶을 받아들인다는 생각이 나를 더욱 불안하게 만들고 있다고!'라고 생각하나요? 이 책에서 수용을 언급할 때, 저는 '적극적인' 태도를 말하려고 합니다. 수용은 삶에서 불편한 생각과 감정을 받아들이려는 선택이거나 의지인데, 이때 불편함이 나타나는 이유는 당신이 병이 있기 때문이 아니라 불편한 생각과 감정이 삶의 일부이기 때문입니다. 수용은 강박증을 치료하기 위한 방법 그 이상이며, 삶의 방식입니다. 수용은 우리에게 두려움, 원치 않는 생각과 감정이 나타날 때 매일의 삶에 머무르는 방법을 알려 줍니다.

다시 말해서, 수용은 우리가 통제할 수 없는 것에 적극적으로 몸을 내맡기되, 있는 그대로 기꺼이 경험하려는 의지를 의미합니다. 강박증을 통제하거나, 강박증과 다툴 필요가 없다는 것은 자유로움이나 한결 가벼운 느낌으로 이어질 수 있습니다. 그렇게 된다면 당신의 에너지는 의미 있다고 생각하는 것들에 사용될 수 있습니다. 사람들은 종종 "강박증 때문에 너무 지쳤어요."라고 말합니다. 통제를 놓아 줄 수 있게 된 후에, 그들은 갑자기 더 많은 에너지가 생겼다고 말합니다. 그들의 강박 사고가 사라진 것은 아닐 겁니다.

그들은 강박증과의 싸움을 멈추고, 강박증을 받아들이는 법을 배웠습니다. 수용은 "이 경험이 힘들긴 하지만, 이미 이렇게 된 걸 어쩌겠어. 괜찮아."라고 말하게 합니다. 수용은 우리가 그것을 좋아해야만 한다는 말이 아니라, 그것을 기꺼이 경험함을 의미합니다.

시각화하기 **수용을 이해하기**

당신이 아름다운 바다에서 수영을 하고 있는데, 갑자기 성가신 물고기들이 당신을 향해 헤엄쳐 오기 시작한다고 상상해 보세요. 물고기들은 당신을 다치게 하지는 않지만, 당신은 진심으로 물고기들이 다가오는 것이 싫을 테지요. 당신이 가진 한 가지 선택은, 다가오는 물고기들에게 발길질을 하고 밀어내려 하는 것입니다. 어떤 생각과 감정이 떠오를까요? 이 행동이 당신의 에너지에 어떤 영향을 미칠까요? 또 다른 선택은 물고기들의 존재를 인정하고, 계속 수영하는 것입니다. 아마도 물고기들이 당신의 주변을 헤엄칠 때 그 흐름에 몸을 맡기는 걸 선택하는 것일 수도 있습니다. 이 선택은 어떤 생각과 감정을 불러일으킬까요? 이 행동이 당신의 에너지에 어떤 영향을 미칠까요? 당신은 어디에 초점을 맞추게 될까요? 당신은 어디에 초점을 맞추기를 원하나요?

수용의 단계

수용의 단계는 5단계입니다. 다음 단계로 넘어갈수록, 통제를 놓아주고 경험을 더 많이 받아들일 수 있게 됩니다(Neff & Germer, 2018, p. 115).

1. 저항하기(resisting): 나타나는 것에 맞서 싸웁니다. "저리 꺼져 버려!"
2. 탐색하기(exploring): 호기심을 갖고 불편함을 살피게 됩니다. "내가 지금 느끼는 게 뭐지?"
3. 인내하기(tolerating): 안전하고 안정적으로 견디고, 참아 봅니다. "나는 이것이 싫지만, 참아 볼 수는 있어."
4. 허용하기(allowing): 감정이 오갈 수 있게 그냥 둬 봅니다. "괜찮아, 나는 이 감정이 오갈 수 있는 공간을 만들 수 있어."
5. (고통과) 친해지기(befriending): 어려운 감정적 경험에서도 나에게 중요한 가치를 발견합니다. "나는 여기서 무엇을 배울 수 있지?"

'저항하기'라는 첫 단계는 생각과 감정을 기꺼이 경험하지 않으려는 것을 말합니다. 강박증의 세계에서, 우리는 종종 저항하기 위한 강박 행동에 대해 말하곤 합니다. 하지만 우리의 목표는 도움이 되지 않는 행동을 놓아줌과 동시에 생각과 감정을 환영하는 것입니다. 우리는 생각과 감정을 수용하면서, 충동과 강박 행동에 굴복하지 않게 될 것입니다.

저는 이 단계들이 연속적인 스펙트럼에 있다고 생각하지 않습니다. 사실, 우리는 때로 경험을 더 수용하고, 또 가끔은 잘 수용하지 못합니다. 당신이 자신의 강박증과 어디쯤와 있는지, 그리고 자신이 원하는 곳에 더 가까이 가기 위해 무엇을 더 할 수 있을지 고민해 보는 것이 도움이 될 수 있습니다.

케이티의 이야기

케이티는 상담 중에 화가 나고, 또 슬펐습니다. "노출 치료를 받았었는데 효과가 없었어요. 비록 제 강박증이 개선되었지만, 아직도 남아 있는 걸요." 비록 케이티는 강박증이 평생 머무를 수 있다는 것을 이성적으로 알았지만, 감정적으로 슬픔을 느꼈습니다. 그녀는 강박증을 없애기 위해 시간과 에너지를 소비함으로써 이 슬픔에 반응했습니다. 예를 들어, 그녀는 자신의 강박증에 대해 생각하지 않아도 되도록 자신의 일정을 너무 많이 잡았습니다. 그녀는 오랜 시간 동안 일을 하고, 일과 후에도 대부분의 시간을 사람들을 만나며 지냈죠.

케이티는 결국 용기를 내어 삶의 속도를 늦추기로 결심했습니다. 그녀는 일찍 퇴근하기 시작했습니다. 급하게 출퇴근하지 않으려고 하고, 운동 수업 또한 천천히 진행하는 요가로 바꾸었습니다. 가만히 앉아 있어야 했던 요가 수업 중에, 그녀는 울음을 터뜨렸습니다. 그녀는 "나는 강박증을 원하지 않아. 난 네가 여기 있다는 것이 너무나 속상해. 나는 너 때문에 보내야 했던 시간들에 화가 나."라고 말했습니다. 그녀는 자신이 울도록 내버려 두었습니다. 그 다음 주에 치료를 받을 때, 그녀는 훨씬 더 가볍고 자유로워졌다고 말했습니다. "강박증이 항상 여기 있을 거라는 것을 알지만, 그것이 나와 내 시간을 지배하게 두지는 않을 거예요. 나는 그것을 그냥 여기 둘 테니까요."

관찰해 보기 **자신에게 나타난 것을 기꺼이 경험하기**

강박 사고와 불안을 수용하는 것이 당신의 삶에서 어떻게 보여질까요? 이것이 자신이 중요시하는 가치에 더 가깝게 다가가도록 하는 데 도움이 될 수 있을까요? 어떤 방법을 사용할 수 있을까요? 당신의 답을 적어 보세요.

....

....

....

....

....

....

....

일생 동안 계속해야 할 연습

수용은 평생 계속해야 할 연습입니다. 때로는 더 많이 수용하고, 때로는 덜 수용합니다. 이 책은 통제를 포기하고 더 자기 수용적으로 바뀌는 이 여정을 안내하기 위해 존재합니다. 이 책을 연습한 후에 당신이 꼭 행복을 찾게 될 것이라고 약속할 수는 없습니다. 하지만 당신이 풍성하고 목적 있는 삶을 살 수 있는 하나의 도구를 갖게 될 것이라고 약속할 수는 있습니다. 이는 마음챙김을 통해 알아차림을 쌓아 가고, 적극적인 수용의 자세를 취하는 것에서 시작됩니다. 삶에서 나타나는 모든 것을 기꺼이 경험하려는 태도입니다.

케이티는 자신의 슬픔을 알아차리기 위해 속도를 늦추었습니다. 슬픔을 알아차린 후, 그녀는 자신의 감정을 느끼되, 어떠한 강박 행동에도 참여하지 않음으로써 슬픔이 그곳에 머무르도록 허용하기로 했습니다. 비록 어려운 일이었지만 그녀는 해낼 수 있었고, 다투지 않고도 강박증과 더불어 살아갈 수 있다는 것을 배웠습니다.

사람들은 너무 바쁘거나, 때로는 다른 일에 정신이 팔려 있기 때문에 몇 시간 혹은 며칠이 지나도 자신이 자극을 받고 있다는 것을 깨닫지 못합니다. 제 명상 선생님은 매일 아침 일어난 후, 속도를 줄이는 삶을 사는 데 세 시간을 투자한다고 이야기한 적이 있습니다. 여기에는 명상, 요가, 마음챙김 먹기와 일기 쓰기, 마음챙김 샤워하기와 옷 입기가 포함됩니다. 그녀가 이런 말을 했을 때, 저는 충격을 받았습니다. 당신은 어떤지 모르겠지만, 그 당시 저의 일반적인 패턴은 나가야 할 시간에서 45분 전에 급하게 일어나는 것이었거든요. 저는 항상 조급했습니다.

처음부터 2시간 15분 더 일찍 일어나기는 어려웠기에, 기꺼이 한 시간 일찍 일어나는 것으로 시작했습니다. 그러고 나서 한 시간 30분, 그리고 두 시간으로 늘려 갔습니다. 이러한 방식을 기꺼이 해 보는 것은 제 인생에 큰 변화를 주었습니다. 그것은 제가 더 많은 자기 관리를 할 수 있게 하면서도, 너무 서두르지 않게 해 줍니다. 결과적으로, 나 자신이 불안을 느낄 때를 더 많이 알아차릴 수 있었고, 이는 두려움이 쌓이게 두는 방법보다 불안에 더 즉각 대처할 수 있게 해 줍니다.

물론, 일찍 일어나는 것은 속도를 늦추는 하나의 방법일 뿐입니다. 어떤 사람들은 하루 중 더 많은 시간을 쉬려고 하기도 하며, 전화기에 "지금 기분이 어떤가요? 지금 무엇을 하는 것이 필요한가요?"라고 묻는 알람을 설정하기도 합니다. 저는 당신이 이런 아이디어들 중 일부를 직접 시도해 보고 무엇이 효과적인지 살펴보기를 바랍니다.

과제 속도를 늦추어 보기

당신 자신의 경험을 위한 공간을 만들어 보기 위해, 이번 주에 해 볼 만한 속도를 늦추는 시도에는 무엇이 있을까요? 이것은 어떤 가치를 위한 것일까요?

....

....

....

....

....

....

....

오늘부터 속도를 늦추어 보려는 의도를 가져 보기 바랍니다. 이번 주에 기꺼이 바꾸어 볼 만한 행동 하나를 선택하고, 다음에 적어 보세요.

행동: ....

언제, 어떻게 할 것인가요? ....

....

속도를 늦추는 것이 당신에게 어떤 영향을 미치는지 알아차리고, 다음에 적어 보세요. 당신은 무엇을 새롭게 발견하게 되나요? 이것이 당신이 어떻게 느끼는지, 그리고 무엇을 하는지에 어떤 영향을 줄까요?

....

....

....

....

....

....

....

속도를 늦추는 것은 불편한 감정과 두려운 생각을 인식하게 하며, 늦지 않게 개입할 여지를 줍니다. 이것은 고통이 덜어지고, 배우고 성장할 수 있는 기회가 더 많아진다는 걸 의미합니다. 이 다음에 이어질 내용들이 속도를 줄이고 알아차려 나가는 당신의 여정에 도움이 될 것입니다.

5장

마음챙김

마음챙김(mindfulness)은 강박과 불안을 포함한 우리의 경험을 수용하는 방법을 알려줍니다. 마음챙김을 실천하면 모든 경험을 더 잘 알아차릴 수 있으며, 덜 고통받는 방법으로 더 힘든 것들을 마주할 수 있습니다. 마음챙김이 노출 및 반응 방지(ERP) 기법에 더해질 때, 자기 자비를 높이는 동시에 강박증 증상, 우울, 불안을 더욱 감소시키는 것으로 나타났습니다(Key et al., 2017).

마음챙김 기반 스트레스 완화(Mindfulness-Based Stress Reduction: MBSR)라는 마음챙김 프로그램의 창시자인 존 카밧진(Jon Kabat-Zinn) 박사는 마음챙김을 "의도적으로, 현재 순간에 존재하며, 그리고 비판단적인 태도로 순간순간의 경험에 주의를 기울임으로써 나타나는 알아차림"(2003, p. 143)이라고 정의합니다. 마음챙김은 어려운 정서적 경험에 대해 판단하거나, 그것에 휘말리는 일 없이 그저 그곳에 두도록 하는 연습입니다.

때때로 우리는 마음챙김을 잘할 때도 있고. 그렇지 못할 때도 있습니다. 예를 들어, 어떤 날은 자신이 무엇을 느끼고, 무엇을 먹었는지, 어떤 게임을 아이와 했는지 설명할 수 있습니다. 어떤 날은 출근을 서두르거나, 가족을 돌보는 데 너무 바빠져 하루가 흐리멍텅하고, 무슨 일이 있었는지 거의 기억나지 않기도 합니다. 이것을 마음놓침

(mindlessness)(마음챙김의 반대말—역주)이라고 하며, 이는 알아차림의 결여 혹은 마음챙김의 반대 상태입니다. 제가 마음을 놓칠 때, 대개 더 빠르게 움직이려 하고, 더 많은 실수를 하고, 더 빨리 말하고, 더 쫓기며 걷습니다. 저는 하루 동안의 세세한 내용을 떠올리지 못하고, 내 주변의 사람들과 눈을 덜 마주치게 되죠. 저는 현재에 존재하지 않으며, 이것은 제 삶의 모든 영역에 영향을 미칩니다. 눈을 마주치지 않으면 사람들과 연결될 기회를 놓치게 됩니다. 재미있었거나 아름다웠던 순간을 그리워하게 되고, 제가 사랑하는 사람들에게 친절하지 못하게 됩니다.

당신의 삶에서 마음놓침과 마음챙김이 어떤 모습인지 살펴봅시다.

관찰해 보기 **자신이 마음을 놓쳤을 때를 알아차리기**

당신이 마음을 놓쳤을 때를 묘사해 보세요. 당신이 마음놓침 상태라는 것을 어떻게 알게 됐을까요? 어떻게 행동했나요? 당신이 놓친 것은 무엇이었을까요?

....

....

....

....

....

당신은 지금 당장, 기꺼이 마음챙김을 해 볼 수 있을까요? 그렇게 하겠다면, 현재 당신이 알아차리는 생각과 감정은 무엇일까요? 당신이 이 경험들을 알아차릴 때, 무엇을 알게 되나요?

....

....

....

....

....

만약 당신이 '나는 마음챙김을 연습할 능력이 못 돼.'라고 생각한다면, 좋은 소식이 있습니다. 마음챙김은 기본적으로 누구나 가지고 있는 기술입니다. 모든 사람은 여기저기에서 마음챙김을 해 오고 있습니다. 이것은 근육과 마찬가지로 우리가 더 많이 쓸수록 더욱 강해집니다. 우리는 연습을 통해 마음챙김 근육을 키울 수 있어요. 하지만 다른 여느 기술을 익히는 것과 마찬가지로, 전념하는 시간이 필요합니다. 연구에서는 단 10분의 연습도 긍정적인 변화를 만들 수 있다는 것을 보여 줍니다(Norris et al., 2018). 마음챙김은 경험을 인식함으로써, 당신의 경험들을 더 수용할 수 있도록 합니다. 또한 강박증이 나타날 때, 현재에 존재하며 받아들이는 방법을 알려 줄 것입니다.

마음챙김 알아차림

알아차림은 파도처럼 밀려들었다가 빠져나가는 인식이거나 깨어나는 감각입니다. 우리는 내부(생각, 느낌, 감각) 또는 외부(사람, 장소, 사물)에서 일어나는 일을 관찰하는 선택을 할 수 있습니다. 당신의 경험을 알아차린다면 자동적으로 그 경험에 뛰어들지 않고, 그저 관찰할 수 있게 됩니다. 강박 사고와 불안을 인식하지 못하면 강박 행동에 빠질 가능성이 더 커집니다. 강박 사고를 알아차리고도 행동에 옮기지 않기로 결정했던 때를 떠올려 보세요. 한 걸음 물러서서 자신의 경험을 관찰하면, 이 다음에 무엇을 할 것인지 자유롭게 선택할 수 있습니다. 마음챙김을 통해 불안과 강박 사고를 관찰하고, 이에 대응하는 방식을 더 잘 조절할 수 있습니다.

자신의 경험을 알아차리기로 선택하면 고통뿐만 아니라 많은 것에 접근할 수 있습니다. 예를 들어, 어떤 사람들은 강박에 굴복할 때 약간의 안도감을 느끼기도 하지만, 삶에 가치를 더하는 일을 하지 못하고, 강박증에 시간을 허비한 것에 대한 슬픔이나 죄책감도 느낀다는 것을 알아차립니다. 강박증에 사로잡히면 주변 사람들에 대한 유대감과 자신의 자존감이 줄어들지만, 이러한 경험을 인식하기로 마음먹으면 슬픔, 존재감의 결여, 한편으로 더 연결되고 싶은 욕구를 느낄 수 있습니다. 어떤 감정은 삶에서 중요한 무언가가 빠져 있다는 신호일 수도 있고, 가치를 실현하지 못하고 있다는 신호일 수도 있습니다.

마음챙김은 고통을 경험하는 것이 어떤 것인지 알아차리는 데도 도움이 될 수 있습니다. 강박증이 있는 사람은 강박 사고와 불안을 피하는 데 너무 많은 시간을 소비하기 때문에, 생각과 감정을 통제하거나 다투려고 하지 않고 그저 가지고 있어 보는 경험을 어려워합니다. 예를 들어, "나는 강박 사고와 불안을 안고 살 수는 없어요."라는 말을 자주 듣는데, 해 보지 않고서 어떻게 알 수 있을까요? 시도해 보고, 스스로 알아차리는 시간을 가져 봅시다. 이 책을 읽어 나가며 강박증에서 벗어나기 시작할 때, 당신이 일어날 것이라고 예상한 것을 알아차려 보고, 그다음 실제로는 어떤 일이 일어나는지 알아차려 봅시다. 지금까지 당신이 알아차려 온 것을 살펴봅시다.

연습 **무슨 일이 일어나는지 알아차리기**

강박 사고에 사로잡혀 강박 행동에 굴복하게 될 때 무엇을 알아차리나요? 강박 사고는 있지만 강박 행동에 굴복하지 않을 때는 무엇을 알아차리게 될까요? 그다음에 강박 행동에 굴복하거나 혹은 저항하기로 선택할 때, 자신에게 무엇이 나타나는지 알아차리고, 이를 알아차리는 것이 어떤 느낌인지 살펴보세요. 관찰한 내용을 다음에 적어 봅시다.

....

....

....

....

....

....

자신의 경험을 알아차리는 연습을 해 볼 의향이 있으신가요? 다음 마음챙김 연습을 시작하기 전에, 마음은 방황할 수 있고 이는 지극히 정상이라는 사실을 알아 둡시다. 마음이 당신을 흔들리게 하는 것을 발견하게 된다면, 기쁜 일입니다. 지금이 바로 알아차림의 순간이니까요! 그런 다음, 주의를 연습이 중단된 곳으로 다시 옮겨 보세요. 이 과정을 여러 번 반복해야 할 수도 있습니다. 집중을 유지하거나 맑은 정신을 갖는 것이 마음챙김 알아차림의 목적이 아닙니다. 마음챙김 연습의 가장 중요한 부분은 자신이 궤도에서 벗어났다는 것을 인식할 때 다시 방향을 조정하는 것입니다.

연습 경험을 알아차리기

편안한 자세로 앉거나 눕습니다. 천천히 숨을 세 번 쉬면서 시작합니다. 코로 숨을 들이마시면서 배가 팽창하는 것을 느끼고, 입으로 숨을 내쉬면서 배가 수축하는 것을 느껴 보세요. 숨을 들이마실 때, 배가 부풀어 오릅니다. 숨을 내쉴 때, 배가 쪼그라듭니다.

잠시 후, 몸의 다른 경험을 알아차리는 데 주의를 기울이기 시작합시다. 마음을 살피는 것부터 해 보겠습니다. 마음에 떠오르는 생각에 주목하고 '생각'이라고 이름을 붙이세요. 그런 다음, 그 생각을 컨베이어 벨트에 올려놓고 그 생각이 사라지는 것을 지켜 보세요. 그런 다음, 다음의 생각이 떠오를 때까지 다시 호흡에 주의를 기울이세요. 다시 생각이 나타나면, 생각에 이름을 붙이고 그 생각을 컨베이어 벨트 위에 올려놓은 후, 그 생각이 사라지는 것을 지켜 봅니다. 이 과정을 2분간 반복합니다.

자신의 감정과 감각으로 주의를 전환하세요. 지금 기분이 어떤지 살펴봅시다. 느낌이라고 표시하거나 슬프다, 화가 났다, 무섭다, 지루하다, 신난다 등의 이름을 붙입니다. 각 느낌에는 조여 온다, 날카롭다, 무겁다, 따끔거린다 등의 감각적 표현이 있으므로, 그 감각을 알아차리세요. 잠시 동안 어떤 느낌인지 1분 정도 알아차려 봅시다. 그런 다음, 새로운 느낌이 느껴지거나, 같은 느낌이나 감각이 다시 나타날 때까지 호흡에 다시 주의를 기울이세요. 다시 나타난다면, '느낌'이라고 이름 붙이거나 거기 맞는 이름을 붙여 본 다음, 함께 나타나는 감각을 알아차립니다. 1분 정도 어떤 느낌인지 알아차려 봅시다.

천천히 의식을 호흡으로 옮겨 봅시다. 다시 한번 천천히 심호흡을 세 번 해 봅니다. 코로 숨을 들이쉴 때 느껴지는 차가움과 입으로 내쉴 때 느껴지는 따뜻함을 알아차립시다. 천천히 현재 있는 공간으로 주의를 옮긴 후, 몇 분간 알아차린 것을 되돌아봅니다.

이 체험을 하는 동안 무엇을 느꼈나요? 지금은 무엇을 알아차렸나요? 생각, 감정, 몸의 감각을 알아차림으로써 자연스럽게 떠오른 것은 무엇인가요? 다음에 무엇을 알아차렸는지 적으면서 되돌아봅시다.

다음과 같이 자신에게 물어보는 것만으로도 일상에서 알아차리기 연습을 실행할 수 있습니다. '지금 나는 어떤 생각이나 감정, 혹은 신체 감각을 알아차리고 있지?' 하루에 몇 번, 이런 연습을 하는 것이 도움이 되는지 살펴봅시다. 휴대폰, 스티커 메모에 알람을 설정하는 것이 도움이 되는 분들도 있습니다. 또는 매 끼니를 먹기 전이나 잠자리에서 일어나기 전, 퇴근 후 집에 들어가기 전처럼 이미 하고 있는 일상과 이 연습을 묶어서 시도해 보는 것도 좋습니다.

지금 이 순간으로 다시 돌아오기

내면의 경험에 사로잡혀 있다는 것을 인식하면, 자신의 생각과 감정을 인식하고 스스로를 점검한 다음, 집중하고 싶은 것에 다시 돌아옴으로써 현재에 집중하는 연습을 할 수 있습니다. 이전 연습에서 이 연습을 조금 맛보기 해 보았을 겁니다.

생각과 감정을 인식한 때는 생각 또는 느낌이라고 이름 붙이거나, '늦을 것 같아.'라는 구체적인 생각과 '무서워'라는 느낌을 알아차릴 수 있습니다. 그런 다음, 시간을 어떻게 보내고 싶은지 확인하세요. 자신에게 물어볼 수도 있습니다. '지금 나의 가치는 뭐라고 말을 하고 있지? 나는 시간을 어떻게 보내고 싶지?' 마지막으로, 이렇게도 물어보세요. '내가 원하는 삶을 살기 위해 뭘 하는 게 도움이 될까?' 예를 들어, 오늘 아침 저는 불안하고 걱정에 사로잡혀 있다는 것을 알아차렸습니다. 나는 자신에게 말했습니다. '내가 미래에 대해 두려움을 느끼고 있구나.' 그리고 자신에게 물었습니다. '나는 지금 이 시간을 어떻게 보내고 싶지?' 그리고 대답이 떠올랐습니다. '나는 아들과 함께하는 현재를 온전히 느끼고 싶어.' 그런 다음, 자신에게 물었죠. '그럼 무엇을 하는 것이 도움이 될까?' 그 답은 '심호흡을 하고, 아들의 눈은 어떻게 생겼는지, 아들의 냄새는 어떤지, 아들이 어떤 느낌을 주는지 알아차리는 것'이었습니다.

관찰해 보기 **현재에 초점을 두는 데 도움이 되는 것은 무엇일까?**

무엇이 현재 순간에 초점을 두는 데 도움이 되는지 생각해 보세요. 그다음에 그 생각을 적어 봅시다.

....

....

....

....

....

모든 사람은 똑같지 않죠. 그러니 어떤 것들이 당신의 생각과 감정을 인식하고 현재에 있을 수 있게 도와주는지 살펴보세요. 다음 이야기에서 피터에게는 무엇이 도움이 되었는지 살펴봅시다.

피터의 이야기

피터는 여자 친구와 함께하는 현재 순간을 더 느끼고 싶었습니다. 피터는 관계에 대한 강박증이 있었기 때문에, 여자 친구가 곁에 있을 때마다 그의 강박증은 "걔가 너한테 어울리는 것 같아? 여자 친구가 네 짝이 아닐지도 몰라."라고 말하곤 했습니다. 그는 대개 여자 친구가 자신에게 어울리는 이유와 어울리지 않는 이유 사이를 오가면서 강박증과 탁구 경기를 하듯 대응하곤 했습니다. 그 결과, 여자 친구가 하는 말을 놓치게 되고, 무슨 말을 하는지 듣지 못해서 외로움과 단절감을 느꼈습니다. 여자친구도 자신의 말을 듣고 있지 않다고 느꼈다고 말했습니다.

마음챙김 연습을 통해 피터는 강박증과 불안이 언제 나타나는지 더 잘 인식하게 되었고, 그 순간에 중요한 일에 집중하는 데 도움이 되는 반응을 선택할 수 있게 되었습니다. 그는 강박증에 대응하는 연습을 했습니다. “강박증아, 그녀가 정말 나와 어울리는지는 모르겠지만, 지금 이 순간 여자 친구와 소통하는 것이 나에겐 중요해.” 그러고 나서 그는 그녀의 입에서 나오는 말을 적극적으로 듣고, 그녀에게 풍기는 향기나 목소리가 어떤지, 눈이 어떻게 생겼는지 알아차리는 등 부드럽게 그녀에게 주의를 기울였습니다. 그는 이렇게 했을 때 외로움을 덜 느끼고, 그녀와 더 연결되어 있다고 느꼈습니다. 여자 친구는 피터가 자신에게 더 귀 기울인다고 느낄 수 있었죠.

다음 연습에서는 지금 이 순간에 집중하는 연습을 해 볼 수 있습니다. 연습 중에 생각이나 다른 방해 요소에 사로잡혀 있을 때를 알아차리고, 자신의 생각과 감정을 인정한 다음, 이 시간을 어떻게 보내고 싶은지 자신에게 물어보고, 원한다면 다시 연습에 다시 집중하세요. 연습 중과 연습 후에 어떤 것들이 떠오르는지 주목하세요.

연습 **오감을 통한 마음챙김 알아차림**

이 연습[Neff & Germer(2018)의 허가를 받아 각색]을 하려면, 몸을 곧고 바른 자세로 앉아서 천천히 지시를 따르세요.

- **촉감**: 눈을 감고 앉아 있는 의자와 몸이 닿는 곳에 선을 그리듯, 지금 앉아 있는 좌석에 닿는 신체 부위를 알아차립니다. 그리고 앉은 채 발이 바닥에 닿는 것을 느껴 보세요.
- **시각**: 주변에 있는 물체 하나를 골라 그 특징을 살펴보세요. 어떤 색인가요? 모양은 어떤가요? 만약 당신이 만진다면 어떤 느낌이 들 것 같나요? 다른 두 가지 물체에 대해서도 이 과정을 반

복하세요.

- **후각**: 눈을 감고 주변의 냄새를 느껴 보세요. 어떤 냄새가 나나요? 과일 향, 시큼한 향, 나무 냄새, 달콤한 냄새, 퀴퀴한 냄새, 흙냄새 중 어떤 냄새가 날까요?
- **미각**: 눈을 감고, 자신의 입에 집중해 보세요. 지금 어떤 맛이 느껴지나요? 쓴맛, 단맛, 신맛, 아니면 다른 맛이 느껴지나요?
- **청각**: 한동안 눈을 감고 주변의 소리에 주의를 기울이세요. 소리가 방 안이나 밖에서 날 수도 있습니다. 어떤 소리가 들리나요?

잠시 시간을 내어 이 과정의 경험이 자신에게 어떤 느낌인지 생각해 보세요. 현재로 시선을 돌리는 것이 어떤 느낌인지 알아차려 보세요. 지금 기분이 어떤지도 알아차려 보세요. 이 연습을 하기 전과 하고 난 후, 지금 기분이 어떻게 달라졌는지 관찰해 보세요. 현재에 초점을 두는 것이 당신의 삶에 어떤 도움이 될 수 있을까요? 발견한 내용을 적어 봅시다.

....

....

....

....

....

조금 전에는 이 페이지의 글귀를 읽는 데 집중했지만, 지금 이 순간으로 시선을 돌리면 지금 이 순간에 일어나는 시각, 청각, 후각, 미각 등의 감각을 알아차릴 수 있을 것입니다. 강박 사고와 불안을 경험할 때 이 방법을 일상생활에 적용하여 그 생각과 불안을 인정한 다음, 어떻게 시간을 보내고 싶은지, 무엇이 거기에 도달하는 데 도움이 될지 자신에게 물을 수 있습니다. 우리는 시각, 후각, 청각, 촉각, 미각을 사용하여 지금 여기에 다시 집중할 수 있습니다. 예를 들어, 아침 식사의 냄새, 촉감, 맛을 알아차리거나 출근길에 오른쪽 뒤꿈치가 땅에 닿을 때의 감각, 또는 사람, 장소, 사물 등 주변의 광경에 주목할 수 있죠.

매일 한 가지 활동을 선택하여 지금 여기에 집중하는 연습을 해 보세요. 매일 연습하면 강박 사고와 불안이 있을 때 이 도구를 더 쉽게 활용할 수 있습니다. 다음에 이어지는 마음챙김의 마지막 단계는 판단을 알아차리는 것입니다.

판단 알아차리기

우리는 흔히 고통스러울 때 우리 경험과 자기 자신을 판단하는 데 사로잡히곤 합니다. 이것은 그들을 수용하는 것과 정반대입니다. 마음챙김을 연습하면 판단적인 생각에 빠지지 않은 채로 경험을 묘사하고 관찰하는 것을 통해서 경험을 받아들이는 방법을 배우는 데 도움이 됩니다. 관찰하기는 '나는 이 불안을 알아차리고 있다.'라고 말하는 것입니다. 묘사하기는 '불안감이 가슴을 꽉 조이는 느낌이야. 마치 매듭을 묶은 것 같아.'라고 표현하는 겁니다. 경험을 묘사한다는 건 그 경험이 좋은지 나쁜지에 대해 말하지 않고, 그저 이름을 붙여 보는 것을 포함합니다.

관찰해 보기 **판단하는 마음은 무엇을 말하나요?**

당신의 마음은 겪고 있는 경험과 자기 자신에 대해 어떻게 판단하게 하나요? 불안감을 느끼거나 강박 사고를 경험할 때 판단하는 마음은 뭐라고 하나요? 이러한 말들에 초점을 두는 것이 당신이나 당신 자신의 삶에 도움이 되나요?

판단하는 마음이 "이 느낌은 좋은 게 아냐. 이런 식으로 느끼면 안 돼." 또는 "어떤 식으로든 더 커야 해. 더 좋아져야 해."와 같은 말을 할 때 계속해서 알아차려 봅시다. 판단하는 마음은 경험, 행동, 타인, 그리고 우리 자신을 좋거나 나쁘다고 분류하도록 프로그램화 되어 있습니다. 이러한 생각에 사로잡히면 고통을 느끼고, 치유하며 앞으로 나아가는 데 방해가 됩니다. 따라서 판단하는 자신을 발견하면 그저 '판단'이라고 이름을 붙이고, 자신의 경험을 묘사하거나 관찰하는 쪽으로 주의를 돌리세요. 자신의 경험을 좀 더 수용적으로 받아들일 때 어떤 일이 일어나는지 알아차려 봅시다.

연습 **묘사하고 관찰하기**

묘사하기와 관찰하기는 자신의 경험을 보다 수용적으로 받아들이는 데 도움이 되는 마음챙김 도구입니다. 이 방법은 생각보다 많은 연습이 필요할 수도 있습니다. 다음에 나오는 문장이 1) 판단, 2) 묘사나 관찰 중 어느 쪽에 해당하는지 적어 보세요.

- "슬픈 기분이 들어." ....
- "가슴이 답답한 게 느껴져." ....
- "불안이 너무 심해." ....
- "나는 더 강해져야 해." ....
- "뭔가 나쁜 일이 일어날 것 같은 생각이 들어." ....
- "나는 이걸 극복할 수 있어야 해." ....
- "나는 불안감을 느껴." ....
- "왜 이런 생각이나 감정이 드는 걸까?" ....
- "가슴에 압박감이 느껴져." ....
- "강박증을 가진 다른 사람들은 이런 고통을 겪지 않을 텐데." ....
- "나는 바보 멍청이야." ....
- "말도 안 되게 힘들어." ....

적은 내용 중, 판단이라고 표시한 것으로 돌아가서 그것을 어떻게 묘사나 관찰로 바꿀 수 있는지 예를 적어 보세요. "나는 ……을 알아차리고 있어."(나는 바보 멍청이야. → 내가 나를 바보 멍청이라고 생각한다는 것을 알아차릴 수 있어.-역주)와 같은 형태로 문장을 바꿔 보거나, 단순히 자신에게 일어나는 일을 기술하는 것이 도움이 될 수 있습니다.

마음챙김과 강박증

마음챙김은 자신의 경험을 받아들이는 방법을 가르쳐 줍니다. 이는 강박증에 특히 유용한 방법이죠. 고통을 겪는 주된 이유는 강박 행동을 통해 생각과 감정을 회피하는 데 있습니다. 저는 종종 "강박 행동을 하지 않는다면, 나는 뭘 해야 하죠?"라는 질문을 받곤 합니다. 제 대답은 마음챙김을 시행하라는 것입니다. 불안과 두려움을 알아차리는 겁니다. 마음챙김 도구는 노출 훈련 중에 도움이 될 수 있으며, 이는 11장에서 다룰 것입니다. 노출에 마음챙김을 통합하면 강박 사고와 불안을 없애려고 애쓰지 않고도 그것들을 받아들이는 방법을 배울 수 있습니다. 이렇게 하면 시간과 에너지를 확보할 수 있으므로 정말 중요한 일에 집중할 수 있게 됩니다. 의도적으로 속도를 늦추고 강박 사고, 감정, 신체 감각, 충동을 알아차림으로써 일상생활에 마음챙김을 불어넣을 수 있습니다. 다음과 같이 스스로에게 말함으로써, 마음챙김을 연습하고 판단을 내려놓아 봅시다.

- **충동에 대해**

내가 하던 일을 다시 확인하고 싶은 충동을 알아차리고 있어.
당장 벗어나고 싶은 충동을 알아차리고 있어.
다른 사람의 시선을 피하려는 충동을 알아차리고 있어.

- **생각이나 강박 사고에 대해**

내가 잘못된 결정을 내리고 있을지도 모른다는 생각을 알아차리고 있어.
나쁜 일이 일어날 거라고 강박이 나에게 말하는 것을 알아차리고 있어.

내 마음이 얼마나 빠르게 변하는지 알아차리고 있어.

• **감정에 대해**

나는 슬픔(분노, 수치심, 절망감, 불안감……)을 알아차리고 있어.

나는 지금이 고통스러운 순간이라는 것을 알아차리고 있어.

이렇게 혼잣말을 한 다음에는 신체 감각에 주의를 기울일 수 있습니다.

매일 마음챙김 연습하기

가이드 명상을 통해 마음챙김을 일상생활의 일부로 만들 수 있습니다.

가이드 명상 마음챙김 연습을 해 본 적이 없다면 하루에 1～2분씩 휴대폰이나 컴퓨터에서 가이드 명상 영상 혹은 음성 파일을 듣는 것으로 시작해 보세요. Calm, Headspace, Insight Timer 또는 NOCD와 같은 앱 중 하나를 다운로드할 수 있습니다 (Caml, Headspace는 국내 버전으로 발매됐으며, 유튜브 등에서 마음챙김 가이드 영상을 쉽게 찾을 수 있음–역주).

마음챙김을 위한 일상 활동 일상 활동에 마음챙김을 통합하여 마음챙김을 실천할 수도 있습니다. 이미 정기적으로 하고 있는 활동을 선택해 마음챙김을 연습하세요. 천천히 모든 감각을 활용하세요. 다음은 몇 가지 예입니다.

- 마음챙김 양치질: 치아의 모든 측면에 주의를 기울이며 칫솔질을 합니다. 칫솔에 묻은 치약이 처음 치아에 닿았을 때 어떤 느낌이 드는지 주목하세요. 천천히 양치질을 하면서 칫솔모가 어떤 느낌인지, 치약의 맛과 냄새가 어떤지 알아차립니다.
- 마음챙김 먹기: 천천히 음식을 먹으면서 음식의 모양, 냄새, 입안에서 느껴지는 맛과

느낌, 삼킬 때의 느낌 등 각 단계의 과정을 알아차립니다.

- 마음챙김 샤워하기: 몸에 닿는 물의 느낌, 비누가 손에 닿는 느낌, 사용하는 샴푸나 바디워시의 냄새에 주목하세요.
- 마음챙김 걷기: 다른 활동과 마찬가지로 걷기 역시 마음챙김의 태도로 시작할 수 있습니다. 걸을 때의 주변 광경, 발이 바닥에 닿는 느낌, 얼굴에 닿는 바람이나 햇볕의 느낌 등에 주목하세요.

마음챙김을 수행하면서 수행 중과 수행 후에 어떤 일이 일어나는지 알아차려 보세요. 알아차린 것에 대해 기록해 보는 것도 좋습니다.

규칙적인 연습을 위해 전념하기

규칙적으로 연습하는 것은 어렵고, 세상에 완벽한 사람은 없습니다. 때로는 더 많이 연습하고, 덜 연습할 때도 있습니다. 이는 지극히 정상적인 현상입니다. 하지만 약간의 연습이라도 연습하지 않는 것보다 낫습니다. 하루에 단 몇 분만이라도 새로운 인식을 취할 수 있으니까요.

마음챙김은 누구나 배울 수 있는 기술이며, 이를 실천하는 방법에는 여러 가지가 있습니다. 선택의 폭이 꽤 넓습니다. 정기적으로 실천할 수 있는 몇 가지를 찾을 때까지 여러 가지 방법을 시도해 보세요. 마음챙김 연습 중 한 가지를 선택하여 다음에 적어 보세요.

....

....

....

....

마음챙김 연습을 일정에 끼워 넣기

새로운 기술을 익힐 때와 마찬가지로, 정기적으로 연습하는 것이 도움이 될 수 있으므로 캘린더나 휴대폰에 마음챙김 연습 일정을 설정해 봅시다. 캘린더나 휴대폰에 마음챙김을 꾸준히 실천할 수 있는 날짜와 시간을 정하세요. 저는 개인적으로 조금 일찍 일어나서 아침 일찍 연습하는 것을 선호합니다. 하루 중 가장 조용한 시간이며, 이미 무언가를 성취했다는 것을 알고 하루를 시작하면 기분이 좋아지기 때문입니다. 아침 일찍 연습을 하면 정신을 차리고 자각하는 데 도움이 되며, 자신의 기분과 하루를 어떻게 보내고 싶은지 파악하는 데도 도움이 될 수 있습니다. 또는 하루 중 더 효과적인 다른 시간대가 있을 수도 있을 겁니다. 일정을 정하고, 휴대폰 캘린더 앱에 미리 알림을 표시해 두는 것도 도움이 됩니다.

어떤 요일과 시간대에 마음챙김을 실천할 예정인가요?

....

....

....

....

마음챙김을 실천하고 싶지 않다면, 스스로에게 물어보세요. '연습하는 것이 나와 내 삶에 어떤 면에서 중요한가?' 동기를 부여하는 데 계속 어려움을 겪고 있다면 스스로에게 물어보세요. '내 삶에서, 나로서 현재를 살기 위해 나는 무엇을 할 의향이 있는가?'라고요. 이 다음 장에서는 생각과의 관계에 대해 계속 살펴볼 것입니다.

6장

생각에 낚였을 때

잠시 멈춰서 그동안 해 왔던 것들(강박증에 대해 알아보기, 가치를 명료화하기, 마음챙김과 수용 연습하기)을 떠올려 봅시다. 그동안 해 왔던 것을 떠올려 보기 어려울 수도 있습니다. 그런 것들을 떠올리기보다는, 당신의 마음은 그동안 이루지 못했거나 잘하지 못했던 것에 대해 초점을 맞추고 싶어 할지 모릅니다. 그렇게 된다면, 이러한 생각에 초점을 맞춘 채 믿어 버리고 따라가게 될 때 어떤 일이 일어나는지 관찰해 보세요. 어떤 느낌들이 떠오르나요? 이런 생각들에 계속 초점을 두는 것이 당신이 하고 싶은 것들을 더 할 수 있게 해 주고 있나요?

우리는 자신의 생각을 자동적으로 믿게 됩니다. 그러나 우리의 생각을 믿고 따라갈 때 일어나는 일들이 우리가 되고 싶은 사람이 되고, 원하는 삶을 살아가는 데 방해가 된다면 어떨까요? 당신은 이미 마음챙김 연습을 통해 자신의 생각들을 알아차리기 시작했을 것입니다. 이번 장에서는 당신이 자신의 생각들과 어떤 관계를 맺고 있는지, 그리고 그 생각들이 행동에 어떤 영향을 미치는지 살펴볼 것입니다.

생각에 낚인다는 것

출근하거나 집안일을 할 때 갑자기 강박 사고가 떠오르거나, 중요한 걸 깜박했다는 사소한 생각에 휘말려 버린 경험을 떠올려 볼 수 있나요? 휘말림에서 나와 다시 현재 이 순간으로 돌아왔을 때, 지난 몇 분간 운전했던 게 명확히 기억이 나지 않거나, 어떤 일을 집중하지 못했다는 것을 알아차렸을 것입니다. 그 몇 분간 당신은 마음의 소리에 너무 몰두하게 되어, 그랬다는 것조차 알아차리지 못한 채로 휘말렸던 것입니다. 이것은 마음챙김(mindfulness)과는 구별되는 상태로 '낚였다(사로잡혔다, hooked)'고 합니다. 이것은 일반적으로 현재를 자각하지 못하게 될 때, 우리 모두에게 늘상 일어나는 일입니다. 특히 강박증에서 그러합니다. 에밀리의 이야기를 살펴보겠습니다.

에밀리의 이야기

에밀리의 강박증은 데이트에 나갈 때 나타납니다. 에밀리는 항상 여성으로 사람들에게 인식되며 남자에게 끌립니다. 그녀가 한 번도 남성으로 사람들에게 인식되거나 여성에게 끌린 적이 없음에도 불구하고, 그녀의 마음은 이렇게 말합니다. "너는 사실은 남자고 여자한테 끌려. 이 사기꾼아." 이 생각에 낚이게 되면, 그녀의 불안은 커지게 되고, 하던 모든 일을 멈춥니다. 그리고 그녀의 마음이 꺼낸 '문제'를 해결하기 위한 행동을 합니다. 즉, 데이트를 취소하고 나가지 않게 됩니다.

에밀리는 '내가 남성일 수도 있고 여성에게 끌릴 수도 있다.'는 생각에 낚였을 때 데이트를 더 피하게 된다는 것을 깨달았습니다. 이러한 회피 행동은 의미 있는 관계를 맺고, 가족을 갖는 데 방해가 되고 있었습니다. 마음챙김 연습을 통해 에밀리는 자신이 언제 낚이게 되는지 더 잘 알게 되었고, 강박 사고에서 벗어나는 방법을 배웠습니다. 에밀리가 강박 사고에서 벗어나자 더 이상 회피 행동이 자동적으로 일어나지 않았습니다. 이제 에밀리에게는 선택권이 생겼습니다. 회피하는 행동을 통해 강박증을 계속 키울지, 아니면 의미 있는 관계를 갖기 위해 의구심을 안고도 데이트 할지를 선택할 수 있었습니다. 에밀리는 의심을 마음 한편에 두고 데이트를 하는 동안 자신이 얼마나 취약하고 불편하게 느끼는지 알아차렸습니다. 그 이후에, 그녀는 자부심 또한 느낄 수 있었습니다. 그녀는 용기를 내어 의미 있는 위험을 감수하기로 선택했습니다. 그녀는 마음이나 생각이 주도권을 가지게 할 필요는 없으며, 낚이지 않았을 때 더 많은 선택권이 있다는 것을 배웠습니다.

오늘날 우리가 경험하는 생각과 감정은 오랜 시간에 걸쳐 형성되었습니다. 이것은 생물학적인 요인들뿐만 아니라 우리의 주변 환경과 우리가 배운 것을 통해 만들어집니다. 우리는 언어와 머릿속에 무언가를 떠올리는 연상능력을 통해 학습합니다. 우리는 직접 경험하지 않고도 보고 들으면서 모든 종류의 것을 배울 수 있습니다. 예를 들어, 직접적으로 교통사고를 경험하지 않아도 누군가가 당신에게 "차가 올 수 있으니 양쪽을 봐. 그러면 안전할 거야!"라고 말해 주는 것을 통해 양쪽을 찬찬히 보고 길을 건너는 법을 배울 수 있습니다. 따라서 적어도 어떤 상황에서는 우리의 생각을 진지하게 받아들이고 그것을 믿고 따라가는 것이 중요합니다. 이것은 생존 기술이기도 합니다!

우리의 생각을 실제처럼 받아들이는 경향을 수용전념치료에서는 융합(fusion)이라고 합니다. 이것은 때때로 생각에 낚인다, 혹은 마음에 낚인다고도 합니다. 이를 다른 말로 표현하면 생각을 너무 진지하게 받아들이고 믿거나, 거기에 사로잡히는 것입니다. 강박 사고에 낚이면 그 생각에 완전히 사로잡히거나 갇히고, 생각이 머릿속을 가득 차지하게 되며, 시작과 끝이 어디인지 알 수 없게 됩니다.

관찰해 보기 **생각에 낚였을 때**

사람들은 생각에 낚였을 때 자신의 삶을 살아간다는 느낌이 사라지고 감정, 사람, 가치와 연결되지 못한다는 것을 알아차립니다. 당신은 생각에 낚였을 때 어떤 것들을 알아차리게 되나요?

....

....

....

자신의 생각이 진실이라고 믿으면 그에 따라 행동할 가능성이 높습니다. 예를 들어, '나는 결코 행복해지지 못할 거야.'라는 생각에 낚이게 되면 슬픔과 절망감을 느끼고, 좋아하는 TV 시리즈를 몰아서 보거나 와인을 마시는 등 회피 행동에 더 많은 시간을 소비하게 됩니다.

어떤 생각에 대해 마치 그것이 실제인 것처럼 반응할 때, 우리는 그 생각에 낚일 가능성이 더 높습니다. 앞의 예를 다시 들자면, 나는 결코 행복하지 않을 것이라는 생각에 사로잡혀 이 생각이 사실이라고 계속 믿게 되면 그와 비슷한 생각에 빠져들 가능성이 더 커집니다. 예를 들면, '내 인생은 형편없어. 내 인생은 항상 구려. 내가 뭘 잘못했길래 이런 일을 당하는 거야? 나는 실패한 거야.'와 같은 생각들이 이어집니다. 그 결과, 슬프고 절망적인 기분을 더 느끼게 되고 스스로를 동정하며 앞서 언급했던 회피 행동들을 하게 되는데, 이는 장기적으로 자신이 원하는 행복을 가져다주지 못합니다.

또 다른 예로, '나쁜 일이 곧 일어날 것'이라는 생각에 낚일 수 있습니다. 이 생각이 사실이라고 믿으면 잘못될 수 있는 모든 일에 집중하고, 그 상황에서 벗어나고 싶은 충동에 사로잡혀 그에 따라 행동하게 될 가능성이 높습니다.

문제는 낚이는 것이 유용할 때도 있고(예를 들면, 횡단보도를 건널 때 '네가 양방향을 잘 살핀다면 안전하게 건널 수 있을 거야.'라는 생각을 진실로 믿고 따라가서 양방향을 모두 살피게 되는 경우처럼), 강박 사고에 낚인 에밀리의 경우처럼 그렇지 않을 때도 있다는 것입니다. 이러한 문제에 대한 대처법은 자신이 낚였을 때, 이를 알아차리고[알아차리기 위해 '~한 생각이 떠올랐구나.'라는 인식이나 '낚인 상태'라고 이름 붙이기(labeling)를 해 보는 것이 도움이 될], 계속 낚인 상태로 있는 것이 도움이 될지, 즉 가치에 기반한 행동에 더 가까워질 수 있을지 호기심을 갖고 살펴보는 것입니다. 가치에 가까워지지 않는다면, 그 생각에서 더 멀리 떨어져서 자신에게 무엇이 중요한지 스스로에게 묻고 어떻게 반응할지 선택할 수 있도록 낚인 갈고리에서 벗어나는(unhook) 연습을 해 볼 수도 있을 것입니다. 7장에서는 이렇게 낚인 상태에서 벗어나는 기술을 연습해 보겠습니다. 여기서는 많은 사람이 생각에 낚인 상태가 이어지게 되는 몇 가지 생각을 살펴봅시다. 이러한 잘 들러붙는 생각에 익숙해지면 언제 낚이게 되는지 알아차릴 수 있어, 갈고리에서 벗어나 보다 중요하게 여기는 행동에 전념할 수 있게 될 것입니다.

잘 들러붙는 생각들

연구자들은 사람들이 흔히 낚인 후 붙잡고 놓지 못하는 생각들이나 여러 가지 잘 들러붙는 생각들을 알아냈습니다(Obsessive Compulsive Cognitions Working Group, 2005). 잘 들러붙는(sticky) 생각이 무엇인지, 그리고 이러한 생각에 낚이게 되면 어떤 일이 일어나는지 알아차려 보시길 바랍니다.

핵심 믿음

많은 사람들이 자신과 타인, 그리고 미래에 대해 하나 이상의 **핵심 믿음**(core belief) 또는 판단에 낚이곤 합니다. 일반적인 핵심 믿음에는 '나는 사랑받을 수 없다.' '나는 무능하다.' '나는 실패자다.' '나는 항상 충분하지 못하다.' '나는 안전하지 않다.' '나는 나쁘다.' 또는 '나는 쓸모없다.' 등이 있습니다. 세상에 대한 핵심 믿음에는 '세상은 안전하지 않다.' '다른 사람들은 안전하지 않거나 나를 실망시킬 것이다.' 또는 '세상은 가혹하다.'와 같은 것들이 있습니다. 미래에 대한 핵심 믿음에는 '잘되는 일이 없을 것이다.'가 있습니다.

부정적인 핵심 믿음에 낚이게 되면 실망감, 분노, 부끄러움과 같은 감정이 일어날 수 있고, 이후에 행동에도 영향을 미치게 됩니다. 예를 들어, 직장에서 실수한 후 피드백을 받고 '나는 무능해. 나는 일을 충분히 하지 못하고 있어.'와 같은 자신에 대한 부정적인 핵심 믿음이 촉발될 수 있습니다. 이런 생각들에 낚이게 되면 그 뒤에 어떻게 될 것 같나요? 아마 자신을 비난하고 과거의 모든 실패를 생각하는 등 도움이 되지 않는 행동을 할 가능성이 높아질 것입니다.

관찰해 보기 **당신의 핵심 믿음은 무엇인가요?**

당신은 어떤 핵심 믿음을 가지고 있나요? 하나 이상 적어 보세요.

....

....

....

이 핵심 믿음에 낚이게 될 때, 무슨 일이 일어날까요? 기분이 어떻게 될까요? 어떻게 행동하게 되나요?

....

....

....

판단하는 마음

마음은 우리에 대해 일반적인 수준 이상으로 비판적일 때가 많습니다. 또한 우리의 외모, 내적 경험, 다가오는 기회, 다른 사람들에 대해 많은 말을 쏟아 냅니다. 마음은 '나는 못생기고 멍청해.' '슬픈 기분은 안 좋은 거야.' '사람들은 멍청해.'와 같이 무언가를 좋거나 나쁘다고 말하는 것을 즐깁니다.

관찰해 보기 **당신의 판단하는 마음은 뭐라고 하나요?**

다음 생각들에 낚인 경험이 있나요? 어떤 생각이 자신에게 해당되는지 체크하세요.

☐ '내가 느끼는 ....(예: 불안, 슬픔, 외로움 등)은 나쁜 것이다.'

☐ '나는 ....이다.'

☐ '다른 사람들은 ....이다.'

☐ '내가 느끼는 "심장 두근거림, 땀, 숨막힘, 긴장감"과 같은 감각은 나쁜 것이다.'

☐ '걱정은 좋은 것이다.'

☐ 그 외에 자신만의 다른 생각이 있다면 작성해 보세요.

....

이런 생각에 낚이게 되면 무슨 일이 일어나나요? 기분이 어떻게 되나요? 어떻게 행동하게 되나요?

....

....

....

생각-행동 융합

사람들이 낚이게 되는 또 다른 흔한 유형은 생각-행동 융합(thought-action fusion)이라 부르는 것입니다. 이는 어떤 생각이 떠오를 때, 그 생각을 하는 것이 실제로 그 행동을 하는 것만큼이나 나쁘다고 여기는 것입니다(Thompson-Hollands, Farchione, & Barlow, 2013). 생각과 행동이 똑같이 나쁘다는 생각에 낚이게 되면 그 생각에 끌려가는 행동을 할 가능성이 높아집니다. 예를 들어, 내가 소아성애자라는 생각을 가지고 있고, 이런 생각을 갖는 것이 소아성애자가 되는 것만큼이나 나쁘다고 생각하면, 어린이를 피하게 될 가능성이 높습니다. 또는 배우자가 아닌 다른 사람에게 끌린다는 것을 알아차렸을 때, '누군가에게 끌린다는 것은 누군가와 바람을 피우는 것만큼 나쁜 거야.'라고 믿는다면 매력적인 사람과의 모든 상호작용을 피하게 될 가능성이 높아집니다.

관찰해 보기 **당신의 마음은 당신의 생각/충동을 행동과 동일시하기 위해 어떻게 작동하나요?**

생각이나 충동이 행동과 융합되는 것을 당신은 어떻게 경험하나요?

....

....

....

이런 생각에 낚이면 무슨 일이 일어나나요? 기분이 어떻게 되나요? 어떻게 행동하게 되나요?

....

....

....

통제될 거라 믿기

통제될 거라 믿기(perceived control)는 나쁜 일이 일어나지 않도록 방지하는 등 자신이 완전히 통제할 수 없는 상황의 결과에 대해, 통제할 수 있다고 마음이 말할 때 일어납니다. 예를 들어, 당신의 마음은 이렇게 이야기하곤 합니다. "오늘 출근길에 가스레인지와 가전제품을 도둑질 당할 수도 있으니까 그걸 방지하기 위해서 미리 확인해 봐야만 해."라고요. 또는 이렇게 말할 때도 있습니다. "해고당하지 않도록 업무 프레젠테이션을 네 배로 확인해야 해."라고요. 통제될 거라 믿기는 또한 자신의 내적 경험(감정, 생각, 신체 감각)과 다른 사람들이 나를 어떻게 인식하는지를 통제할 수 있다고 생각하는 마음도 포함합니다. 그에 따라 '이 슬픔을 빨리 극복해야 해.' 또는 '내가 특정 방식으로 보이거나 행동하면 사람들이 나를 좋은 사람으로 여길 거야.'와 같은 생각을 하게 될 수 있습니다.

관찰해 보기 **당신의 마음은 당신이 어떻게 통제할 수 있다고 속이나요?**

마음이 당신이 완전히 통제할 수 없는 상황의 결과를 통제할 수 있는 것처럼 말할 때, 어떤 식으로 말하나요?

....

....

....

이런 생각에 낚이면 무슨 일이 일어나나요? 기분이 어떻게 되나요? 어떻게 행동하게 되나요?

....

....

....

과도한 책임감

과도한 책임감(inflated responsibility)은 당신이 상황의 결과를 통제할 수 있고, 통제하지 못하면 당신의 잘못이라고 마음이 이야기하는 것을 말합니다. 또한 당신이 결과를 촉발하거나 예방할 수 있을 뿐만 아니라, 결과에 대한 책임도 있다고 이야기합니다(Rhéaume et al., 1995). 이는 강박증에서 흔하며, 고통스러운 경험입니다. 이때 특정 강박행동이나 의식(rituals)을 수행함으로써 다른 사람을 안전하게 지킬 수 있다고 믿게 되고, 세상에 나쁜 일이 일어나면 자신의 잘못이라고 여기게 됩니다. 예를 들면, 다음과 같은 생각들입니다. '나쁜 일이 일어났을 때 입었던 옷은 다른 나쁜 일도 일어나게 할 수 있으니까 입지 말아야 해. 만약 일어난다면 모두 내 잘못이 될 거야.' 또 다른 예는 '나는 9월 11일에 비행기를 타지 말아야 해. 만약 비행기를 탔을 때 사람들이 죽는다면 그건 내 잘못이야.'(9 · 11 테러와 연관된 과도한 책임감–역주)가 있습니다.

관찰해 보기 **당신의 마음은 당신에게 어떤 책임이 있다고 말하나요?**

당신이 결과에 대해 책임이 있다고 느끼는 생각에는 어떤 것들이 있나요? 당신의 마음은 당신이 사건에 대해 책임이 있다는 것을 어떤 식으로 말하나요?

....

....

....

이런 생각에 낚이면 무슨 일이 일어나나요? 기분이 어떻게 되나요? 어떻게 행동하게 되나요?

....

....

....

불확실함에 대한 두려움

불확실함에 대한 두려움(Fear of uncertainty)은 마음이 불확실한 것을 당신이 감당할 수 없다고 말할 때 나타납니다. 마음은 "너는 그걸 잘 알아봐야 해. 그렇지 않으면 견딜 수 없을 거야."라고 말합니다. 안타깝게도 인생은 진로('내 진로를 위한 올바른 선택을 하지 못할 수도 있어.'), 인간관계('이 사람이 나에게 맞는 사람인지 어떻게 알 수 있을까?' 또는 '이 사람은 나를 어떻게 생각할까?'), 감정('미팅에서 불안감을 느끼면 어떻게 할까?') 등 다양한 영역에서 발생할 수 있는 불확실함으로 가득합니다.

관찰해 보기 **불확실함과 당신의 능력에 대해 당신 마음은 뭐라고 말하나요?**

어떤 생각이 불확실함과 관련된 감정을 유발하나요? 당신이 불확실한 것들을 다룰 능력이 없다는 것을 마음이 어떤 식으로 말하나요?

....

이런 생각에 낚이면 무슨 일이 일어나나요? 기분이 어떻게 되나요? 어떻게 행동하게 되나요?

위험에 대한 과대평가

위험에 대한 과대평가(inflated threat estimation)는 당신에게 나쁜 일이 일어날 가능성이 굉장히 높고, 당신은 이를 극복할 능력이 없다고 마음이 말하는 것입니다(Sookman & Pinard, 2002). 예를 들어, 당신의 파트너가 당신에게 헌신적임에도 불구하고, 당신은 '모두 나를 떠날 거고, 그건 끔찍할 거야.'라고 생각합니다. 또는 비행기를 타면서 '바로 이 비행기야. 난 추락할 거야.'라고 생각하는 거죠.

관찰해 보기 **당신의 마음은 어떻게 위험을 과대평가하나요?**

당신은 위험에 대해 어떤 과도한 생각을 경험하나요? 재앙적인 일이 일어날 것이고, 당신이 감당할 수 없다는 걸 마음이 어떤 식으로 당신에게 말하나요?

이런 생각에 낚이면 무슨 일이 일어나나요? 기분이 어떻게 되나요? 어떻게 행동하게 되나요?

고통 불내성

고통 불내성(distress intolerance)은 고통을 견딜 수 없음을 나타내며, 당신이 불쾌한 감정, 생각, 신체 감각을 처리할 수 없다고 마음이 말할 때 발생합니다. 마음은 "넌 이걸 감당할 수 없어. 넌 무너지고, 망가질 거야."라고 말합니다. 이러한 견딜 수 없는 고통에는 강박 사고, 충동, 불안과 같은 것들이 있습니다. 그것이 발생할 때 실제로 일어나는 문제는 이들을 당신이 어떻게 경험해 나가야 하는지 모른다는 것입니다. 즉, 당신의 능력이 부족하기보다는, 경험해 나가는 어떤 기술이 부족하기 때문입니다. 이러한 경험을 겪어내는 방법을 배운 적이 없기 때문에, 당신은 생각, 감정, 감각을 피하는 식으로 반응하게 됩니다. 사실, 그런 경험들이 나타났을 때 어떻게 해야 할지 모를 뿐이죠. 그것은 당신의 잘못이 아닙니다. 그저 배운 적이 없었기 때문입니다.

관찰해 보기 **당신의 마음은 당신이 어떤 것을 감당하지 못할 것이라고 말하나요?**

당신의 마음은 당신이 불쾌한 감정, 생각, 그리고 신체 감각을 감당하지 못한다는 걸 어떤 식으로 말하나요?

이런 생각에 낚이면 무슨 일이 일어나나요? 기분이 어떻게 되나요? 어떻게 행동하게 되나요?

과잉 일반화

과잉 일반화(overgeneralization)란, 당신의 마음이 한 번 혹은 단 몇 번의 경험을 바탕으로 넓은 범위의 가정을 해 버리는 것을 말합니다. 예를 들어, 친구가 문자에 답장을 보내지 않으면 당신의 마음이 "넌 평생 친구를 갖지 못할 거야."라고 말합니다. 또는 시험 문제를 하나만 틀려도 마음은 "넌 항상 실패할 거야."라고 말합니다. 한 번의 나쁜 경험을 바탕으로 마음은 항상 그런 일이 일어날 것이라고 말합니다. 저는 이것을 데비 드라마(Debbie Drama, 끊임없이 불평불만을 늘어놓는 Debbie Downer라는 코미디쇼 캐릭터와 연관지어 만든 용어-역주)라고 부르고 싶습니다.

관찰해 보기 **마음이 어떻게 과잉 일반화를 하나요?**

당신의 마음은 한 번 혹은 단 몇 번의 경험에 근거해 어떤 부정적인 가정을 하나요?

....

....

....

이런 생각에 낚이면 무슨 일이 일어나나요? 기분이 어떻게 되나요? 어떻게 행동하게 되나요?

....

....

....

흑백 논리

흑백 논리(black-and-white thinking)는 마음이 당신에게 극단적인 생각들을 떠올리게 하는 것을 말합니다. 예를 들면, "네 삶은 나쁘거나 좋거나 둘 중 하나야." 또는 "너는 성공 아니면 실패야."와 같은 것이 있습니다. 여기에는 중간이 없습니다. 우리 대부분은 둘 사이 중간의 어디쯤 있기에, 흑백 논리는 자신과 타인의 실제 모습과 미래에 대한 비현실적인 기대치를 설정하고, 미래에 대해 비판적이고 암울한 생각을 하게 만듭니다.

관찰해 보기 **당신은 어떤 흑백 논리를 경험하나요?**

당신은 어떤 흑백 논리, 전부 혹은 전무의 생각(all-or-nothing thoughts)을 경험하나요? (힌트: 이런 경우 마음은 좋음, 나쁨, 성공, 실패와 같은 단어를 사용하는 경향이 있습니다.)

....

....

....

이런 생각에 낚이면 무슨 일이 일어나나요? 기분이 어떻게 되나요? 어떻게 행동하게 되나요?

....

....

....

개인화

개인화(personalizing)란 어떤 일이 일어나든 그 일이 당신 탓이라고 마음이 말하는 것입니다. 예를 들면, 인사를 건네지 않는 친구가 지나갈 때 마음이 "그 친구는 너를 좋아하지 않는가 봐."라고 말합니다. 또는 남자 친구가 바로 답문을 보내지 않을 때 마음이 "그는 너를 사랑하지 않는 게 틀림없어."라고 말하는 경우입니다.

관찰해 보기 **개인화가 나타나는 때는 언제일까요?**

여러 가능성이 있음에도, 마음이 "이건 다 너 때문이야."라고 탓하는 건 어떤 상황이었나요?

....

....

....

이런 생각에 낚이면 무슨 일이 일어나나요? 기분이 어떻게 되나요? 어떻게 행동하게 되나요?

....

....

....

독심술

독심술(mind reading)은 당신의 마음이 점쟁이 노릇을 하는 것입니다. 마음이 다른 사람들의 생각과 감정을 다 아는 것처럼 말하게 됩니다. 예를 들어, 당신이 직장에서 지각했을 때 마음은 "모두가 널 게으르다고 생각해."라고 말할 것입니다. 또는 사교적인 상황에서 불안감을 느낀다면 마음은 "네가 불안하다는 걸 모두 알고 있어."라고 말합니다.

관찰해 보기 **마음은 어떤 상황에서 점쟁이 노릇을 하나요?**

당신의 마음은 어떤 식으로 미래를 예측하려고 하나요? 마음이 어떤 일이 일어날 것이라고 말하나요?

....

....

....

이런 생각에 낚이면 무슨 일이 일어나나요? 기분이 어떻게 되나요? 어떻게 행동하게 되나요?

....

....

....

당위성

당위성(shoulding)은 마음이 자신이나 타인에게 반드시 지켜야 하는 규칙을 제시하는 것을 말합니다. 예를 들어, '내가 일을 더 잘해야만 해.' 또는 '나를 다른 사람들이 이해해 줘야만 해.'와 같은 생각이나, '나는 이걸 극복해 내야만 해.' 또는 '다른 사람들이 더 잘해 줘야 해.'와 같은 생각들입니다. 이런 생각은 종종 스스로에게 실망하거나 다른 사람에게 화를 내는 결과를 낳습니다.

관찰해 보기 **어떠한 규칙을 믿게 되나요?**

당신의 마음이 자신이나 다른 사람, 또는 미래에 대해 반드시 그래야만 한다고 제시하는 것들이 있나요?

....

....

....

이런 생각에 낚이면 무슨 일이 일어나나요? 기분이 어떻게 되나요? 어떻게 행동하게 되나요?

....

....

....

앞으로 일상에서 이러한 잘 들러붙는 생각에 낚이면 어떤 일이 일어나는지 주목해 보세요. 어떤 일이 일어나는지 관찰하고 그 경험에 대해 기록해 보세요. 낚였을 때 어떤 것을 느끼고, 어떻게 행동하나요? 그 행동이 도움이 되었나요? 그렇게 시간을 보내는 게 당신이 원하는 것이었나요? 낚인 채로 있는 것이 당신의 삶에서 의미 있는 위험들을 감수할 수 있게 해 주나요?

위험한 비즈니스

생각에 낚이게 되면, 우리는 마비되어 버립니다. 더 활기찬 삶을 살기 위해 도전하는 대신, 우리는 얼어붙어 자신에게 의미 있는 위험을 감수하지 않으려 합니다. 기꺼이 의미 있는 위험을 감수하지 않는다면, 새로운 것들을 시도한 뒤 어떤 일들이 펼쳐지는지 알 수 없습니다. 사람들은 생각에 사로잡혀 시간 가는 줄 모르고, 어느새 몇 년이 지나 버리죠. 생각에 사로잡히면, 우리는 자신이 마주한 이 찰나의 순간을 어떻게 보내고 있는지 알아차리지 못할 것입니다. 이에 대해 더 자세히 살펴보고 싶다면 다음 연습을 위해 편안한 자세로 앉아 보세요.

시각화하기 **내 장례식 상상하기**

방 뒤편에서 자신의 장례식을 지켜보고 있다고 상상해 보세요. 당신은 80세, 90세 또는 100세이고 당신은 죽은 상태입니다. 당신은 열린 관으로 들어가고 있습니다. 동료들을 지나고, 친구들을 지나고, 마지막으로 맨 앞줄에 있는 가족을 지나칩니다. 그곳에 함께하고 싶은 사람과 그들의 표정을 주목하세요.
천천히 사람들을 지나 관을 향해 걸어가다 보면 액자 속 사진들이 보입니다. 가까이 다가가면 이 사진들이 바로 자신의 모습이라는 것을 깨닫게 됩니다. 당신의 삶에서 가장 위대한 성취를 담은 사진들입니다. 그 사진들 중 하나를 집어 보세요. 손에 닿은 느낌이 어떤지 살펴보세요. 사진에서 무엇이 보이나요? 무엇을 성취했나요? 거기에 도달하기 위해 무엇이 필요했나요? 잠시 순간에 머물러 이것을 해내기 위해 노력할 때 어떤 느낌이었는지 떠올려 보세요. 그리고 성취 후의 기분도 떠올려 보세요. 사진을 천천히 제자리로 돌려놓으면서 또 다른 사진이 눈에 들어옵니다. 그 사진을 집어 들어 올리면 무엇이 보이나요? 무엇을 성취했나요? 거기에 도달하기까지 무엇이 필요했나요? 이것을 해내기 위해 노력할 때 어떤 느낌이었는지 떠올려 보고 성취 후의 기분도 떠올려 보세요. 사진을 다시 놓으면서 그 기억이 점점 희미해지는 것을 허용해 보세요. 그리고 다시 한 장 더 선택하세요. 이 세 번째 사진에는 무엇이 보이나요? 무엇을 성취했나요? 거기에 도달하기 위해 무엇이 필요했나요? 이것을 해내기 위해 노력할 때 어떤 느낌이었는지 떠올려 보고 성취 후의 기분도 떠올려 보세요. 천천히 그 사진을 돌려놓으면서 뚜껑이 열린 관으로 주의를 돌려 봅시다. 그리고 그쪽으로 가까이 걸어가기 시작합니다. 관 속 자신을 내려다보며 이러한 성취들과, 자신이 무엇을 위해 살았는지를 되돌아봅니다. 삶이 끝나가는 것이 슬프지만, 당신은 또한 당신이 살았던 방식과 거기에 도달하기 위해 기꺼이 위험을 감수한 것에 대해 자랑스러워합니다.

인생에서 이룬 성취 세 가지를 돌아보면서 떠오르는 것을 적어 보세요.

1. 무엇을 성취했나요? ....

그 성취를 이루기 위해 어떤 위험을 감수했나요? 위험을 감수하는 동안 어떤 느낌이었고, 성취 후에 느낌은 어땠나요? 그만한 가치가 있었나요? 어떤 점에서 가치가 있었나요? 혹은 그렇지 않았다면 어떤 점에서 그렇지 않았나요?

....

....

....

....

....

....

2. 무엇을 성취했나요? ....

그 성취를 이루기 위해 어떤 위험을 감수했나요? 위험을 감수하는 동안 어떤 느낌이었고, 성취 후에 느낌은 어땠나요? 그만한 가치가 있었나요? 어떤 점에서 가치가 있었나요? 혹은 그렇지 않았다면 어떤 점에서 그렇지 않았나요?

3. 무엇을 성취했나요?

그 성취를 이루기 위해 어떤 위험을 감수했나요? 위험을 감수하는 동안 어떤 느낌이었고, 성취 후에 느낌은 어땠나요? 그만한 가치가 있었나요? 어떤 점에서 가치가 있었나요? 혹은 그렇지 않았다면 어떤 점에서 그렇지 않았나요?

당신에게 중요한 가치와, 사랑하는 사람들에게 더 다가가기 위해 위험을 감수해 가는 과정으로서 이 연습에서 배울 수 있는 점은 무엇인가요?

마음은 당신이 위험을 감수하는 것을 막으려고 어떻게 하나요? 뭐라고 말하나요?

....

....

....

이런 마음의 작용이 당신의 기분을 어떻게 만드나요? 당신은 이후에 어떻게 행동하게 되나요?

....

....

....

....

마음에 낚인 후에 벗어날 수 있는 방법을 배우면, 더 활기찬 삶을 살기 위해 필요한 위험을 감수하는 데 도움이 될 수 있습니다. 이러한 위험은 일반적으로 상황의 결과를 알지 못하는 것과 관련이 있습니다. 우리는 무슨 일이 일어날지, 그리고 그것을 자신이 감당할 수 있는지를 알 수 없습니다. 불확실성을 받아들이는 것은 두렵고 불편할 수 있지만, 의미 있는 삶을 살아가는 데 필요한 일부입니다. 당신의 인생이 커질수록 더 많은 불확실성에 직면하게 되고, 더 많은 불편함을 경험하게 됩니다. 이것이 바로 성장통이지요. 연습을 통해 낚인 상태에서 벗어나고 가치 있는 행동에 전념하면 불확실성과 불편함은 '감당할 수 없는 것'에서 '힘들었지만 겪어 낼 수 있었고, 잘 대처할 수 있는 것'으로 바뀝니다.

오직 연습을 통해서만 삶에 방해가 되지 않는 방식으로 삶을 겪어 나가는 방법을 배울 수 있습니다. 두려운 결과에 낚이고 사로잡히면 가치에 기반한 행동이 아닌 회피 행동을 할 가능성이 높습니다. 이어지는 내용에서는 강박증이 있는 사람들이 강박에 낚였을 때 경험하는 몇 가지 일반적인 회피 행동에 대해 설명하겠습니다.

회피 행동

회피 행동에는 불편한 경험을 완화하려는 모든 행동이 포함됩니다. 단기적으로는 불안이나 혐오감을 완화하는 데 효과가 있지만, 장기적으로는 풍요로운 삶을 사는 데 방해가 됩니다. 당신은 아마 강박 행동을 하고 싶지 않지만 어쩔 수 없이 그렇게 해야 한다고 느낄 겁니다. 강박 사고에 낚이면 당신은 선택권이 없고, 그 행동을 해야만 한다고 느낍니다. 따라서 회피 행동에 시간과 에너지를 소비하게 되죠. 이는 가장 의미 있는 일을 할 시간이 줄어든다는 뜻입니다.

당신이 강박 사고에 낚였을 때 나타나는 몇 가지 흔한 회피 행동이 있습니다(Obsessive Compulsive Cognitions Working Group, 2005). 각 행동들에 대해 읽어 보면서 당신의 삶에서 이러한 행동이 나타나는지 살펴보세요.

강박 행동

1장에서 강박 행동(compulsions)은 불안감이나 혐오감을 줄이기 위해 반복적으로 나타나는 정신적(내적) 혹은 신체적 행동이라고 했던 것을 기억할 겁니다. 강박 행동은 강박 사고에 낚일 때 발생합니다. 강박 행동은 불편함을 줄이거나 부정적인 결과를 예방하기 위한 시도입니다. 따라서 강박 행동을 중단하라는 요구를 받으면 고통스러울 것입니다. 강박 행동에는 확인, 숫자 세기, 반복 행동과 같은 것들이 있습니다. 여기에는 정해진 방식 또는 정해진 횟수만큼 행동해야 하는 의식(rituals)이 포함될 수 있습니다. 예를 들어, 외출하기 전에 문을 여덟 번 확인하거나, 특정 날짜에만 특정 색상의 옷을 입는 것과 같은 것입니다.

최악의 시나리오가 일어나지 않을 것이라거나 않았다는 것에 대해 당신 스스로에게나 다른 사람들에게 반복적으로 확인해서 안심하고자 하는 강박 행동을 보일 수도 있습니다. "나는 괜찮아." 또는 "다 괜찮을 거야."와 같은 안전감을 주는 단어, 문구 또는 기도를 반복하고 또 반복해서 자신을 안심시키려고 할 수 있습니다. 이런 행동들은 다른 것들을 생각하거나, 현재에 머무르는 데 방해가 될 수 있습니다. 혹은 다른 사람에게 "무슨 나쁜 일이 있었나요?" 또는 "제가 잘못했나요?" "다 괜찮을까?" "정말 나를 사랑해?"라고 반복해서 물어보며 타인에게서 안심을 구하기도 합니다. 반복적으로 안심을 구하는 행동은 사람들을 멀어지게 하고, 타인들이 감정을 표현할 공간을 거의 주지 못하게 만듭니다.

당신은 '나는 나쁜 사람이야.'라는 강박 사고에 대한 반응으로 상대방에게 일종의 공격으로 받아들여질 수준의 용서를 구하는 강박 행동을 반복적으로 행할 수도 있습니다. 예를 들면, 돈을 빌린 후 빌린 사람에게 정확히 어디에 썼는지 낱낱이 말하는 경우입니다. 또 다른 예는 아주 사소한 규율 위반 행위에도 당신이 잘못했다고 여기고 친구나 또래에게 말하게 되는 것입니다("음식물 분쇄기가 꽉 찼는데도 비우지 않았어요."라고 말하듯이). 이런 고백 행위는 강박 사고 때문에 발생하며 실제 사건과는 상관이 없습니다.

관찰해 보기 **당신이 낚였을 때 어떤 강박 행동이 나타나나요?**

당신이 낚였을 때 나타나는 강박 행동들 중 다음 목록에 해당되는 것을 체크하세요. 목록에 없을 경우 어떤 것이든 추가해 보아도 좋습니다.

- ☐ 정신적 의식
- ☐ 과도하게 혹은 의식적으로 마음속에서 검토하는 행위
- ☐ 안심 구하기
- ☐ 과도하게 혹은 의식적으로 확인하기
- ☐ 고백하기
- ☐ 과도하게 혹은 의식적으로 기도하기
- ☐ 숫자 세기
- ☐ 과도하게 혹은 의식적으로 청소하기
- ☐ 과도하게 혹은 의식적으로 목록 만들기
- ☐ 기타: ……………………………………………

이러한 회피 행동을 할 때 어떤 단기적 혹은 장기적 결과를 알아차리게 되나요? 행동 전, 행동 중, 행동 후에 어떤 것을 느끼나요? 어떤 생각이 떠오르나요?

……………………………………………………………………

……………………………………………………………………

당신이 낚였다는 것을 알아차리고, 가치에 부합하는 다른 행동을 선택할 수 있다면 어떤 행동을 선택하겠습니까?

안전 추구 행동

어떤 사람들은 강박 사고에 낚였을 때 불안과 공포와 같은 불편한 내적 경험이나, 예상되는 부정적인 결과를 피하기 위해 안전 추구 행동(safety strategies)을 사용합니다. 예를 들어, 한나는 탈수로 죽게 되는 것을 지나치게 두려워했습니다. 한나는 이러한 두려움에 대응하기 위해 항상 물을 가득 채운 물병을 들고 다녔는데, 항상 물을 마셔야 하는 상황은 아니었기 때문에 문제였죠. 그녀는 친구들과 하이킹 가는 것을 좋아했지만 '물이 떨어져서 나는 죽을지도 모른다.'라는 생각에 낚여서 하이킹을 거부했습니다.

또 다른 예로, '비극적인 사고가 일어날 수도 있다.'는 생각에 낚인 케이틀린은 안전하기 위해서 특정 규칙을 지켜야 한다고 생각했습니다. 그녀의 안전 수칙은 항상 창문을 열어 두고, 엘리베이터가 있는 공사 구역을 피하는 것이었습니다. 이로 인해 남자 친구와 어디로 갈 수 있고, 무엇을 할 수 있는지에 대해 논쟁을 벌이기도 했습니다.

다른 강박적인 안전 추구 행동으로는 항상 약이나 휴대폰을 가지고 다니거나, 나쁜 일이 일어날 경우를 대비해 항상 누군가에게 행선지를 알려야 하는 것 등이 있습니다. 이러한 행동에 지나치게 의존하면 휴대폰이 고장 나거나 교체해야 하는 경우, 약을 제때 받지 못해 약이 다 떨어진 경우, 어디로 가는지 누군가에게 알릴 수 없는 경우 등 당신이 통제할 수 없는 상황에서 문제가 됩니다.

관찰해 보기 **당신은 안전 추구 행동을 하나요?**

만약 그렇다면, 당신이 주로 하는 안전 추구 행동을 적어 보세요.

이러한 회피 행동을 할 때, 무엇을 알아차리게 되나요? 행동 전, 행동 중, 행동 후에 어떤 것을 느끼나요? 어떤 생각이 떠오르나요?

당신이 낚였다는 것을 알아차리고, 가치에 부합하는 다른 행동을 선택할 수 있다면 어떤 행동을 선택하겠습니까?

상황 회피

상황 회피(situational avoidance)는 불편함이나 부정적인 결과를 예방하기 위해 사람, 장소, 사물을 피하는 것을 말합니다. 엘리베이터, 비행기, 다리, 화장실, 날카로운 물체 또는 촉발 요인인 사람(아픈 사람이나 나를 오염시킬 수 있다고 생각하는 사람 등)을 피하는 것이 이에 해당합니다.

관찰해 보기 **당신이 주로 피하게 되는 상황들이 있나요?**

만약 그렇다면, 당신이 주로 피하는 상황을 작성해 보세요.

....

....

이러한 회피 행동을 할 때, 무엇을 알아차리게 되나요? 행동 전, 행동 중, 행동 후에 어떤 것을 느끼나요? 어떤 생각이 떠오르나요?

....

....

....

....

....

....

....

당신이 낚였다는 것을 알아차리고, 가치에 부합하는 다른 행동을 선택할 수 있다면 어떤 행동을 선택하겠습니까?

....

....

공포 회피

또 다른 회피 행동은 공포 회피(fear avoidance)입니다. 이는 당신이 가진 공포감보다는 불안을 덜 유발할 만한 행동을 하는 경우입니다. 이때 '나는 이제부터 그걸 생각하지 않겠다.'고 생각하거나 무서운 생각을 더 긍정적인 생각으로 바꾸려고 합니다. 당신이 가진 두려움을 피하기 위해 다음과 같은 전략을 사용할 수 있습니다(Amir, Cashman, & Foa, 1997).

주의 분산(distraction)은 당신이 생각에 낚여서 불안할 때 불안을 덜 유발하는 좋아하는 일로 주의를 돌리는 것입니다. 예를 들어, 누군가를 죽일 것 같은 두려움에 사로잡혀 있을 때는 집안 청소, TV 시청, 다른 사람들과 어울리기 등을 할 수 있습니다.

과도하게 검토하기(trying to figure it out)는 두려움을 받아들이려는 시도를 하기보다 자신의 생각이 옳은지 혹은 진짜인지 알아내는 데 시간과 에너지를 쏟는 것입니다. 예를 들어, '나는 언젠가 아내를 죽일지도 모른다.'는 생각을 그저 하나의 생각으로 여기지 않고, 자신이 아내를 죽일지 아닐지 여부에 초점을 두고, 이 생각을 뒷받침하거나 뒷받침하지 않는 당신 삶 속 모든 근거를 검토하게 됩니다. 하지만 결코 확실하게 알 수는 없으므로 당신은 삶의 많은 시간을 생각하는 데 낭비하게 됩니다.

관찰해 보기 **두려움을 피하기 위해 주의를 분산하거나, 과도하게 검토하기를 하나요?**

만약 그렇다면, 당신이 두려움에 낚여서 피하기 위해 했던 주의를 분산하거나 과하게 검토하려는 시도를 다음에 적어 보세요.

....

....

....

....

....

이러한 회피 행동을 할 때 어떤 것을 알아차리게 되나요? 행동 전, 행동 중, 행동 후에 어떤 것을 느끼나요? 어떤 생각이 떠오르나요?

....

....

....

....

....

....

....

당신이 낚였다는 것을 알아차리고, 가치에 부합하는 다른 행동을 선택할 수 있다면 어떤 행동을 선택하겠습니까?

....

....

....

신체 감각 회피

어떤 사람들은 '내가 통제력을 잃거나 죽을 지도 몰라.'와 같은 생각에 낚일 때 신체 감각 회피(somatic avoidance)를 하려 합니다. 이들은 심장 두근거림, 호흡 곤란, 마비되는 느낌, 어지러움, 메스꺼움 등 특정 신체 감각을 피하려고 시도합니다. 이는 운동, 롤러코스터, 성관계, 카페인 등 신체 변화를 일으킬 수 있는 것들 역시 피하게 됨을 의미합니다.

관찰해 보기 **당신이 두려워하는 신체 감각을 피하려고 하나요?**

만약 그렇다면, 당신이 낚였을 때 경험하기 두려워서 전형적으로 피하게 되는 신체 감각을 작성해 보세요.

....

....

이러한 회피 행동을 할 때 어떤 것을 알아차리게 되나요? 행동 전, 행동 중, 행동 후에 어떤 것을 느끼나요? 어떤 생각이 떠오르나요?

....

....

....

....

....

....

....

당신이 낚였다는 것을 알아차리고, 가치에 부합하는 다른 행동을 선택할 수 있다면 어떤 행동을 선택하겠습니까?

....

....

감정 회피

감정 회피(emotional avoidance)는 부정적이거나 힘든 감정을 피하는 것을 말합니다. '이 감정은 더 심해질 거야. 내가 감당할 수 없을 거야.'와 같은 생각에 당신은 낚이게 될 수 있습니다. 감정 회피는 다양한 양상으로 나타납니다. 어떤 사람들은 부정('나는 슬프지 않다.')하는 형태로 보여지기도 하고, 감정에 대해 이야기하지 않거나, 인정하거나 명명하려 하지 않는 것으로 나타날 수도 있습니다.

이는 현재 경험으로부터 분리되는 해리(dissociation)처럼 보일 수 있습니다. 해리는 감정적 경험 중에 정신적으로 이탈하여 그 경험을 떠올리지 못하는 것을 의미합니다. 해리에는 다양한 수준이 있지만, 극단적인 경우 사람들은 이를 유체이탈 경험으로 묘사합니다. 다른 형태로는 꿈과 같은 상태에 있거나, 실제로 경험을 겪는 것이 아닌 경험하는 것을 멀리서 관찰하는 것처럼 느껴지는 경우도 있습니다. 모든 감정 회피의 공통점은 자신의 신체와 감정이 단절된 느낌을 받는다는 것입니다.

폴라의 이야기

폴라는 치료 중에 종종 수다스러웠습니다. 그녀는 자신의 삶에서 일어나는 모든 긍정적인 일들과 그것들이 얼마나 감사한지 많은 시간 이야기하곤 했습니다. 그녀에게 일어나는 좋은 일들로 그녀는 치료시간 전체를 채울 수 있었죠. 하지만 저는 그녀가 저를 만나는 이유가 있다는 걸 알고 있었습니다. 폴라는 감정을 전혀 느끼고 싶지 않았기 때문에, 말을 아주 많이 하는 방식을 취했던 거죠.

우리는 말을 한창 하고 있을 때 감정을 느끼기 어렵습니다. 폴라는 감정과 그에 따른 감각을 느끼는 것을 두려워했습니다.

관찰해 보기 **당신이 낚여 있을 때 감정을 피하게 되나요?**

해당되는 경우, 낚였을 때 자신의 감정을 어떤 식으로 피하는지 작성해 보세요.

이러한 회피 행동을 할 때 어떤 단기적 결과와 장기적 결과를 알아차릴 수 있나요? 행동 전, 행동 중 행동 후에 어떤 것을 느끼나요? 어떤 생각이 떠오르나요?

....

....

....

....

....

....

....

당신이 낚였다는 것을 알아차리고, 가치에 부합하는 다른 행동을 선택할 수 있다면 어떤 행동을 선택하겠습니까?

....

....

....

과잉 경계

과잉 경계(hypervigilance, 과잉 집중이라고도 함)는 부정적인 결과를 피하기 위해 자신이나 다른 사람, 또는 환경에 극도로 주의를 기울이는 것입니다. 예를 들어, '내가 오염될 것 같다.'는 생각에 낚이게 되면 바닥에 바늘이나 피가 있는지 살피게 될 수 있습니다. 또 다른 예로, '나는 아프다.'는 생각에 낚이게 되면 몸의 변화에 매우 세심한 주의를 기울일 수 있습니다.

관찰해 보기 **과잉 경계를 하고 있나요?**

해당된다면, 과잉 경계를 하고 있을 때 당신은 어떤 모습일까요? 주의를 기울이게 되는 것들을 적어 보세요.

....

....

....

이러한 회피 행동을 할 때, 어떤 단기적 결과와 장기적 결과를 알아차릴 수 있나요? 행동 전, 행동 중, 행동 후에 어떤 것을 느끼나요? 어떤 생각이 떠오르나요?

....

....

....

....

....

....

....

당신이 낚였다는 것을 알아차리고, 가치에 부합하는 다른 행동을 선택할 수 있다면 어떤 행동을 선택하겠습니까?

....

....

완벽주의

완벽주의(perfectionism)는 '나는 실패자야.' 또는 '나는 충분히 잘하고 있지 못해.' '나는 무능해.'와 같은 믿음에 사로잡혀 실패와 수치심을 피하기 위한 일이라면 어떤 일이든 하는 것을 말합니다. 두 가지 흔한 반응은 과잉 보상(overcompensating, '당신이 틀렸다는 것을 증명하고, 모든 것을 완벽하게 해낼 거야.') 또는 포기하기(giving up, '무슨 소용이야? 어차피 실패할 거야.')입니다. 과잉 보상은 오래 지속될 수 없기 때문에 대부분의 사람에게는 이 두 가지의 조합으로 나타납니다. 결국, 우리 모두는 완벽하지 못함에도 불구하고 비판적인 마음은 평균적인 수준이 되거나 실수를 하는 것은 결코 괜찮지 않다고 말합니다.

완벽주의는 자신이나 자신이 하고 있는 일이 어떤 식으로든 더 크고, 더 나아야 하고, 더 많아야 한다는 말을 끊임없이 되뇌는 강박증의 한 형태입니다. 마음은 당신을 성공 또는 실패로 판단하며, 비현실적이고 초인적인 규칙을 제시합니다. 학교에서 항상 최고점을 받아야 한다거나, 모든 거래를 성사시켜야 하고, 업무나 집안일을 완벽하게 완수해야 한다고 말합니다. 마음은 당신에게 "넌 완벽해야 돼." "제대로 해야 돼." 또는 "완벽하게 해낼 수 있어야 해."라고 말합니다. 혹은 "다른 사람들도 제대로 해야만 해." 또는 "상황이 완벽해야만 해."라고 말하고, 그렇지 않으면 실패한 거라고 쏘아붙이죠.

마음은 부정적인 결과를 피하기 위해서 어떻게 해야 하는지 알려 줄 것입니다. 이러한 생각에 낚이게 되면 일을 여러 번 다시 하게 되거나, 재확인하기 위해 오랜 시간을 일하게 됩니다. 시간이 지날수록 과잉 보상 방식은 우리를 지치게 만들고, 너무 피곤하고 출근하기 힘들어져서 병가를 내는 등 업무 수행을 포기하게 되거나, 결국 실적이 저조해지는 결과로 이어질 수 있습니다.

아무리 열심히 노력해도 그 너머에는 항상 더 크고, 더 좋고, 더 많은 것이 있을 뿐입니다! 마음의 기준은 항상 높기만 합니다. 완벽주의적인 마음은 당신이 결코 충분하지 않으며, 무능력하며, 성공적이지 않다고 말합니다. 하지만 대신에 당신은 다른 관점을 받아들여 볼 수도 있습니다. 바로 당신이 실패할 수도 있고, 충분히 잘하지 못할 수 있으며, 어떤 면에서는 열등하다는 사실을요. 왜냐하면 모든 인간은 그러한 면이 있기 때문입니다.

관찰해 보기 **당신은 완벽주의적인 생각을 가지고 있나요?**

만약 그렇다면, 어떤 완벽주의적 생각을 갖고 있나요? 마음은 어떤 기대나 기준을 당신이 믿길 바라나요? 인간관계, 직장, 학교, 가정, 친구, 건강 등 다양한 삶의 영역에서 예를 들어 보세요.

이런 생각에 사로잡히면 어떤 행동을 하나요? 과잉 보상을 하나요? 포기하게 되나요? 아니면 둘 다 하게 되나요?

이러한 회피 행동을 할 때 어떤 단기적 결과와 장기적 결과를 알아차릴 수 있나요? 행동 전, 행동 중, 행동 후에 어떤 것을 느끼나요? 어떤 생각이 떠오르나요?

당신이 낚였다는 것을 알아차리고, 가치에 부합하는 다른 행동을 선택할 수 있다면 어떤 행동을 선택하겠습니까?

비난하기

우리 마음 중 일부는 계획대로 일이 진행되지 않을 때 자신이나 다른 사람을 비난하도록(blame) 프로그래밍 돼 있습니다. 마음은 자동으로 "네 잘못이야."라고 말할 것입니다. 우리는 자신의 잘못이거나 혹은 다른 사람의 잘못이라고 믿게 되면 그 믿음에 사로잡히게 됩니다. 고통스러울 때 자신이나 다른 사람을 탓하는 회피 행동은 근본적인 두려움과 감정을 피하는 또 다른 방법입니다. 비난하기는 일반적으로 죄책감 및 분노와 관련이 있습니다. 강박 증상을 경험할 때는 고통의 순간으로 여겨집니다. 당신은 강한 감정들을 느끼게 되고, 자신이 원하는 모습이 되는 데 방해가 되는 강박 행동을 하게 됩니다. 이러한 고통의 순간에 마음이 당신을 비판하고 판단하는 것은 흔한 일입니다.

샘의 경우, 비판적인 생각에 낚이게 되면 우울한 기분이 들어 노출 기법을 시도하기보다는 침대에 누워 지내게 됩니다. 샘은 "강박증이 튀어나와서 강박 행동을 할 때면 제 자신을 자책합니다. 저는 제가 너무 나약해서 뭔가 큰 문제가 있다고 생각해요! 강박 행동은 없어져야 해요."라고 말합니다.

또 다른 예는 다른 사람을 탓하는 것입니다. 예를 들어, 톰은 자신의 강박증이 부모님의 잘못이며, 다른 사람들이 자신의 문제를 해결할 수 있어야 한다는 생각에 사로잡혀 있었습니다. 그 결과, 자신의 강박증이 나아지기 위해 자신이 통제할 수 있는 것에 집중하기보다, 부모와 다른 사람들을 비난하는 데 더 많은 시간과 에너지를 소비했습니다.

관찰해 보기 **자신이나 타인을 비난하고 있나요?**

해당되는 경우, 당신이 강박증에 사로잡혔을 때 자신이나 타인을 비난하는 방식을 다음에 적어 보세요.

....

....

....

이러한 회피 행동을 할 때 어떤 단기적 결과와 장기적 결과를 알아차릴 수 있나요? 행동 전, 행동 중, 행동 후에 어떤 것을 느끼나요? 어떤 생각이 떠오르나요?

당신이 낚였다는 것을 알아차리고, 가치에 부합하는 다른 행동을 선택할 수 있다면 어떤 행동을 선택하겠습니까?

반복적인 부정적 사고

반복적인 부정적 사고(repetitive negative thinking)는 두려움에 사로잡혀 미래에 일어날 일에 대해 걱정하거나, 이미 일어났던 일의 모든 면을 떠올리는 것입니다. 이 회피 행동은 지금 이 순간에 머물러 있기보다 미래나 과거에 초점을 맞추게 합니다. 반복적인 부정적 사고는 현재 자신이 느끼고 있는 감정과 일어나는 일에 집중하는 것을 방해합니다. 또한 지금 당장 할 수 있는 일보다는 통제할 수 없는 일에 집중하게 만들어 문제 해결에 방해가 될 수도 있습니다. 이런 종류의 사고에는 걱정, 반추, 사건 후 곱씹기가 있습니다.

걱정 걱정(worry)은 미래에 대해 반복적으로 생각하는 것입니다. 이는 현재 가장 두려운 것이 무엇인지 파악하고, 현재에 집중하는 데 방해가 될 수 있습니다. 예를 들어, 당신이 강박증이 있다는 사실을 알면서도 자신을 사랑해 줄 수 있는 사람이 평생 있을 수 있을지에 대한 걱정에 데이트에 나서지 못할 수 있습니다. 또는 지금 당장 하고 싶은 일에 집중하는 대신, 미래에 강박 증상이 있어도 일을 할 수 있을지에 대해 미리 걱정하기도 합니다.

반추 반추(rumination)란 과거에 대해 반복적으로 생각하는 것입니다. 몇 가지 예는 다음과 같습니다. '내가 무슨 짓을 저질렀길래 강박증에 걸렸을까?' 또는 '내가 나쁜 사람이라는 것을 확인하게 해 준 것들은 무엇이었을까?'와 같은 생각들입니다. 종종 이러한 반추적 사고를 반복하면 불확실성이 불러일으킬 수 있는 불안감을 완화하는 데 도움이 되며, 불확실성에 대해 무엇인가 해야 할 일을 하고 있다는 느낌을 받을 수 있습니다.

사건 후 곱씹기 사건 후 곱씹기(post-event processing)는 과거에 불안감을 유발한 사건을 반복적으로 검토하는 것입니다. 이때 종종 사건의 세부 요소들, 사람들이 했던 말, 또는 자신의 행동이 어떠했는지를 검토합니다. '내가 남자친구를 속였을까?' 또는 '내가 나쁜 사람이 될 만한 말이나 행동을 했을까?' '내가 나를 오염시킬 수 있는 물건을 만졌을까?'와 같은 생각에 낚일 수 있습니다. 한번 사로잡히게 되면 곱씹기와 의문에 갇혀 결코 완전한 답을 찾을 수 없게 됩니다.

관찰해 보기 **반복적인 부정적 사고를 하나요?**

만약 그렇다면, 당신이 낚였을 때 나타나는 반복적인 부정적인 사고에는 어떤 것들이 있나요?

....

....

....

이러한 회피 행동을 할 때 어떤 단기적 결과와 장기적 결과를 알아차릴 수 있나요? 행동 전, 행동 중, 행동 후에 어떤 것을 느끼나요? 어떤 생각이 떠오르나요?

....

....

....

....

....

....

....

당신이 낚였다는 것을 알아차리고, 가치에 부합하는 다른 행동을 선택할 수 있다면 어떤 행동을 선택하겠습니까?

....

....

마음이 낚였을 때, 당신이 어떤 회피 행동을 하는지 알아차린다면 정말 대단한 일입니다! 다음 장부터 장기적으로 도움이 되는 행동을 알아차리고 선택함으로써, 강박 증상의 악순환에 사로잡히지 않고 벗어나는 방법을 배우게 될 것입니다.

과제 **낚였음을 알아차리기**

이번 주에 언제 낚였는지, 이후에 어떻게 행동했는지 알아차려 보세요. 여러분은 어떤 회피 행동을 하나요? 당신이 낚여서 회피 행동을 할 때 어떤 생각과 감정이 떠오르는지 관찰해 보세요. 이 회피 행동이 어떤 목적에 부합하는지 스스로에게 물어보세요. 이 행동은 강박증을 더 키우는 걸까요, 아니면 자신에게 중요한 가치에 더 다가가는 데 도움이 되는 걸까요? 당신이 알아차린 것들을 다음에 적어 봅시다.

7장

낚인 상태에서 벗어나 선택하기

이제 마음을 어떻게 다루고, 어떻게 하면 낚이지 않으면서 다음 단계에 전념할 수 있는지 배워야 할 때입니다. 일단 강박증을 키우는 행동들을 알고 나면, 그다음에는 강박 사고에 사로잡히지 않고 가치에 부합하는지 살피면서 다음에 할 행동을 선택하는 연습을 할 수 있습니다. 다음에 할 행동을 선택하는 것은 곧 당신의 가치 기반 행동들에 전념하는 것을 말합니다. 마음이 아닌 당신 스스로 자신의 삶을 결정하도록 해 봅시다! 이번 장에서는 이전 장의 내용을 바탕으로 다음 네 가지 단계에 초점을 둘 것입니다.

1. 낚인 것을 알아차리기
2. 낚인 상태에서 벗어나는 법 연습하기
3. 자신의 가치를 확인하기
4. 가치 기반 행동에 전념하기

이 장의 연습은 강박 사고에 사로잡히지 않고 가치 기반 행동에 연결되는 방법을 배우는 데 도움이 될 것입니다. 그렇게 된다면 당신의 강박 사고들이 자동적 행동으로 이어지기보다 그 생각을 알아차리면서 허용하고, 당신이 어떻게 반응할지 선택할 수 있게 됩니다.

낚인 것을 알아차리기

낚인(사로잡힌) 상태에서 벗어나는 첫 번째 단계는 낚였다는 사실을 알아차리는 것입니다. 어떤 사람들은 강박 행동과 같은 행동이나 생각 자체에 너무 많은 에너지를 쏟을 때 자신이 낚였다는 것을 알게 됩니다. 만약 당신이 낚여 있는지 확실하지 않다면, 다음과 같이 스스로에게 물어볼 수 있습니다. '내가 강박증에 먹이를 주고 있는 걸까, 아니면 자신에게 중요한 가치에 따라 살고 있는 걸까?' '이 생각에 계속 초점을 두는 게 내 가치에 더 가까워지는 데 장기적으로 도움이 되는 걸까?' '나는 내 마음에 끌려다니고 있는 걸까, 아니면 지금 이 순간에 존재하고 있는 걸까?'

강박증에 먹이를 주고 있거나, 당신의 생각이 장기적인 관점에서 볼 때 도움이 되지 않거나, 자신이 단순히 머릿속에만 머물러 있다는 느낌이 든다면, 지금은 낚여 있거나 사로잡혀 있을 가능성이 높습니다. 이것은 마음이 자신을 지배하고 있다는 뜻입니다. 톰이 낚여 있을 때의 모습이 어떤지 살펴봅시다.

톰의 이야기

톰은 모든 것이 완벽해야 한다는 생각에 자주 낚였습니다. 이러한 생각은 종종 직장에서 촉발됐죠. 그는 보고서를 '올바르게' 작성하고 자신의 작업물을 반복해서 확인하느라 많은 시간을 할애했습니다. 이 시간은 취미 생활을 하거나 가족, 친구들과 함께 보낼 수 있는 시간이었습니다. 대부분의 사람들이 그렇듯이, 그도 자신이 언제 사로잡히게 되는지 항상 알아차릴 수는 없었습니다. 시간을 내어 자신을 들여다보면서 그는 언제 자신이 낚이게 되는지 알아차릴 수 있게 되었습니다. "내가 지금 강박증에 빠져 있는 건 아닐까?"라고 스스로에게 묻는 알람을 설정해, 알람이 울리면 일과 중이어도 잠시 쉬면서 자신을 들여다보는 방법을 쓴 것입니다. 이러한 전략을 실행함으로써 그는 자신이 언제 강박증에 빠졌는지 더 자주 파악하고, 더 빨리 개입할 수 있었습니다. 그는 새롭게 찾은 시간을 운동을 하거나, 가족 및 친구들과 저녁 식사를 하는 데 사용할 수 있었습니다.

관찰해 보기 **낚였다는 것을 알아차리기**

지금 이 순간, 또는 이번 주에 당신이 낚였다는 것을 알아차리는 데 도움이 되는 것은 무엇이었나요?

....

....

....

....

....

당신이 생각한 새로운 연습을 캘린더에 추가할 수 있습니다. 속도를 늦추어 보기 연습(4장)과 마음챙김 알아차림 연습(5장)은 알아차리는 능력을 키우는 데 도움이 되며, 언제 더 자주 낚이는지 알아차릴 수 있어 당신의 살아가는 방식에 주도권을 가질 수 있습니다. 일단 낚였다는 것을 알아차리면, 당신은 낚인 상태에서 벗어나는 것과 삶 속 현재의 순간에 더 머무르는 것을 연습할 수 있게 됩니다.

낚인 상태에서 벗어나 현재에 머물기 연습하기

낚인 상태에서 벗어나기(unhooking)를 수용전념치료에서 '인지적 탈융합'이라고도 합니다. 낚인 상태에서 벗어나게 되면 우리의 생각에서 한 발짝 물러나게 되고, 생각이 진실이라고 여기거나 행동이 따라야 한다고 느끼기보다 생각 그대로를 볼 수 있게 됩니다. 낚인 상태에서 벗어난다면 당신이 생각을 허용하고 흘러가도록 둘 수 있으며, 그렇게 한다면 지금 이 순간에 더 초점을 둘 수 있게 됩니다.

이미 1장에서 당신이 자신의 강박증에 이름을 붙이고 상상했을 때, 낚인 상태에서 벗어나는 작업을 해 본 셈입니다. 2장에서도 강박증이 당신의 한쪽 어깨에 앉아 어떤 것이 일어날 것이고, 어떤 행동을 해야 되는지 말하는 모습을 상상하면서 거기서 벗어나는 연습을 해보았습니다. 다음 연습을 통해 낚인 상태를 벗어나는 연습을 좀 더 해 봅시다[이 중 일부는 Harris(2009)에서 발췌한 것임].

생각 알아차리기 **하늘 속 구름 떠올리기**

이 심상 작업을 하는 동안 방해받지 않고 편안하게 앉을 수 있는 장소를 찾으세요.

1. 편안한 자세로 앉아서 눈을 감거나 방 안의 한 곳을 차분히 주시하세요.
2. 대지 위에 누워 하늘을 올려다보는 당신의 모습을 상상해 보세요. 하늘이 얼마나 크고 사방으로 뻗어 있는지 살펴보세요. 이제 크고 하얀 구름이 지나가는 것을 상상해 보고, 하늘의 색깔, 바람이 스치는 소리, 얼굴에 닿는 햇살의 따스함을 상상해 보세요. 이곳과 충분히 연결되었다고 느끼면 다음 지시로 넘어가세요.
3. '하늘이 아름답구나.' 혹은 '이런 연습은 의미 없어.'와 같이 떠오르는 생각이나 이미지를 알아차려 보세요. 구름 위에 각각의 생각이나 이미지를 올려놓고 천천히 떠다니는 것을 지켜봅니다. 이후 몇 분간 여러 가지 생각들을 알아차렸을 때, 그 각각의 생각을 구름 위에 올려놓고 지나가는 것을 관찰해 보세요. 그런 다음, 다시 눈앞의 구름이나 푸른 하늘로 주의를 돌려보세요. 주의가 산만해지면 주의가 흐트러졌음을 알아차리고 다시 구름과 하늘을 떠올려 보세요.
4. 생각을 서두르거나 통제하려고 하지 않고, 생각이 오고 가는 것을 허용해 보세요.
5. 강박적인 생각이나 느낌을 발견하면, 그것을 강박 사고 혹은 강박적인 느낌이라고 이름 붙이세요. 그것을 구름 위에 올려놓고 그 본연의 속도로 지나가도록 내버려 둡니다.
6. 판단하는 생각('이건 바보 같은 생각이야.' 혹은 '이건 나쁜 거야.')이 떠오르면 '판단하는 생각'이라고 이름을 붙이고 구름 위에 올려놓으세요. 그리고 그 본연의 속도로 지나가도록 허용해 주세요.
7. 5분 정도 이렇게 연습합니다.

어떤 것들을 알아차렸나요? 생각을 통제하려고 애쓰지 않고, 흘러가는 생각을 지켜보면서 사로잡히지 않는 느낌이 어떠했나요? 알아차리고 놓아주기가 다른 생각보다 수월했던 생각들이 있었나요? 마음이 다시 당신을 낚으려는 것을 알아차렸나요? 그때 어떻게 반응했나요?

다음은 벗어나기를 위한 또 다른 연습입니다.

관찰해 보기 **"나는 ……라는 생각을 알아차리고 있어."**

방해받지 않고 편안하게 앉을 수 있는 장소를 찾습니다.

1. 편안한 자세로 앉아 눈을 감거나 방 안의 한 곳을 가볍게 주시합니다.
2. 당신이 자주 경험하는 강박 사고를 찾아보세요.
3. 이 생각을 큰 소리로 또는 혼잣말로 열 번 정도 아주 천천히 말하며 최대한 믿어 봅니다. 예를 들어, "나는 실패할 거야."라고 천천히 열 번 말합니다.
4. 몸에서 어떤 감정이 나타나는지 알아차리고 그 감정에 이름을 붙여 보세요(짜증, 화, 무서움, 지루함, 죄책감과 같은 여러 가지 감정).
5. 그 감정이 지금 어느 정도 강도인지 0~10점 척도로 평가합니다(0은 전혀 강하지 않은 것이고 10은 지금까지 경험한 것 중 가장 강했던 것입니다).
6. 다음으로 "나는 지금 (강박 사고의 내용)이라는 생각을 갖고 있어."라고 자신에게 크고 천천히 말해 보고, 그것을 최대한 믿어 보세요. 예를 들어, "나는 '나는 실패할 거야.'라는 생각을 갖고 있어."라고 천천히 열 번 말합니다.

7. 몸에서 어떤 감정이 나타나는지 알아차리고 그 감정에 이름을 붙여 보세요(짜증, 화, 무서움, 지루함, 죄책감 또는 기타 감정).
8. 그 감정이 지금 어느 정도 강도인지 0~10점 척도로 평가합니다(0은 전혀 강하지 않은 것이고 10은 지금까지 경험한 감정 중 가장 강한 수준입니다).
9. 다음으로 "나는 지금 (강박 사고 내용)이라는 생각을 갖고 있다는 것을 알아차리고 있어."라고 자신에게 크고 천천히 말해 보고, 그것을 최대한 믿어 보세요. 예를 들어, "나는 '나는 실패할 거야.'라는 생각을 갖고 있다는 것을 알아차리고 있어."라고 천천히 열 번 말합니다.
10. 몸에서 어떤 감정이 나타나는지 알아차리고 그 감정에 이름을 붙여 보세요(짜증, 화, 무서움, 지루함, 죄책감 또는 기타 감정).
11. 그 감정이 지금 어느 정도 강도인지 0~10점 척도로 평가합니다(0은 전혀 강하지 않은 것이고 10은 지금까지 경험한 감정 중 가장 강한 수준입니다).

3단계에서 생각에 낚였을 때 어땠나요? 어떤 느낌이 들었고, 그 느낌은 얼마나 강렬했나요?

....

....

....

6단계와 9단계에서 낚인 상태를 벗어날 때 어땠나요? 어떤 느낌이 들었고, 그 느낌은 얼마나 강렬했나요?

....

....

....

이 연습이 당신의 행동들에 어떤 영향을 미칠 수 있을까요?

....

....

....

다음은 시도해 볼 수 있는 몇 가지 다른 연습들입니다.

- 생각을 노래로 만들어 부르세요. 〈생일 축하 노래〉〈반짝반짝 작은 별〉〈아기 상어〉와 같은 다양한 멜로디에 그 생각을 가사로 노래해 볼 수 있습니다.
- 당신의 생각이 TV 화면에 나타난다고 상상해 보세요.
- 작은 단어장에 생각을 적은 다음 어디를 가든 가지고 다니거나, 자주 보는 곳에 붙여 두세요.
- 쿠키 몬스터, 드라큘라, 도널드 덕, 미키 마우스 같은 캐릭터가 그 생각을 말해 준다고 상상해 보세요.
- 손바닥 위에 작은 뇌가 앉아 생각을 말하는 모습을 상상해 보세요.
- "마음이 나에게 ....(강박 사고 내용)라고 말하고 있어." 또는 "강박증이 ....(강박 사고 내용)라고 말하고 있어." "마음이 나에게 들려주는 이야기가 바로 ....(강박 사고 내용)야."와 같은 문장을 사용해 보세요.
- 마음을 훈련되지 않은 강아지라고 생각해 보세요. 그 강아지를 산책을 시켜 주는 데 강아지가 내가 가고 싶은 곳에서 멀어지게 하려고 합니다. 강아지는 그저 강아지일 뿐이고 강아지가 하고 싶은 것을 할 뿐이라는 것을 알아차려 보세요. 당신이 강아지와는 다른 방향으로 가려고 하고 있다는 것을 알아차렸다면, 당신이 가고 싶은 곳과 당신에게 그 순간 중요한 것들을 향해 부드럽게 방향을 바꾸세요.

벗어나는 방법을 몇 가지 더 연습해 봅시다.

- '나는 할 수 없어.'라는 생각에 사로잡혔을 때: "나는 이 노출 훈련을 할 수 없어." "나는 불확실성이나 고통을 견딜 수 없어."
  → 벗어나기 반응: "'나는 할 수 없어.'라고 말하는 마음을 내가 알아차리고 있지만, 어쨌든 시도해 보는 것이 나에게 중요하지 않을까?"
- '나는 모르겠다.'라는 생각에 사로잡혔을 때: "나는 무슨 말을 해야 할지 모르겠어."

"나는 어떻게 해야 할지 모르겠다."

→ 벗어나기 반응: "'나는 잘 몰라.'라고 말하는 마음을 알아차리고 있지만, 내 의견을 주장하고, 스스로 추측하거나 위험을 감수하는 것이 중요할 수도 있지 않을까?"

- '이건 좋지 않아.'라는 생각에 사로잡혔을 때: "이 강박 증상은 안 좋은 거야."

→ 벗어나기 반응: "나는 '이건 좋지 않아.'라고 말하는 마음을 알아차리고 있어. 내가 안 좋은 거라고 판단하기보다 어렵거나 힘든 경험일 뿐이라고 알아차리는 것이 내가 앞으로 나아가는 데 도움이 될 수도 있지 않을까?"

당신이 마음에 초점을 맞추지 않고, 마음이 시키는 대로 행동하지 않는다면 지금 이 순간 당신의 삶에 더 많은 자유와 여유를 가져올 수 있습니다. 이 순간은 잠시 멈춰서 당신에게 가장 의미 있는 것과 중요한 가치가 무엇인지 점검할 수 있는 기회입니다.

잠시 멈춰 나의 가치를 확인하기

당신의 가치가 당신의 다음 행동을 제시하도록 해 보세요. 당신에게 중요한 가치를 떠올려 보는 것이 필요할 수 있습니다.

검토해 보기 **가장 중요한 가치 다섯 가지**

2장의 가치 카드 분류 연습에서 자신에게 중요한 다섯 가지 가치를 검토하고, 여기에 적어 보세요.

1. ....

2. ....

3. ....

4. ....

5. ....

우리는 쉽게 가치를 잊게 됩니다. 일상생활에서 가치를 더 잘 볼 수 있게 하려면 어떻게 해야 할까요? 자주 볼 수 있는 곳에 가치들을 붙여 놓거나, 가치를 상기시켜 주는 게시판을 만들거나, 의미 있는 것을 떠올리게 하는 다른 물건들을 사용할 수도 있습니다. 어떤 사람들은 각인된 팔찌나 돌을 사용하기도 합니다. 당신의 마음속에 가치들을 새기게 되면, 구체적인 행동을 통해 이를 삶 속에서 실현할 수 있습니다.

가치 기반 행동에 전념하기

가치 기반 행동은 방향성을 갖고 풍요롭고도 활기찬 삶에 닿을 수 있도록 도움을 줄 것입니다. 가치 기반 행동에 전념하는 것은 쉽지 않기 때문에 현실적인 목표를 설정하여 성공할 수 있도록 계획하는 것이 중요합니다. 이렇게 하기 위해 다음 질문을 자신에게 던져 볼 수 있습니다. '어떻게 하면 내가 작은 것부터 시작해서, 너무 어렵거나 압도되지 않게 행동을 선택할 수 있을까?' 이러한 행동을 만들어 낼 수 있는 방법에는 여러 가지가 있습니다. 2장의 가치 기반 행동을 다시 살펴보거나 다음 연습을 시도해 보세요.

1. 한쪽 어깨에는 강박증이, 다른 한쪽 어깨에는 가치가 있다고 상상해 보세요. 그런 다음, 자신에게 질문해 보세요. "강박 증상은 내가 지금 무엇을 하기를 원하나? 또 나의 가치는 뭐라고 말하고 있나?"
2. 당신에게 물어보세요. "나에게 중요한 가치와 내가 원하는 삶에 더 가까워지게 하기 위해 지금 나는 무엇을 할 수 있을까?"
3. 그런 다음, 내가 원하는 삶을 살기 위해 무엇을 기꺼이 할 의향이 있는지 자신에게 물어보세요.

연습 가치 기반 행동에 전념하기

생각해 낸 가치 중 한 가지 혹은 여러 가지를 정하고, 가치 기반 행동 세 가지를 적어 보세요.

1. ....

2. ....

3. ....

이제 몇 가지 가치 기반 행동에 대한 브레인스토밍을 마쳤으니 실행에 옮길 시간입니다. 이 세 가지 행동 중 지금 당장 가장 하고 싶은 행동은 무엇인가요? 다음 빈칸을 채워 보세요.

"나는 .... [목록에서 가치 기반 행동 하나를 넣으세요]하여 .... [이 행동과 맞닿아 있는 가치를 넣으세요]을 추구하고자 합니다."

이 행동을 지금 바로 행할 수도 있고, 다른 날이나 시간을 정해서 할 수도 있습니다. 실천하는 데 도움이 되도록 다음과 같은 질문을 자신에게 던져 보세요. '어떻게 하면 내가 이 행동을 우선순위에 둘 수 있을까? 캘린더에 일정을 잡거나 알림을 설정하면 도움이 될까? 이 행동을 실천하는 데 방해가 되는 것은 무엇이며, 그것이 있어도 실천해 나가기 위해서는 어떻게 해야 할까? 내가 그 행동을 하는 모습을 상상하는 것이 도움이 될까?'

이 여정에서 자신을 어떻게 대하느냐에 따라 실천이 앞당겨지거나, 혹은 지체될 수 있습니다. 이것은 어려운 과정입니다. 그러니 현실적인 목표를 설정하고, 판단하는 마음이 나타나는 것을 알아차리며, 낚인 상태에서 벗어나는 과정들 속에서 자신을 친절하게 대해 주세요. 다음 장에서는 이 여정 속에서 친절과 사랑으로 자신을 대하는 여러 방법들에 대해 알게 될 것입니다.

과제 **낚인 상태에서 벗어나면 무슨 일이 일어나는지 알아차리기**

이번 주에는 자신이 언제 사로잡히게 되는지 알아차리기 위해 의식적으로 주의를 기울여 봅시다. 이 장에서 한두 가지 연습을 선택하여 낚인 상태에서 벗어나는 방법을 시도해 보세요. 벗어났을 때 어떤 일이 일어나는지 알아차려 보세요. 잠시 멈춰서 당신의 가치를 알아차려 보세요. 당신의 가치를 알아차렸을 때 어떤 일이 일어나는지 주목하세요. 다음으로, 가치 기반 행동들 몇 가지를 생각해 보세요. 마지막으로, 한 가지 가치 기반 행동을 실천하세요. 당신이 행동을 실천해 나가면서 어떤 일이 일어나는지 주목하세요.

이 과정과 그 후에 어떤 느낌이 들었나요? 낚인 상태에서 벗어나는 것이 당신 행동에 어떤 영향을 미쳤나요? 당신이 발견한 것을 적어 보세요.

8장

자기 자비 키우기

이제 당신은 자신의 삶을 어떻게 살아가고 있는지 더 잘 인식하게 되었을 겁니다. 여기에는 어떤 생각과 행동이 장기적으로 도움이 되는지 그리고 도움이 되지 않는지를 살펴보는 것도 포함됩니다. 때로 우리가 어떻게 살아가고 있는지 알아차리는 일은 고통스러울 수 있습니다. 어떤 사람들에게는 알아차림이 삶의 모든 상실을 자각하게 함으로써 고통을 불러일으키기도 합니다. 강박증과 마음으로 인해 잃어버린 시간, 에너지, 기회 등을 자각하게 되는 것이죠.

슬픔이 느껴진다면, 당신은 혼자가 아니며 이러한 슬픔을 위해 마음속 공간을 마련하면 더 좋은 것들로 이어질 수 있다는 사실을 기억하세요. 과거의 행동은 통제할 수 없지만, 현재의 행동은 통제할 수 있습니다. 오늘과 내일, 당신이 무엇을 하는지가 중요합니다. 앞으로 나아가는 데 방해가 되는 것이 있는지 알아차려 보세요.

이렇게 당신이 알아차리는 시점에서 고통스러운 진실을 마주하게 됩니다. 바로 상황이 나아지기 전에 안 좋은 기분들이 떠오르게 되는 일이 흔하게 일어난다는 것입니다. 저는 사람들이 이 단계에 이르러서 결국 판단하는 마음에 무너지는 것을 봐 왔습니다. 슬픔이 느껴질 때 '나는 실패자야.' '나는 아무리 애써도 부족해.'와 같은 우리의 핵심 신념이 작동하기 쉽습니다. 혹은 판단하는 마음이 나타나서 "너 도대체 뭐하는 거야? 더 강하게 나갔어야지."와 같은 말들을 하기가 쉽습니다. 이때 일어나는 전형적인 반응은 자책입니다. "네 말이 맞아. 나는 더 강했어야 했어. 나는 나약해."라고 답하는 거죠. 이런 반응은 대개 수치심을 유발합니다.

탱니와 디어링(Tangney & Dearing, 2002)은 수치심과 죄책감 분야의 선구자입니다. 그들의 연구뿐만 아니라 저서인 『수치심과 죄책감(Shame and Guilt)』에서 보여지는 자료들 속에서도 수치심을 강렬한 감정으로 묘사하고 있습니다. 그들은 수치심을 자신이 나쁘거나 결함이 있다는 핵심 신념 및 자기 판단과 관련된 감정이라고 설명합니다. 수치심 및 죄책감과 관련된 일반적인 핵심 신념에는 자신이 사랑받을 수 없고, 무력하며, 부적절하고, 항상 부족하고 실패한다는 생각들이 있습니다. 탱니와 디어링(2002)은 수치심이 무력감, 취약함, 무기력과 관련이 있다고 설명합니다. 또한 수치심은 회피 및 고립과 관련이 있다고 언급합니다. 수치심은 의미 있는 활동에 참여하거나 노출 연습을 해 나가는 데 방해물로 작동하곤 합니다.

마이키의 이야기

매번 마이키가 정신적 강박 행동을 할 때마다, 그의 강박증은 그가 실패할 것이라고 말했습니다. 문제를 해결하려 애쓰고, 속으로 목록을 작성하거나, 속으로 검토하는 식의 정신적 강박 행동을 당신이 경험해 보았다면 그것들을 모두 멈추는 것이 불가능하다는 것을 알고 있을 것입니다. 강박 증상을 멈추기보다 강박 행동을 하고 있는 마음을 알아차린 다음, 다시 노출을 하는 것으로 초점을 돌리는 것이 목표입니다.

몇 주 동안 마이키는 노출을 하지 않은 것에 대해 불만을 느끼며, 속으로 자책하면서 시간을 보냈습니다. "나는 대체 왜 이러는 걸까? 문제 해결하기를 하는 것보다 더 좋은 방향이 있다는 것을 알아야 했는데. 나는 실패한 거야."라며 그는 엄청난 수치심을 느꼈고, 자신의 실패에 대해 계속 반추했습니다. 그는 우울감을 느꼈고, 방 안에 스스로를 고립시켰습니다.

자기 자비 연습을 통해 수치심을 정면으로 이해한 이후에 그는 자기 비판이 자신에게 중요한 일을 하고, 앞으로 나아가고, 가족과 함께 시간을 보내는 데 방해가 된다는 것을 알 수 있었습니다. 그는 또한 더 기꺼이 노출에 참여했습니다.

수치심 대 죄책감

수치심은 죄책감과 다릅니다. 수치심은 당신이라는 사람 그 자체에 대한 생각('나는 나쁜 사람이야.')과 관련이 있는 반면, 죄책감은 특정 방식으로 행동한 것에 대한 생각('내가 한 행동은 나빴어.')과 관련이 있습니다(Tangney & Dearing, 2002). 예를 들어, 우리는 교회에 가지 않았거나 친구에게 거짓말을 한 것에 대해 죄책감을 느끼는 반면, 수치심은 자신이 본질적으로 결함이 있고 나쁘거나 결함이 있는 사람이라고 진정으로 믿는 것입니다. 수치심은 종종 완벽주의와 관련이 있습니다(Tangney, 2002).

관찰해 보기 **수치심 대 죄책감**

당신의 삶에서 수치심을 느꼈을 때와 죄책감을 느꼈을 때의 각각 예를 제시해 보세요. 두 경험에서 느꼈던 생각들에 이름을 붙여 보세요. 두 경험은 어떤 부분이 비슷하고 어떤 부분이 다른가요?

수치심과 강박증

와이가든과 렌쇼(Weingarden & Renshaw, 2015)의 연구에 따르면, 강박증을 가진 사람들은 정신 질환을 가지고 있다는 생각으로 수치심을 경험하거나, 여러 형태의 강박 사고 경험으로 인한 수치심으로 고통받을 수 있다고 합니다. 후자를 증상 기반 수치심이라고 부르며, 이는 해를 입히는 생각이나 성적 · 종교적 강박 사고와 연관되어 나타나는 경향이 있습니다.

새디의 이야기

새디는 서른 살의 여성으로, 가족에 대해 성적인 생각을 하기 때문에 자신이 나쁜 사람이라는 생각에 사로잡혀 있습니다. 그녀는 이것은 큰 죄이며, 지옥에 갈지도 모른다는 생각을 했죠. 새디는 엄청난 수치심을 느꼈고 가족들과 함께 있는 것을 피했습니다. 자기 자비 연습의 도움으로 새디는 자신의 강박 사고를 더 잘 받아들이고 자신에게 더 친절해질 수 있었습니다. 그녀는 누구나 비정상적인 생각을 가지고 있으며, 이러한 생각은 자신이 통제할 수 없는 것임을 인식할 수 있었습니다.

관찰해 보기 **당신에게 수치심이 나타나는 때는 언제인가요?**

수치심을 경험했던 상황을 세 가지 이상 나열하세요. 각 상황에서 수치심에 어떻게 반응했나요? 6장에서 언급했던 전형적인 반응들을 다시 확인해 보세요. 이러한 반응들이 장기적으로 도움이 되었나요? 수치심을 경험하는 순간과 그 후에 어떤 것들을 알아차렸나요?

....

....

....

....

....

자기 자비를 연습하면 수치심을 넘어 자신의 미래에 초점을 두는 데 도움이 될 것입니다. 자기 자비에 대해 자세히 배워 봅시다.

자기 자비란 무엇일까

인생에는 수많은 실패가 함께합니다. 인간으로서 우리는 실패할 수 있습니다. 우리들은 실패할 때 인간 존재의 정상적인 한 부분으로 실패를 받아들이기보다는 자신을 비난하는 법을 배웠습니다. 실패했을 때 당신 자신의 판단하는 마음 속에서 이런 목소리를 들은 적이 있었을 것입니다. “너 왜 그래? 넌 더 잘 알고 있었어야지. 이건 다 네 잘못이야.” 하고요. 판단하는 마음이 우리를 짓누를 때, 우리가 느끼고 필요로 하는 것이 무엇인지 마음챙김의 태도를 갖기 어려워집니다. 이럴 때 자기 자비가 도움이 될 수 있습니다.

네프와 거머(Neff & Germer, 2018)는 자기 자비 분야의 선구자입니다. 이들은 자신들의 연구를 바탕으로 마음챙김 자기 자비(Mindful Self-Compassion: MSC) 프로그램을 개발했습니다. 이들은 자기 자비를 고통스러울 때 자신을 돌보는 것으로 설명하는데, 여기에는 강렬한 감정들을 경험해 내고 자신이 어떤 부분에서는 잘못된 부분이 있을 수 있음을 믿는 것이 포함됩니다. 이 모델에서 자기 자비는 자신이 고통받고 있다는 사실을 인식하고 자신을 위로하거나 달래는 것이기도 합니다. 즉, 인간의 삶에는 고통이 따르고, 우리 모두는 사랑과 친절을 받을 자격이 있기 때문에 자기 자신을 친한 친구처럼 대하는 것이죠. ‘이런 감성적이고 부드러운 얘기는 나랑 안 맞는데.’라고 생각할 수도 있습니다. 자기 자비는 단순히 감성적이고 부드러운 것이 아닙니다. 이것은 자기 자신을 옹호하고 친절을 베풀기 위해, 스스로 딛고 일어서는 것을 의미하기도 합니다. 우리 대부분은 사랑하는 사람들에게는 자비심을 가지고 대하지만, 정작 자신에게 자비로운 태도를 취하는 데는 어려움을 겪습니다. MSC 모델은 우리에게 이것을 가르쳐 줍니다.

자기 자비는 어떤 효과가 있을까

자기 자비를 실천하는 사람들은 더 큰 행복감을 느끼며, 더 마음챙김 하면서 살고, 더 친절한 경향이 있습니다(Neff & Germer, 2013). 또한 스트레스, 불안, 우울증을 덜 경험합니다(MacBeth & Gumley, 2012). 자기 자비를 실천하는 것은 쉽지 않지만 긍정적인 결과를 주는 것은 분명합니다.

다른 연구자들은 자기 자비가 다양한 불안 장애를 가진 사람들에게 미칠 수 있는 영향을 조사했습니다. 그 결과, 이 책에 소개된 것과 같은 자기 자비 연습이 사람들의 삶에 긍정적인 영향을 미친다는 사실을 발견했습니다. 이들은 사회불안 및 범불안 장애와 관련된 증상을 덜 경험했습니다(Werner et al., 2012; Hoge et al., 2013).

불안을 넘어 강박증과 관련된 다른 문제까지 살펴보면, 연구자들은 자기 자비 기술이 수치심(Luoma & Platt, 2015; Gilbert & Procter, 2006), 사고 억제(thought suppression), 완벽주의(Williams, 2008)를 극복하는 데 도움이 된다는 사실을 발견했습니다. 자기 자비를 실천하는 사람은 실패를 두려워하지 않으며(Neff, Hsieh, & Dejitterat, 2005) 회복탄력성이 높아, 실패하더라도 다시 시도할 가능성이 더 높습니다(Neely et al., 2009). 자기 자비는 마음챙김과 양의 상관관계가 있고 반추, 걱정, 회피와 음의 상관관계가 있습니다(Raes, 2010; Thompson & Waltz, 2008)(자기 자비를 연습하면 마음챙김을 잘할 수 있게 되고, 반추, 걱정, 회피는 줄어든다는 뜻–역주). 마지막으로, 자기 자비를 실천하는 사람들은 고통 속에서도 외로움을 크게 느끼지 않고, 사회적으로 더 연결되어 있다고 느끼는 경향이 있습니다(Neff & Beretvas, 2013).

자기 자비는 어떻게 작동할까

우리는 무언가를 돌보게끔 태어났습니다(Neff, 2011). 우리에게 필요한 건 뇌 속 돌봄과 연관된 부분을 활성화하는 방법을 배우는 것입니다. 고통스러운 순간에 자신을 위로할 때, 우리는 뇌의 돌봄과 연관된 영역을 활용하고, 옥시토신이 방출됩니다. 그 덕분에 우리는 더 많은 신뢰감을 느낄 수 있습니다(De Dreu et al., 2010). 이를 통해 우리는 더 다른 사람과 연결되어 있고, 평화롭고, 안전하다고 느끼게 됩니다(Neff, 2011). 옥시토신은 또한 불안과 두려움을 덜 느끼는 것과도 관련이 있습니다(Meyer-Lindenberg et al., 2011). 자기 자비를 연습하는 것은 강박 증상에 압도당하고 있다고 느낄 때 도움이 될 수 있습니다.

노출을 하기에는 자극들에 너무 크게 영향을 받아서 압도적으로 느껴질 때가 자기 자비를 연습할 수 있는 기회입니다. 다음번 노출이 부담스러워 노출을 피하고 싶을 때, 먼저 자기 자비를 연습한 다음, 다시 노출을 시도해 보세요. 어떤 일이 일어나는지 알아차려 보세요. 자기 자비 연습은 강박증을 가진 사람들이 불안감을 덜 느끼고, 어려운 감정과 함께할 수 있게 되거나, 도전적인 일을 하려는 의지가 높아질 수 있도록 도와줍니다.

자기 자비의 세 가지 구성 요소

네프와 거머(2018)에 따르면 자기 자비에는 세 가지 구성 요소가 있습니다.

1. 마음챙김(판단 없이 고통을 인식하는 것)
2. 자기 친절(자신에게 좋은 말과 좋은 행동을 하는 것)
3. 보편적 인간성(고통받는 사람이 나만이 아님을 스스로 상기하기)

마음챙김

지금쯤이면 당신은 마음챙김을 연습했을 테고, 그 의미를 잘 알고 있을 겁니다. 만약 그렇지 않다면 다시 한번 알려드리도록 하겠습니다. 마음챙김이란 현재 순간에 대한(우리의 정신적 · 신체적 경험에 대한) 알아차림이며, 우리의 모든 경험을 포용하기 위해 판단하는 생각을 그저 흘러가도록 허용해 주는 것을 말합니다. 5장을 다시 읽으면서 복습해 볼 수 있습니다.

네프와 거머는 마음챙김이 자기 자비를 일으키는 데 필수적이라고 믿습니다. 마음챙김에서는 "지금은 고통스러운 순간이고, 이런 감정을 느끼는 건 자연스러운 거예요."라고 말합니다. 한편, 자기 자비는 "자신에게 친절하세요. 소중한 친구를 대하듯이 자신을 대하세요."라고 말하죠(2018, p. 44).

네프와 거머는 마음챙김과 자기 자비가 우리가 고통받을 때 다른 사람과 우리 자신을 사랑하고, 연결되고, 존재할 수 있도록 도와준다고 덧붙입니다. 자기 자비를 실천하는 사람들은 자신에게 더 친절할 뿐만 아니라 다른 사람들에게 더 사랑을 베푸려는 경향이 있습니다(Neff & Germer, 2013). 마음챙김과 자기 자비 기술들은 모두 우리의 기분과 삶의 질에 긍정적인 영향을 미칩니다(López, Sanderman, & Schroevers, 2016).

자기 친절

네프와 거머(2018)에 따르면 자기 친절(self-kindness)은 자신이 실패하고 있거나 충분히 잘하고 있지 않다고 느낄 때도 사랑과 이해로 자신을 대하는 것입니다. 이는 당신을 적극적으로 위로하는 일이기도 합니다. 우리 대부분은 실수를 저질렀을 때나 실패하는 것처럼 느낄 때, 판단하는 마음이 자신을 비판하는 것에 익숙합니다. 자기 친절은 판단하는 마음을 알아차릴 수 있게 하며, 자기 비판에 사로잡히는 대신, 사랑의 행동으로 방향을 전환하도록 가르쳐 줍니다.

자기 친절은 판단하는 마음이 나타나서 "넌 뭐가 문제야? 넌 너무 약해 빠졌어. 빨리 극복해."와 같은 말을 할 때 도움이 됩니다. 자기 친절은 마음이 "다른 사람들이 너보다 더 잘 처리할 수 있어."라고 말할 때도 도움이 될 수 있습니다. 이때 스스로 "이런 생각이나 자신이나 다른 사람들에게 친절하고 사랑스럽게 대할 수 있게 해 줄까?"라고 물어보세요. 대답이 '아니요'라면 7장에서 배운 기술을 사용하여 그 생각에서 벗어나 사랑을 주는 행동을 선택해 볼 수 있습니다. 그런 행동의 예를 들면, "지금 내 기분은 어때? 장기적인 관점에서 나를 잘 돌보기 위해 필요한 건 어떤 거야?"라고 나에게 물어보고 그 행동을 해 주는 것입니다.

연습 **고통스러울 때 자기 친절을 행하기**

이 연습(Neff & Germer, 2018의 허락을 받아 각색)은 당신이 고통스러울 때 당신 자신에게 친절해지도록 안내합니다.

당신의 마음이 당신에게 '충분하지 않아, 큰 결함이 있어, 사랑받을 수 없어, 실패할 거야.''라고 말하는 것을 알아차릴 때 당신은 자신을 어떻게 대하고 싶나요? 당신은 어떻게 스스로를 위로하고 있는 그대로 받아 줄 수 있을까요? 이런 행동이 어떤 모습으로 나타나나요?

....

....

....

....

....

....

예시는 다음과 같습니다. "내가 두려움을 느끼고 있구나. 두려움을 느껴도 괜찮아. 누구나 때때로 두려움을 느끼니까. 이 상황이 나에게 의미가 있지 않았다면, 두렵다고 느끼지도 않았을 거야. 배우고 사랑하며 살기 위해 내가 좀 더 친절하고 용기를 낼 수 있기를 바라."

자기 자비는 빠른 해결책은 아닙니다. 당신에게 필요한 것이 무엇인지 당신 스스로에게 물어볼 때, 당신의 강박증은 강박 행동을 하도록 재촉할지 모릅니다. 하지만 이때 한 번 자신에게 물어보세요. "이것이 장기적인 관점에서 정말 나에게 필요한 것인가?"라고요. 강박 행동을 하는 대신, 당신에게 필요한 것이 용기나 스스로에 대한 친절은 아닌지 살펴보세요.

이러한 필요를 충족하기 위해 해 볼 수 있는 것은 자기 자비 연습이나 노출 연습, 치료를 받거나, 강박증 치료 그룹이나 온라인 강박증 포럼에 참여하는 시도들입니다. 자기 자비는 자신이 마땅히 대우받아야 할 방식으로 스스로를 대하고 자신의 가치에 전념하는 것입니다.

연습 **자신에게 필요한 것이 무엇인지 물어보기**

지금 이 순간, 자신의 기분을 알아차리고 다음과 같이 따라 해 보세요.

"나는 .... 을 느끼고 있어."

그런 다음, 장기적으로 자신을 잘 돌보기 위해 무엇이 필요한지 스스로에게 물어보세요. 그리고 다음을 따라 말해 보세요.

"나는 장기적인 관점에서 .... 가 필요해."

그런 다음, 이것을 추구할 때 어떤 모습으로 보일 수 있을지 스스로에게 물어보세요. 그리고 다음을 따라 말해 보세요.

"이것은 .... 하는 모습으로 보일 수 있어."

그런 다음, 스스로에게 "나는 이런 식으로 자신을 돌볼 의향이 있나? 그렇다면 언제인가?"라고 물어봅니다. 아마도 그것은 지금 당장 할 수 있는 일이거나, 일정표에 일정을 잡아야 하는 일일 수 있습니다.

당신을 보살피는 또 다른 방법은 부드러운 손길 연습(soothing touch; Neff & Germer, 2018)입니다. 스스로를 부드러운 손길로 안아 주는 일은 뇌의 돌봄 영역을 자극하여 옥시토신을 분비하게 하고, 안전감과 연결감을 느끼게 하며, 이는 가치에 기반한 삶을 살 수 있도록 해 줍니다(Neff, 2011).

연습 **부드러운 손길 연습**

이 연습(Neff & Germer, 2018, p. 33의 허가를 받아 각색)을 실습할 때는 아무도 방해하지 않는 사적인 공간에 있으면 더 좋습니다. 누워서 또는 앉아서 해도 되고, 눈을 뜨고 또는 눈을 감고 해도 됩니다. 당신 자신과 연결감을 느끼는 데 도움이 된다면, 어떤 방식이든 좋습니다.

- 스트레스를 받는다는 느낌이 들면 2~3회 깊고 만족감을 주는 호흡을 합니다.
- 손의 부드러운 압력과 온기를 느끼면서 가슴의 심장 부위에 손을 가볍게 얹습니다. 원한다면 양손을 모두 가슴 위에 올려놓으세요.
- 숨을 들이마시고 내쉴 때 가슴이 자연스럽게 오르내리는 것을 느껴 보세요.
- 원하는 만큼 오랫동안 그 느낌에 머무르세요.

몸의 어느 부위를 만졌을 때 가장 보살핌을 받는 느낌이 드는지 자유롭게 탐색해 보세요. 다음과 같은 방법도 있습니다.

- 한 손으로 다른 손을 잡기
- 한 손으로 다른 손을 쓰다듬기
- 한 손을 심장 위로 올리기
- 양손으로 가슴을 감싸고 안쪽 손은 주먹을 쥐기
- 한 손은 배에, 다른 한 손은 심장 위에 올려놓기
- 양손 모두 배에 올리기
- 한 손을 뺨 위에 올리기
- 양손으로 얼굴 감싸기
- 팔을 부드럽게 쓰다듬기
- 팔짱을 끼고 부드럽게 자신을 안아 주기
- 가슴을 위아래로 또는 작은 원을 그리며 부드럽게 쓰다듬기
- 무릎에 양손 손바닥이 하늘을 향하게 하고 포개어 얹기

관찰해 보기: 이 연습을 하면서 어떤 것을 알아차렸나요? 어떤 동작이 가장 위로가 되었나요? 그 동작들이 위로가 된다는 것을 어떻게 알았나요? 어떤 신체 감각이 위로받는 느낌과 연관 있었나

요(개방감, 가벼운 느낌, 이완감)?

....

....

....

....

....

....

....

이 동작이 효과가 있다면, 고통스러운 감정을 경험할 때 자유롭게 이 동작을 사용해 보세요. 그러나 이러한 동작이 불편하거나 이상하게 느껴질 수 있습니다. 당신뿐만 아니라 많은 사람들이 그렇게 느낍니다. 자기 자비 연습이 때로 고통을 불러일으킬 수 있습니다(Neff & Germer, 2018). 자신을 사랑스러운 방식으로 대하기 시작할 때, 사랑이 필요했지만 받지 못했던 많은 순간들이 떠오르는 것은 흔한 일입니다. 따라서 이러한 연습 중 일부는 모든 사람에게 보살피는 느낌을 주지 않을 수 있습니다. 이런 경우 네프와 거머는 당신에게 위로를 줄 수 있는 다른 것들에 참여할 것을 제안합니다(2018). 애완동물을 안아 주거나, 부드러운 담요를 껴안거나, 이불 밑에서 공 모양으로 몸을 웅크리는 것 등이 위로가 되는 동작이 될 수 있습니다. 어떤 행동이든 자신을 보살피고 돌보는 데 도움이 되는 행동을 실천해 보세요.

보편적 인간성

자비심은 우리를 다른 모든 생명체와 연결하며 고통, 아픔, 실패가 인간으로서 누구나 경험하는 정상적인 것임을 알게 합니다(Neff, 2011). 다른 사람들과 이러한 공통점이 있다는 것을 인식하면 우리가 다른 이들과 연결되어 있음을 더 느끼고, 덜 외롭다고 느끼는 데 도움이 될 수 있습니다.

강박증은 당신의 다른 취약한 부분들과 마찬가지로 가족, 환경, 생활 스트레스 요인, 유전적 요인 등 당신이 통제할 수 없는 많은 요소들로 인한 결과입니다(Neff, 2011, p. 17). 자기 자신과 자신의 삶, 그리고 타인을 수용하는 것(4장에서 자세히 논의되었던)은 자기 자비의 일부입니다. 여기에는 당신의 강박증 및 경험할 수 있는 기타 취약한 부분들을 받아들이며, 고통 속에서도 혼자가 아니라는 사실을 인식하는 것이 포함됩니다.

다음은 다른 사람들과 더 많이 연결되어 있다고 느낄 수 있는 몇 가지 방법입니다.

- 자기 자비 수업에 등록하세요. 오프라인 또는 온라인 수업을 마음챙김 자기 자비 센터(Center for Mindful Self-Compassion)에서 신청할 수 있습니다.
- 국제 강박증 재단(International OCD Foundation)에서 찾을 수 있는 강박증 모임에 가입하세요.
- 소셜 미디어에서 강박증과 연관된 유용한 링크를 팔로우하세요. 예를 들면, 페이스북에서 'Penny for Your Intrusive Thoughts'나 'The OCD Stories'와 같은 것들이 있습니다.
- 브렌 브라운(Brené Brown)의 아무 콘텐츠(유튜브 동영상, 팟캐스트, 책)나 확인해 보세요.
- Huddle.care에서 강박증 온라인 치료 그룹에 가입하세요.
- 지역사회 정신건강복지센터에서 열리는 수업에 참여하세요.
- 아이들에게 책을 읽어 주거나, 동물을 돌보거나, 노인을 돕는 자원봉사에 참여해 보세요.
- 지역사회에서 참여해 보고 싶은 단체의 공개 세미나에 참석하세요.
- 두 사람에게 당신을 소개해 보세요.
- 관심 있는 취미 동아리 모임에 가입해 보세요.
- 온라인 강박증 그룹에 가입하세요.
- 자기 자비를 연습하세요.

이는 강박증으로 고통 받는 사람이 당신 혼자가 아니라는 사실을 상기시킬 수 있는 몇 가지 방법입니다. 이 장의 나머지 부분에서는 자기 자비를 연습하는 데 초점을 맞출 것입니다.

자기 자비 연습하기

자기 자비를 연습하는 여러 가지 방법이 있습니다. 당신은 이미 이 장의 앞부분에서 몇 가지 연습을 해 보았습니다. 또 다른 연습 방법은 자기 자비 선언문을 작성하는 것입니다.

연습 자기 자비 선언문 작성하기

이 연습(Neff & Germer, 2018의 허락을 받아 각색)은 어려운 감정에 직면했을 때 할 수 있습니다. 자신의 몸에서 어떤 느낌이 나타나는지 알아차린 다음, 아주 천천히 사랑스러운 어조로 다음 문구를 반복하세요. 지금 이 순간, 힘들어하는 가장 친한 친구, 어린아이, 강아지에게 말하는 것처럼 자신에게 말하세요. 이 자기 자비 선언문을 통해 자신의 필요에 따라 단어를 자유롭게 바꾸어도 좋습니다.

1. "나는 .... [슬프고, 화나고, 죄책감, 두려움 등]을 느껴."
2. "나는 .... [앞과 같은 느낌을 넣으세요]을 느끼지만, 괜찮아."
3. "누구나 때로 .... [앞과 같은 느낌을 넣으세요]을 느끼니까."
4. "강박증을 포함한 나의 취약한 부분들을 받아들일 수 있기를 바라."
5. "인생에서 나에게 .... [사랑, 배움, 독립, 자유 등]처럼 중요한 것들에 더 가까이 다가갈 수 있도록 .... [나 자신에게 친절하기, 용기를 가지기]하기를 바라."

이 연습을 천천히 다섯 번 반복하면서 어려운 순간에 자신에게 친절하고 수용적인 태도를 취하는 것이 어떤 느낌인지 알아차려 보세요. 불안을 줄이는 내용을 생략하거나 자신의 감정과 연결되는 데 도움이 되는 내용을 추가하는 등 자유롭게 해 보세요.

관찰해 보기: 자기 자비 선언문을 연습하면서 몸에서 어떤 것을 알아차렸나요?

....

....

....

....

....

이 자기 자비 선언문을 사용하면 강박증이 나타날 때 불확실함을 받아들이는 데 도움이 될 수 있습니다. 몇 가지 벗어나기 기술을 추가해 보는 것도 도움이 됩니다. 다음과 같은 문구를 선언문에 추가하면 됩니다. 이전과 마찬가지로, 이 문장을 아주 천천히 사랑스러운 어조로 읽어 내려 가세요. 자신의 필요에 따라 단어들을 자유롭게 바꾸어도 좋습니다.

연습 자비롭게 불확실함을 받아들이기

현재 떠오르는 강박 사고나 최근에 경험한 강박 사고를 떠올리고 자기 자비 선언문에 다음 내용을 추가하세요.

1. "나는 .... [가장 두려운 것을 쓰세요]에 대한 두려움을 알아차리고 있어."
2. "나는 .... [가장 두려운 것을 쓰세요]가 일어날지 알 수 없어. 물론 일어날 수도 있겠지."
3. "나는 .... [슬프고, 화나고, 죄책감, 두려움 등]을 느껴."
4. "나는 .... [위와 같은 느낌을 쓰세요]을 느끼지만, 괜찮아."

5. "누구나 때때로 .... [앞과 같은 느낌을 쓰세요]을 느끼니까."
6. "강박증을 포함한 나의 취약한 부분들을 받아들일 수 있기를 바라."
5. "인생에서 나에게 .... [사랑, 배움, 독립, 자유 등]처럼 중요한 것들에 더 가까이 다가갈 수 있도록 .... [나 자신에게 친절하기, 용기를 가지기]를 바라."

....

관찰해 보기: 불확실한 느낌과 탈융합이 더해진 자기 자비 선언문을 연습하면서 몸에서 어떤 것을 알아차렸나요?

....

....

....

....

강박 증상이 나타날 때마다 앞의 문구를 반복하면, 자비로운 방식으로 감정과 두려움을 받아들이는 데 도움이 될 수 있습니다.

자기 자비가 회피 행동이 될 때

자기 자비는 고통스러운 순간을 겪어 내는 데 도움을 주기 위한 것입니다. 은유적으로 표현하자면 자신의 손을 잡아 주면서도 고통에 마음을 여는 것입니다. 그러나 고통을 줄이기 위해 또는 두려움이나 감정에 직면하지 않기 위해 자기 자비를 사용한다면 이는 회피 행동일 수 있습니다. 자기 자비 명상과 선언문을 사용할 때는 그 목적이 어디에 있는지 유념하세요. 그것들이 고통을 받아들이는 데(수용하는 데) 도움이 되는 건가요? 아니면 고통에서 벗어나는 데 도움이 되는 건가요? 삶의 환경이나 강박 증상이 변하는 것과 관련지어 이 질문에 답하는 것은 수용하는 게 아닐 수 있습니다. 그러므로 다음과 같은 진술에 유의하세요.

"내 가족이 내가 원하는 대로 하길 바라."

"내 강박증이 사라지길 원해."

"이런 감정을 느끼지 않는 방법을 배우고 싶어."

자기 자비 선언문은 강박 증상 그 자체에 대한 직접적인 반응이 되어서는 안 됩니다. 그보다는 강박 증상으로 인한 자신의 감정에 대한 반응이 되어야 합니다. 자신의 감정을 인정해 주고, 당신은 혼자가 아니라 한 인간일 뿐이며, 당신이 할 수 있는 최선을 다하고 있다는 사실을 상기시켜 주는 것이어야 합니다. 자기 자비 선언문은 우리가 있는 그대로를 친절한 방식으로 느끼도록 돕기 위한 것입니다. 자기 자비는 오직 안도감을 위한 것은 아니며 불안을 줄이거나 통제하기 위한 목적도 아닙니다. 안도감이나 회피 행동이 목적인 자기 자비 선언문의 예는 다음과 같습니다.

"나는 나쁜 사람이 아니야. 나는 좋은 사람이야."

"나는 지옥에 가지 않을 거야. 나는 괜찮을 거야."

"모든 것이 괜찮을 거야. 나쁜 일은 일어나지 않을 거야."

자기 자비를 연습하는 동안에도 우리는 불확실함을 받아들이길 바랍니다. 이 다음에 나올 연습은 친절하고 사랑스러운 방식으로 불확실함을 받아들이는 방법을 알려 줄 것입니다. 지금 연습해 본 후, 매일 그리고 강렬한 감정적 반응을 갖게 될 때마다 계속 연습하세요.

관찰해 보기 **회피 행동 모니터링하기**

경험을 회피하기 위해 자기 자비를 사용하고 있는지 어떻게 알 수 있을까요? 어떤 모습으로 나타날까요?

....

....

....

....

생활 속에서의 자기 자비 실천하기

수치심을 경험하는 대부분의 사람들은 사랑받기를 원합니다. 그것을 위한 아주 좋은 출발점은 자기 사랑(self-love)입니다. 하지만 안타깝게도 우리 대부분은 자기 사랑에 능숙하지 못합니다. 우리는 종종 우리 자신보다 다른 사람들을 더 잘 대합니다. 저를 포함한 대부분의 사람들에게서 자기 자비 선언문은 자연스럽게 나오지 않습니다. 우리에게 익숙한 기본 상태는 이미 우리가 위축되어 있을 때 자기 판단을 통해 언어적으로 자신을 더 채찍질하는 것입니다. 자기 자비 선언문이 저절로 나오려면 약간의 노력이 필요합니다. 규칙적인 연습이 중요하며, 규칙적인 연습은 힘들 때 이러한 문장이 더 빨리 나타나도록 해 줍니다.

자기 자비를 연습하는 더 많은 방법을 찾고 있다면 이 책의 웹사이트(https://hakjisa.co.kr)에 접속하여 무료로 제공되는 온라인 보충 자료를 참고하여 다음 연습을 시도해 보세요.

- 자신을 친구로 대하는 법 배우기
- 자기 자비 휴식 취하기
- 글쓰기를 통한 자기 자비 탐구하기

자기 자비를 실천하는 것은 어떤 사람에게는 다른 사람보다 쉽습니다. 당신이 새로운 시도를 하고 있다는 사실을 기억하는 것이 중요합니다. 이 연습이 어렵게 느껴진다면 “힘들더라도 이 연습을 하는 것이 나에게 중요한 이유는 무엇일까?”라고 스스로에게 물어보세요. 또한 이 연습을 위해 필요한 것이 있는지 스스로에게 물어보세요. 어떤 사람들은 하루에 2~5분과 같이 짧은 연습부터 시작하는 것이 필요할 수도 있습니다. 다른 사람들은 하루 중 방해가 덜한 시간대, 예를 들어 아침에 일어나자마자 자기 자비를 연습해야 할 수도 있습니다. 자기 자비를 연습하는 것이 당신의 가치에 부합하는 행동이라면 계속 실천하세요!

연습 생활 속에서 자기 자비 연습하기

매주 이 장이나 온라인 자료에서 자기 자비 연습 중 하나를 골라 명상 시간 중, 혹은 명상 시간 후에 더해서 매일 연습하세요.

어떤 자기 자비 연습부터 시작하시겠습니까?

....

....

....

몇 월 며칠 몇 시에 연습을 할 건가요?

....

....

....

일정표에 연습 일정을 적어 넣으세요. 연습 후 기분이 어떤지 알아차려 보세요. 당신의 일기나 이 책의 질문에 답을 쓰면서 어떤 것을 알아차렸는지 적어 보세요. 많은 사람이 가벼움, 따뜻함, 개방감 등 자비심과 관련된 특정 신체 감각을 알아차립니다.

....

관찰해 보기: 자기 자비 연습을 일주일간 하는 동안 혹은 그 이후에 어떤 것을 알아차렸나요?

....

....

....

....

....

....

자기 자비는 마음챙김, 자기 친절, 보편적 인간성으로 구성됩니다. 이 장의 연습은 고통을 친절하고 사랑스럽게 받아들이는 데 도움을 줄 수 있습니다. 자기 자비는 가치에 기반한 삶을 살 수 있도록, 자신과 타인에게 친절하게 대할 수 있게 해 줍니다. 자기 자비는 도피 수단으로 사용되기 위한 것이 아닙니다. 오히려 노출과 함께 사용됨으로써 어려운 감정을 받아들일 수 있게 도와줍니다.

이 연습들을 통해 당신이 자기 사랑이라는 선물을 얻을 수 있었기를 바랍니다. 강박증을 비롯하여 삶이 던져 주는 많은 장애물을 헤쳐 나가는 과정에서 당신 자신을 보살피는 법을 배울 수 있다는 건, 삶이 우리에게 주는 선물이기도 합니다.

9장

핵심 두려움 이해하기

여기까지 당신은 보다 목적이 있는 삶을 살기 위한 여러 단계를 밟아 왔습니다! 우리는 수용, 마음챙김, 벗어나기 기술을 배웠습니다. 당신은 자신의 가치들을 더 잘 이해하게 되었고, 가치에 기반한 행동을 실천한다는 것이 무엇인지도 잘 알게 되었습니다. 판단하는 마음과 수치심이 당신 마음의 문을 두드릴 때를 위해 자기 자비를 연습했었습니다. 당신은 이 중 일부를 하고 있을 수도 있고, 혹은 모든 방법을 다 사용하고 있을지도 모르겠습니다. 이 과정의 어느 단계에 있든, 당신은 잘하고 있습니다! 그 과정이 항상 내키지는 않겠지만, 자신이 해낸 일과 계속 열심히 하려는 의지에 대해 스스로를 칭찬해 주세요. 그리고 의미 있는 삶을 살기 위해 노력하는 당신에게 박수를 보내기 바랍니다.

이 장에서는 3장의 강박증 기록지를 검토하여 당신의 기저에 있는 강박증의 패턴을 알아보도록 하겠습니다. 이는 나중에 노출 목록을 만들 때 도움이 될 것입니다. 유심히 살펴봐야 할 패턴은 강박증의 기저에 있는 핵심 두려움(core fear)입니다. 대부분의 사람들의 핵심 두려움에는 불확실함의 요소가 있지만, 이것도 사람마다 조금씩 다를 수 있습니다. 이 장에서는 세 가지 일반적인 핵심 두려움들을 살펴보고, 당신이 가진 그 핵심 두려움을 발견하는 데 도움이 되는 연습을 해보도록 하겠습니다. 핵심 두려움을 인식하면 노출 상황과 일상에서 불확실함을 받아들이는 데 도움이 됩니다. 불확실함을 가지는 연습을 많이 할수록 불확실함을 더 잘 갖고 있게 될 것입니다. 먼저, 3장에서 당신이 작성한 기록지를 살펴보는 것으로 시작해 보겠습니다.

강박 증상 패턴 파악하기

지금쯤이면 강박증 기록지를 사용해 최소 2주 동안 강박 증상을 추적하고 있었을 것입니다. 2주간의 강박증 기록지를 완성할 때까지, 혹은 강박증 기록지에 모든 촉발 요인, 강박 사고, 강박 행동을 기재할 때까지는 이 장의 연습을 진행하지 마세요. 이 장의 연습은 자신의 강박 증상에 대해 온전한 전체 그림을 파악하고 있을 때 가장 유용합니다.

촉발 요인을 검토하다 보면 몇 가지 공통점을 발견할 수 있는데, 상황 전환이 그중 하나입니다. 예를 들면, 다음 같은 상황입니다. "강박 증상은 어딘가를 나가거나 들어갈 때 나타나요. 집이나 사무실을 나가기 직전이나, 집이나 사무실 혹은 다른 약속 장소에 들어갈 때도 강박 증상이 나타납니다." 또 다른 패턴은 음식과 관련이 있을 수 있습니다. 새로운 음식을 시도할 때마다, 또는 알 수 없는 음식이나 다른 사람이 준비한 음식 주변에 있을 때마다 소란스러워지는 강박 증상도 있습니다. "강박증은 내가 한 번도 가 본 적이 없는 식당에 친구들이 가자고 하거나, 친구들이 준비한 음식이 있는 식사 자리에 내가 초대 받을 때를 싫어해요."와 같은 패턴입니다.

노숙자, 매력적인 사람, 커플, 성소수자 커뮤니티의 사람들과 같이 특정 유형의 사람들이 당신의 강박 증상을 촉발한다는 것을 알아차리게 될 수도 있습니다. "나는 내 게이 친구들을 피하게 되는 것이 싫지만, 그들과 함께 있을 때 강박증은 내가 게이일지도 모른다고 말해요. 그리고 난 그럴지도 모른다는 생각을 견디기 힘들어요." 또는 "강박증은 내가 바람을 피울 수 있으니 매력적인 사람들과 눈을 마주치지 말라고 말합니다. 내가 배우자를 두고 바람을 피우게 될 수도 있으니까요."와 같은 패턴입니다. 강박증을 촉발하는 사람이나 사물과 함께하는 것이 당신에게도 중요하다면, 촉발 요인 파악을 통해 노출 연습을 해 나가는 데 도움을 받을 수 있습니다. 노출 연습은 당신에게 누구와 그리고 무엇과 함께할 것인지 선택하여 함께할 수 있는 자유를 줄 것입니다.

강박증 기록지 검토 **촉발 요인**

3장에서 작성한 당신의 기록지를 살펴보세요. 촉발 요인들에 공통점이 있나요? 혹시 하나 혹은 그 이상의 주제를 발견하셨나요? 그렇다면 그 주제는 무엇인가요? 발견하지 못해도 괜찮습니다. 모든 사람이 자신의 촉발 요인을 찾을 수 있게 되는 것은 아니니까요.

....

....

....

....

....

핵심 두려움

핵심 두려움은 강박 행동을 하지 않으면 어떤 일이 일어날지에 대해 강박증이 당신에게 말해 주는 내용들입니다. 그것은 당신이 가장 두려워하는 결과입니다. 핵심 두려움은 여러 개일 수 있으며, 강박증이 사용하는 언어에 따라 조금씩 그 모습이 다릅니다.

강박증 치료자이자 전문가인 알렉 폴라드(C. Alec Pollard) 박사는 강박증의 공통적인 핵심 두려움을 요약한 모델을 만들었습니다(Pollard, 2017). 다음 모델과 예시는 폴라드 박사의 다년간의 임상 경험을 바탕으로 하며, 그의 허락하에 이 책에 맞게 수정되었습니다. 폴라드 박사의 모델에는 강박증 환자들이 흔히 경험하는 세 가지 종류의 핵심 두려움이 있습니다. 바로 1) 재앙적 사건에 대한 두려움, 2) 불확실함에 대한 두려움, 3) 감정을 견딜 수 없는 것에 대한 두려움입니다.

재앙적 사건에 대한 두려움

재앙적 사건에 대한 두려움은 가까운 미래에 일어날 수 있는 특정 비관적인 사건에 초점을 맞추는 강박 사고와 연관됩니다.

- '오늘 저녁을 만드는 동안 내 배우자를 칼로 찌를지도 몰라.'
- '오늘 저녁에 가스가 샐 것이고, 나는 죽을지도 몰라.'
- '애인이 오늘 나와 대화를 나눈 후, 헤어지게 될 거야.'
- '이 공사장 옆을 지나가면 나는 사고로 죽게 될 거야.'
- '내가 탄 비행기가 추락해서 죽게 될 거야.'

재앙적 사건에 대한 두려움에는 책임과 관련된 이차적인 요소도 연관될 수 있습니다.

- '내가 친구들을 위해 저녁 식사를 만들면, 친구들은 식중독에 걸릴 것이고, 그건 다 내 잘못이야.'
- '오늘 집을 나설 때 충분히 내가 주의를 기울이지 않으면, 자연재해가 이번 주 내에 발생할 것이고, 이로 인해 수백 명이 사망할지도 몰라.'

케이틀린의 이야기

끊임없이 '너는 죽게 될 거야'라고 말을 하는 강박증에 시달리던 케이틀린(6장 참조)이 기억날지 모르겠습니다. '공사장 옆을 지나가면 무언가가 떨어져서 널 죽일 거야. 오늘 밤 가스가 새서, 창문을 열어 놓고 자지 않으면 죽을지도 몰라. 엘리베이터를 타면 갇혀서 질식해 죽을 거야. 그러니 엘리베이터를 절대 타지 마.'라는 생각들이 떠올랐습니다. 케이틀린은 직장 동료들과 회의가 있었지만 엘리베이터를 타지 못했습니다. 회의 직전에 뭔가를 잊어버렸다고 거짓말을 하고 계단을 이용하곤 했습니다.

걷고, 먹고, 여행할 수 있는 장소에 대한 그녀의 강박적인 규칙에 케이틀린의 남자 친구도 질려 있었습니다. 케이틀린은 이런 행동이 자신의 삶에 미치는 영향에 대해 수치심을 많이 느꼈습니다. 케이틀린은 노출 연습을 하는 동안 자신이 죽을 것이라는 재앙적 사건에 초점을 두고 관찰하는 노력이 도움이 된다는 것을 발견했습니다. 비록 이 과정이 힘들었지만, 그녀는 그것이 자신의 삶과 자유를 되찾는 데 도움이 된다는 것을 알게 되었습니다. 시간이 지남에 따라 그녀는 자신의 마음이 재앙적인 내용들과 강하게 연결되어 있다는 것도 알게 됐습니다. 결과적으로, 강박 증상이 말하는 것이 항상 사실이 아니라는 것도 깨달았죠.

핵심 두려움 차트를 사용하여 당신의 재앙적 두려움을 알아낼 수 있습니다. 다음은 케이틀린의 예를 적용한 차트입니다.

핵심 두려움 차트	케이틀린의 예	
내가 이 **촉발 요인**에 노출된다면	엘리베이터 타기	
그리고 **이 행동**을 통해 이런 위협을 낮추지 않으면	엘리베이터를 타지 않고 계단으로 가기	강박 행동
이러한 **재앙**이 발생할 것이다	나는 질식해서 죽을 것이다.	핵심 두려움

불확실함에 대한 두려움

6장의 내용을 떠올려 보면, 불확실함에 대한 두려움은 당신이 모르는 것을 견딜 수 없다고 마음이 말하는 것입니다. 알지 못하는 것에 대한 고통이 견딜 수 없고, 영원히 사라지지 않을지도 모른다는 데 대해 당신은 두려움을 느낍니다. 강박증은 앎에 대한 욕구와 필요성에 매우 초점을 맞춥니다. 불확실함을 견딜 수 없다는 것을 경험할 때, 당신은 끔찍한 사건이 발생하는 일보다도 불확실함을 다루지 못한다는 것에 대해 더 불안해하는 것을 알아차리게 됩니다. 강박 사고는 사건이나 개인적인 특성의 모호한 부분에 초점을 맞추는 경향이 있습니다. 이러한 두려움을 가진 사람은 모르는 것을 힘들어하며, 상황을 파악하는 데 상당한 시간을 소비합니다.

- '나는 언젠가 통제력을 잃고 자신이나 다른 사람을 죽일지도 몰라.'
- '내가 게이인지 이성애자인지 모르겠어.'
- '내가 나쁜 사람인지 아닌지 모르겠어.'
- '언젠가 내가 아이를 해치게 되면 어떡하지?'
- '내가 사귀는 사람이 나와 정말 잘 맞는 사람인지 모르겠어.'

불확실함을 견딜 수 없었던 제프의 경험을 살펴봅시다.

제프의 이야기

제프는 어렸을 때부터 시작된 강박증을 앓고 있는 60세 남성입니다. 제프는 평생 동안 '나는 나쁜 놈이야.'라는 핵심 신념에 사로잡혀 있었습니다. 그의 최근 강박 사고는 동물이나 사람이 죽거나 다치는 등 나쁜 일이 일어나는 데 자신이 책임이 있을지도 모른다는 것입니다. 자신이 다른 사람에게 해를 끼칠 수 있는 나쁜 사람이라는 믿음은 대인관계에서 융통성이 없는 행동으로 이어졌습니다. 예를 들어, 제프는 가족 구성원의 애완동물을 자신이 돌보거나, 매우 붐비거나 혼잡한 장소에서 운전하는 것을 거부했는데, 이는 나쁜 일이 생기면 자신이 책임을 질지도 모른다는 두려움 때문이었습니다. 그의 강박증은 그에게 언젠가 통제력을 잃고 가장 사랑하는 사람인 아내를 죽일지도 모른다고 말했습니다. 그는 "내가 그런 행동을 하게 될지 모른다는 것을 견딜 수 없어서, 나는 아내를 안전하게 지키기 위해 집을 떠났습니다."라고 이야기했습니다. 두 사람을 떨어뜨려 놓음으로써 제프의 강박증은 그와 그의 아내를 모두 고통스럽게 만들었습니다. 노출 연습을 하면서, 제프는 불확실함에 따른 생각과 감정을 받아들였습니다. "저는 통제력을 잃고 아내를 죽일지도 모릅니다. 저는 제가 그럴지 아닐지 알 수 없고, 앞으로도 영원히 알 수 없을지도 모르죠." 힘들었지만 시간이 지남에 따라 그는 아내와 함께 지낼 수 있었습니다. 여전히 자신이 아내를 해칠지도 모른다는 의구심을 항상 품고 있었지만, 이러한 불확실함과 함께할 수 있게 되면서 자신에게 가장 중요한 일, 즉 아내와 많은 시간을 함께하는 선택을 할 수 있게 됐습니다.

제프의 예에서 핵심 두려움 차트는 다음과 같습니다.

핵심 두려움 차트	제프의 예	
내가 이 **촉발 요인**에 노출된다면	나의 아내	
그리고 **이 행동**을 통해 이런 위협을 낮추지 않으면	아내 주변에 있는 것을 피하기 위해 집을 떠나는 것	강박 행동
이러한 **재앙**이 발생할 것이다.	나는 내가 아내를 죽일 수 있을지 알 수 없을 것이다. 알지 못한다는 고통은 견딜 수 없을 것이고, 사라지지 않을 것이다.	핵심 두려움

감정을 견딜 수 없는 것에 대한 두려움(감정 불내성)

감정 불내성은 감정이나 느낌을 못 견딜 거라 믿는 것을 말합니다. 이러한 감정에 대한 강박 사고를 경험할 수도 있고 그러지 못할 수도 있습니다. 당신은 도망치거나 당장 벗어나고 싶은 충동을 알아차리게 될 수도 있습니다.

- '무언가를 피하거나 바꿔야 한다는 충동을 느껴.'
- '그냥 뭔가 제대로 되지 않았다고 느껴.'
- '뭔가 토할 것 같아.'
- '이 느낌은 절대 사라지지 않을 거야.'
- '나는 결코 행복하지 못할 거야.'

롭의 이야기

롭은 강박증이 자신의 시간과 에너지를 빨아들이고 있었기 때문에 도움을 구하게 됐습니다. 그는 특정 강박 사고를 알아차릴 수는 없어도 여러 가지 의식과 강박 행동에 시달렸는데, 이 모든 것이 '뭔가 제대로 되지 않았다.'는 느낌에서 비롯된 것이었습니다. 그는 "때때로 저는 뭔가 잘못됐다고 느껴서 어떤 행동을 반복하거나, 제대로 됐다고 느껴질 때까지 특정 방식으로 해야 했습니다. 예를 들어, 빨래를 할 때 제대로 됐다고 느껴질 때까지 다이얼을 특정 횟수만큼 돌리고 나서야 빨래를 마칠 수 있습니다. 또한 저는 아침 루틴이 있는데 샤워, 양치질, 옷 입기도 제가 제대로 된 느낌이 들 때까지 일정한 방식으로 반복합니다."라고 말했습니다.

롭은 최근 여자 친구와 헤어진 후 매우 슬픈 기분이 든다고 말했습니다. 여자 친구가 헤어진 이유 중 하나로, 대부분의 시간과 에너지가 자신과 여자 친구의 관계보다는 강박 증상에 집중되어 있어 그녀가 외로움을 느꼈기 때문이라고 했습니다. 그는 대부분의 시간에 자신이 어떻게 느끼는지 확인하기 바빴고, 둘이 함께 있을 때 그 순간에 온전히 머물러 있지 못했다고 말했습니다.

노출 연습을 하는 동안 롭은 '제대로 되지 않은 것 같은' 불안 감정을 목표로 삼을 수 있었습니다. 그는 강박 행동과 의식들을 줄이면서 이러한 감정과 함께하는 연습을 했습니다. 시간이 지나면서 롭은 불안은 불편하지만 함께할 수 있다는 것을 배울 수 있었습니다. 그는 불안감을 느끼면서도 더 현재에 머물러 있을 수 있게 되었습니다.

롭의 예에서 핵심 두려움 차트는 다음과 같습니다.

핵심 두려움 차트	롭의 예	
내가 이 **촉발 요인**에 노출된다면	세탁하기	
그리고 **이 행동**을 통해 이런 위협을 낮추지 않으면	제대로 됐다고 느껴질 때까지 다이얼을 특정 횟수만큼 돌리기	강박 행동
이러한 **재앙**이 발생할 것이다	나는 이런 느낌을 감당해 내지 못할 것이다. 그리고 그 느낌은 절대 사라지지 않을 것이다.	핵심 두려움

당신의 핵심 두려움

당신의 핵심 두려움은 앞서 설명한 세 가지 범주 중 하나 이상에 속할 수 있으며, 쉽게 식별할 수도 있고 그렇지 않을 수도 있습니다. 다음 연습을 통해 자신의 핵심적인 두려움을 살펴보세요.

강박증 기록지 검토 **당신이 가장 두려워하는 것은 무엇인가요?**

3장의 강박증 기록지를 다시 보면서 당신 마음속 밑바닥의 두려움들을 파악하세요. 강박증 기록지의 강박 사고 세로 칸을 검토해 보세요. 당신이 가장 두려워하는 것은 무엇인가요? 재앙적 사건에 대한 두려움, 불확실함에 대한 두려움, 감정을 견딜 수 없는 것에 대한 두려움과 같은 패턴이 있는지 살펴보세요.

....

....

....

이 장에서 논의한 핵심 두려움 중 하나를 파악할 수 있었나요? 그렇다면 다음 연습을 건너뛰셔도 좋습니다. 핵심 두려움을 파악하지 못했다면 핵심 두려움 차트를 작성해 보세요.

촉발 요인 검토 **핵심 두려움 차트 만들기**

강박증 기록지에서 촉발 요인을 선택하고 이 차트의 첫 번째 칸에 촉발 요인 1을 작성합니다. 다른 촉발 요인을 사용해 이 과정을 두 번 더 반복합니다. 이 차트는 https://hakjisa.co.kr에서 다운로드할 수 있습니다.

〈촉발 요인 1〉

핵심 두려움 차트	나의 예	
내가 이 **촉발 요인**에 노출된다면		
그리고 **이 행동**을 통해 이런 위협을 낮추지 않으면		강박 행동
이러한 **재앙**이 발생할 것이다		핵심 두려움

〈촉발 요인 2〉

핵심 두려움 차트	나의 예	
내가 이 **촉발 요인**에 노출된다면		
그리고 **이 행동**을 통해 이런 위협을 낮추지 않으면		강박 행동
이러한 **재앙**이 발생할 것이다		핵심 두려움

〈촉발 요인 3〉

핵심 두려움 차트	나의 예	
내가 이 **촉발 요인**에 노출된다면		
그리고 **이 행동**을 통해 이런 위협을 낮추지 않으면		강박 행동
이러한 **재앙**이 발생할 것이다		핵심 두려움

핵심 두려움 차트에서 어떤 패턴을 발견하셨나요? 어떤 핵심 두려움과 공포가 가장 크게 느껴지나요?

....

....

....

....

노출 및 반응 방지(ERP)와 수용전념치료(ACT)가 작동하는 데 기저의 두려움을 알아가는 것이 반드시 필요한 것은 아니지만, 분명 도움이 될 수 있습니다. 핵심 두려움을 알아내지 못했더라도 걱정하지 마세요. ERP를 시작하려면 당신이 무엇을 피하고 있는지만 알면 됩니다. 피하는 것을 직면하는 과정에서 핵심 두려움을 발견할 수도 있고 그렇지 못할 수도 있지만, 어느 쪽이든 강박증이 삶에 미치는 영향, 즉 강박증이 가장 소중한 것을 원하는 당신의 능력을 제한하게 되는 문제를 다뤄 갈 수 있을 것입니다. 핵심 두려움을 발견할 수 있었다면 다음을 계속 읽어 보세요.

강박 행동

강박 행동의 패턴을 파악하면 어떤 행동이 당신이 원하는 삶을 방해하는지 파악하는 데 도움이 될 수 있습니다. 궁극적으로 이러한 행동은 당신이 줄여야 할 행동입니다.

강박증 기록지 검토 **강박 행동**

3장의 강박증 기록지를 검토해 보세요. 강박 행동에서 어떤 패턴을 발견할 수 있나요?

이 시점에서 당신은 기저의 핵심 두려움과 회피 행동을 하는 방식을 파헤쳐 보았습니다. 이 정보들은 맞춤형 스크립트를 작성하고 일상생활에서 불확실함을 극복하는 데 도움이 되지만, 이 책의 나머지 연습에는 필요하지 않습니다. 따라서 어떤 패턴을 파악하지 못했더라도 괜찮습니다. 모든 사람이 알게 되는 것은 아니며, 이 작업 자체가 주는 많은 이점이 여전히 있습니다.

스크립트 만들기

마음 밑바닥의 두려움을 파악한 후에는 노출을 하는 동안 자신의 감정과 연결되는 데 도움을 주는 스크립트(script, 대본)를 작성해 볼 수 있습니다. 스크립트에는 강박증의 핵심 두려움과 연관해서 사용하는 말들이 포함됩니다. 불안이나 혐오감과 연결되는 데 도움이 되는 단어를 사용하세요. 결국, 우리의 목표는 이러한 감정을 더 느끼는 연습을 하려는 것입니다.

이 스크립트를 작성하는 것이 강박 증상을 유발할 수 있습니다. 아직 노출을 하라는 것은 아니지만, 생각과 감정을 적는 것이 강박 증상을 유발한다면 어떤 스크립트부터 시작해야 할지 의식적으로 고민해 보세요. 이를 통해 스크립트를 쓰는 동안에도 어떤 것들이 떠오르는지 경험할 수 있습니다. 글을 쓸 때 기꺼이 함께하고자 하는 촉발 요인을 선택하세요. 연습의 목표는 글을 써 나가면서 강박 행동을 하기보다는 글을 쓸 때에도 그 감정과 두려움을 갖고 있어 보는 연습을 하는 것입니다.

스크립트에는 짧은 스크립트와 긴 스크립트의 두 가지 유형이 있습니다. 짧은 스크립트는 실제 상황(in vivo) 노출을 할 때나 일상생활에서 촉발 요인이 발생했을 때 무엇에 초점을 둬야 할지 선택하는 데 도움이 됩니다. 긴 스크립트는 상상 노출에 주로 사용되는데, 이는 실제 마주하기 어렵기 때문에 상상을 통해 핵심 두려움과 그 주변 상황을 떠올리는 것입니다. 10장에서 여러 유형의 노출에 대해 자세히 알아볼 것입니다. 지금은 핵심 두려움을 목표로 하는 스크립트를 만드는 데 초점을 두어 보겠습니다. 다음 장에서 이러한 스크립트를 노출에 사용하는 방법을 배우게 됩니다.

짧은 스크립트

짧은 스크립트는 실제 상황 노출 연습 중 또는 실생활에서 당신의 두려움이 유발될 때, 어떤 말을 하고 어떤 점을 알아차릴지를 몇 줄로 요약한 것입니다. 이 연습에서 최대

효과를 보기 위해 스크립트에서 목표로 삼을 기저의 두려움을 가능한 구체적으로 기술하는 것이 좋습니다. 불확실함에 대한 두려움을 목표로 삼으려면 "내 배우자가 나랑 정말 맞는 사람은 아닐 수도 있어."라고 할 수 있습니다. 재앙적 사건을 목표로 삼으려면 "나는 죽을지도 몰라."라고 할 수 있습니다. 감정을 견디기 어려워하는 것을 목표로 삼으려면 "피에 내가 너무 가까이 가면 모든 것이 오염될 거야. 그때 느껴지는 혐오감은 결코 사라지지 않을 거야." 혹은 "나는 혐오감을 견디거나 혐오감을 안고 살 수 없을 거야."라고 하거나 "나는 영원히 불행할 거야."라고 기술할 수 있습니다.

연습 짧은 스크립트 만들기

롬의 핵심 두려움 차트를 떠올려 보세요. 그가 짧은 스크립트를 어떻게 작성했는지 다음을 통해 살펴보세요.

"나는 '나는 이 불안감을 감당하지 못할 거야. 그건 영원히 사라지지 않을 거야.'라는 핵심 두려움이 있다는 것을 알아차리고 있어."

"내가 감당하지 못하고 영원히 사라지지 않는 불안감이 있을 수도 있어. 확실하게 알 수 있는 방법은 영원히 없을지도 몰라."

이제 당신의 차례입니다. 짧은 스크립트를 사용하여 핵심 두려움을 목표로 삼는 연습을 해 보세요. 이 스크립트의 빈칸을 채우기 위해 이전 연습에서 핵심 두려움에 대한 정보를 사용하세요.

"나는 .... 라는 핵심 두려움이 있다는 것을 알아차리고 있다."

".. [핵심 두려움 기입]이 있을 수도 있어." 불확실함을 목표로 삼기 위해서 "확실하게 알 수 있는 방법은 영원히 없을지도 몰라."를 더할 수도 있습니다.

긴 스크립트

긴 스크립트는 상상 노출을 할 때 유용합니다. 지금 여기에서 일어나는 이야기처럼 작성하세요. 첫 번째로 상황적 배경을 자세히 설명합니다. 당신은 어디에 있나요? 당신과 함께 있는 사람은 누구인가요? 무슨 요일 또는 시간대인가요? 두 번째, 강한 감정적 반응이 일어나기 직전에 일어난 일, 즉 촉발 요인을 넣습니다. 세 번째, 핵심 두려움을 가능한 한 자세하게 적습니다. 네 번째, 6장의 핵심 믿음이 떠오르면 그 내용을 적습니다. 마지막으로, 남겨진 느낌이나 감정을 적습니다.

예시를 들면 다음과 같습니다.

감정을 견딜 수 없는 것에 대한 어려움에 대한 예시 스크립트입니다.

1. 상황: 나는 저녁에 집에서 홀로 소파에 앉아 있다.
2. 촉발 요인: 나는 죽었던 내 여동생을 생각했다. 마음이 슬퍼진다.
3. 핵심 두려움: 나는 이 슬픔을 감당해 내지 못할 거다. 나는 제정신이 아닐 것이고 나 자신을 죽일지도 모른다. 알 수 없는 노릇이다.
4. 핵심 믿음(선택): 나는 내가 결함이 있다는 생각이 있다는 것을 알아차리고 있다.
5. 남겨진 느낌: 나는 마음이 슬프다.

재앙적 사건에 대한 두려움에 대한 예시 스크립트입니다.

1. 상황: 금요일 밤, 나는 남자 친구와 함께 집에 있다.
2. 촉발 요인: 그는 평소보다 조용해 보였다. 나는 무슨 문제가 있냐고 그에게 물었다.
3. 핵심 두려움: 그는 나를 돌아보며 그가 바람을 피웠고, 나만 만나는 게 아니라고 말을 했다.
4. 핵심 믿음(선택): 나는 내가 사랑받을 수 없는 사람이라는 생각이 있다는 것을 알아

차리고 있다.

5. 남겨진 느낌: 나는 슬프다.

불확실함에 대한 어려움에 대한 예시 스크립트입니다.

1. 상황: 아침이었고, 출근길에 다음 열차가 오는 것을 기다리고 있다.
2. 촉발 요인: 한 가지 생각이 떠오른다. 만약 내가 통제력을 잃고 누군가를 열차 선로로 밀어 버리면 어떡하지?
3. 핵심 두려움: 내가 통제력을 잃고 누군가를 선로로 밀어 버릴지 알수 없는 노릇이다. 나는 영원히 알 수 없을지도 모른다.
4. 핵심 믿음(선택): 나는 내가 나쁜 사람이라는 생각이 있다는 것을 알아차리고 있다.
5. 남겨진 느낌: 나는 슬프고 무섭다.

실습하기 **더 긴 스크립트 만들기**

이제 당신이 더 긴 스크립트를 작성할 차례입니다. 강박증 기록지에서 촉발되는 상황을 선택하고 다음 질문에 답하세요.

1. 상황: 어떤 상황인가요? 당신은 지금 어디에 있나요? 누가 함께 있나요? 오늘이 무슨 요일 또는 시간대인가요?

"나는 ....

....

....

...."

2. 촉발 요인: 강한 감정적 반응이 일어나기 직전에 어떤 것이 있었나요?

....

....

....

3. 핵심 두려움(재앙적 사건): 기저의 두려움을 목표 삼을 수 있고 당신의 느낌들과 가장 잘 연결될 수 있는 단어를 사용해 보세요.

....

....

....

4. 핵심 믿음(혹시 있다면 작성)

"나는 내가 ....한 생각을 가지고 있다는 것을 알아차리고 있다."

5. 남겨진 느낌

"나는 ....한 느낌이 있다."

이제 당신의 반응을 제시어를 빼고 이야기처럼 들릴 수 있게 적어 보세요.

당신의 스크립트: ....

....

....

....

....

....

....

....

....

....

스크립트를 읽으면서 자신의 감정과 연결되는 데 방해가 되는 부분이 있는지 살펴보세요. 그 단어나 대사가 불안을 감소시킨다면, 그 단어나 대사를 삭제하고 스스로에게 "내 감정을 느끼는 데 도움을 줌으로써, 그 감정을 더 잘 갖고 있어 볼 수 있게 하는 표현은 무엇일까?"라고 물어보세요. 자신의 감정과 연결되고 두려움에 초점을 두는 데 도움이 된다고 생각되는 것을 추가하세요.

당신만의 스크립트를 만들어 내다니 훌륭합니다! 이제 당신도 두려움과 감정을 좀 더 잘 다루게 됐을 겁니다! 다음 장에서 노출 계획을 세울 때 이 스크립트를 사용하게 될 것입니다.

다음 단계를 향해

강박증 기록지에 새로운 촉발 요인을 계속 추가하세요. 이렇게 하면 나중에 노출 연습을 할 때 그 요인들을 목표로 삼을 수 있습니다. 핵심 두려움을 파악할 수 있었다면, 한 발자국 더 나아가, 기록지의 강박 사고 열에 핵심 두려움을 적으세요.

일상생활 속에서 촉발 요인들이 감정을 만들어 낼 때, 짧은 스크립트에 적었던 내용(또는 이와 유사한 내용)을 말하고 몸에서 느껴지는 것들을 알아차리는 연습을 통해 불확실함과 불편함을 온전히 갖고 있어 보는 연습을 해 봅시다. 다음 두 장에서는 좀 더 체계적인 노출 연습들을 함께 해 보겠습니다.

10장

대담하게 살기 위한 의지를 갖기

이 책의 서두에서, 저는 당신의 가치와 활력 있는 삶을 위해 안전하고 편안하고 익숙한 것을 포기하고 기꺼이 위험을 감수할 의향이 있는지 물었습니다. 용기를 실천한다는 것은 결과를 알 수 없고 두렵더라도 의미 있는 일을 선택하는 과정입니다. 이는 누구나 할 수 있는 행동입니다. 당신이 알아차리고 있든 그렇지 않든, 당신은 이미 용기 있는 삶을 실천하고 있습니다. 의미 있는 위험을 감수하지 않았다면 책을 여기까지 읽을 수 없었을 테죠. 대단한 일입니다!

이 장에서는 두렵지만 의미 있는 위험을 감수할 기회를 만났을 때, 강박 증상을 포함한 두려움에 어떻게 대응할 수 있는지에 대해 다룰 것입니다. 강박증 기록지(3장 참조)를 잘 갖고 있는 것이 좋습니다.

수용에 기반한 노출 및 반응 방지

의미 있는 위험일수록 더 많은 불안을 느낄 가능성이 높습니다. 강박증의 표준 치료

(gold standard treatment)인 노출 및 반응 방지(ERP)는 의미 있는 위험을 감수할 때 강박 사고 및 불안과 어떻게 함께할 수 있는지 배울 수 있게 해 줍니다. 강박 행동을 줄여 나가면 용기 있는 삶을 살 수 있는 기회를 얻게 됩니다. 강박 행동으로 시간과 에너지가 낭비되지 않을 때, 불안과 강박 사고와 어떻게 함께할 수 있는지 배우는 데 초점을 둘 수 있습니다. 이것은 당신이 두려워하는 것들을 마주할 때 나타나는 강박 행동, 의식, 안전 행동, 회피 행동 또는 이들의 조합들과 달리, 당신의 전형적인 반응을 줄이면서 천천히 그리고 점진적으로 그것에 자신을 노출시킴에 따라 행해질 수 있습니다.

예를 들어, 당신이 나쁜 생각이 들 때마다 기도를 세 번 반복하는 방식으로 반응했다면, 기도를 세 번 반복하지 않고 나쁜 생각을 그저 갖고 있어 보는 연습을 할 수 있습니다. 그러면 그 생각과 감정을 갖고 있는다는 것이 어떤 느낌인지 알게 될 것입니다. 당신의 전형적인 반응을 줄인다면 불편함을 경험하고, 위험을 감수하고, 삶을 되찾는 방법을 배워 나갈 수 있으며, 이는 두려운 촉발 요인에 자신을 노출시키는 것만큼이나 중요합니다.

증상 감소는 분명 수용 기반(acceptance-based) ERP의 결과이지만, 더 중요한 부분은 모든 경험을 수용하며 자신의 생각과 감정을 대하는 방식에 유연성을 기르는 것입니다. 이것은 강박 사고와 불안이 나타날 때, 이전보다 새로운 방식으로 대함에 따라 자신에게 더 중요한 것, 그리고 삶에 초점을 둘 수 있게 됨을 의미합니다.

사브리나의 이야기

사브리나는 대부분의 시간을 마음에 낚인 채로 지냈습니다. 그 결과, 그녀는 다양한 의식(ritual)과 회피 전략을 통해 자신과 가족에게 나쁜 일이 일어나지 않도록 노력하는 데 하루의 대부분을 보냈습니다. 처음에 사브리나는 자신이 하고 있는 행동들이 효과가 있다고 믿었습니다. 올바른 의식을 수행하는 한, 그녀의 강박 사고와 불안이 줄어들 것이라고 생각했습니다. 하지만 예기치 못한 일로 강박 사고가 발생하면 그녀는 완전히 무너졌습니다. 그녀는 '효과가 있었던' 의식을 찾느라 너무 분주해져서 가족이나 친구들과 온전히 함께할 수 없었습니다. 수년 동안 그녀의 의식은 효과가 있었다가, 갑자기 효과가 없어지기를 반복했죠. 새로운 촉발 요인이 생길 때마다 그녀의 마음은 그녀에게 더 많은 규칙을 부여했습니다. 그녀는 '올바른' 의식을 찾는 데 점점 더 집착하게 되었습니다. 그 결과, 그녀의 주된 초점은 강박 증상이 되었고 그녀의 삶은 점점 더 좁아졌습니다.

수용 기반 ERP를 통해 사브리나는 강박 사고에서 벗어나는 방법과 의식을 실천하지 않고도 불안 및 불확실함과 함께할 수 있는 경험을 배웠습니다. 그녀는 "강박증의 말이 들리긴 하지만 그것을 내가 다 따를 필요는 없어. 지금은 현재에 온전히 초점을 두는 게 나에게 더 중요하기 때문이야."라고 말할 수 있게 되었습니다. 강박 사고와 불안은 여전히 존재했지만 사브리나는 강박 증상이 있을 때 시간을 보내는 방식을 좀 더 유연하게 조정할 수 있었고, 자신에게 기쁨을 주는 일에 초점을 둘 수 있었습니다.

노출 연습을 가치와 연결하기

투히그와 그의 동료들(Twohig et al., 2015)은 ACT와 ERP의 통합을 탐구한 최초의 연구자 중 한 명으로, 수용 기반 노출을 위한 모델을 제공했으며, 이 워크북에 이를 포함시켰습니다.

가치에 방향 맞추기

수용 기반 노출의 목표는 충만하고 목적이 있는 삶을 살도록 돕는 것입니다. 따라서 노출은 자신의 가치와 맞닿아 있어야 합니다. 조그마한 연습이라도 당신의 가치와 연결될 수 있으며, 이를 통해 더 큰 목적을 달성할 수 있습니다. 당신의 가치는 활기찬 삶을 위한 이정표라는 점을 기억하고, 두려움에 직면할 때에도 가치를 활용하기 바랍니다. 노출 연습을 하는 것은 혐오스럽거나 불안을 유발하는 것만이 아니라, 자신이 원하고 마땅히 누려야 할 삶을 얻기 위한 시도이기도 합니다.

한번은 오염에 대한 강박증을 앓고 있는 내담자가 자신에게 똥을 뒤집어쓰게 할 거냐고 겁에 질려 저에게 물어본 적이 있습니다! 저는 첫째, 제가 기꺼이 하지 못할 일(저 또한 당연히 똥을 기꺼이 뒤집어쓰고 싶지 않습니다!), 둘째, 당신이 기꺼이 하고자 하지 않은 일, 셋째, 당신의 가치에 부합하지 않는 일은 절대 부탁하지 않을 것이라고 말했고 지금도 그 생각은 변함이 없습니다. 이 책은 자신에게 중요한 것에 더 가까이 다가갈 수 있는 연습을 선택하는 방법을 안내할 것입니다.

다음 메리의 사례에서 알 수 있듯이 자신의 가치와 일치하는 연습을 하는 것이 치료의 성공에 매우 중요합니다.

메리의 이야기

메리는 오염 강박증으로 ERP에 참여하기를 주저하며 치료를 받으러 왔습니다. 이전에 두 번의 치료 경험이 있었기 때문에 강박 증상에 도전하는 것에 대한 두려움이 더욱 컸습니다. 특정 음식과 화장실이 그녀에게 매우 큰 촉발 요인이었습니다. 그 결과, 그녀는 특정 음식을 피하고 화장실을 다녀온 후에는 엄청나게 손을 씻어 대곤 했습니다.

저희 치료팀이 그녀를 처음 만났을 때, 그녀의 손은 갈라지고 거칠어져 있었습니다. 그녀는 매우 용감했고, 과거 다른 병원에서 ERP를 받았던 경험에 대해 솔직하게 털어놓았습니다. 과거에 장기적으로 치료를 받고 있는 중에 그녀의 치료자가 아무런 경고 없이 그녀에게 음식을 던져 그녀를 놀라게 한 적이 있었습니다. 그 일이 그녀에게 공황 발작을 일으켰고, 더 이상 그 치료자를 신뢰하지 않게 되었습니다. 그 결과, 그녀는 치료자를 변경했습니다. 새로운 치료자와 함께 치료 작업을 막 시작할 시기에, 메리는 과제로 변기를 만져 보라는 지시를 받았습니다. 메리는 그런 노출을 할 준비도, 의지도 없었지만 어쩔 수 없이 그렇게 해야만 한다고 느꼈습니다. 그 경험으로 인해 손 씻기 강박 행동이 더 심해졌고, 그 치료자의 치료도 다시 받고 싶지 않게 되었습니다.

메리는 ERP를 수행해 나가기 위해서 지속적인 안내와 지지가 필요했습니다. 또한 자신의 가치에 부합하고 기꺼이 할 수 있는 연습을 찾는 데 도움이 필요했는데, 이는 이러한 연습이 긍정적인 학습 경험으로 이어질 가능성을 높이기 때문입니다. 신뢰와 친절이 그녀에게 중요했기에, 우리 팀은 첫째, 그녀가 요청하지 않는 한, 깜짝 놀랄 일을 하지 않을 것이며, 둘째, 그녀가 치료를 주도할 것이라고 약속했습니다.

함께 그녀를 위한 연습을 만들면서, 그녀는 자신의 가치에 부합하는 연습을 찾아낼 수 있었습니다. 그중에는 변기를 손으로 만지거나 음식을 던지는 행위는 포함되지 않았습니다.

> 여기에는 농산물 시장에서 다양한 음식 샘플 먹어 보기, 다양한 레스토랑에서 식사하기, 자신과 가족을 위해 다양한 종류의 음식 요리하기 등의 연습이 포함되었습니다. 다른 화장실을 사용하거나, 화장실을 사용한 후 점차적으로 씻는 시간을 줄이는 것도 포함되었습니다. 이러한 노출은 그녀의 강박증에 대한 도전이었지만 친절하고 사랑스러운 방식으로 이루어졌습니다.

당신도 어떻게 하면 친절하고 사랑스러운 방식으로 강박 증상에 노출될 수 있을지, 즉 어떻게 강박 증상에 계속 노출할 수 있을지 동기를 부여하는 방법에 대해 생각해 보시기 바랍니다.

관찰해 보기 **ERP에 대한 당신의 경험**

ERP를 해 나가는 것을 생각할 때 어떤 생각과 과거 경험이 당신에게 떠오르나요? 부정적인 경험이 있었거나 현재 ERP에 대해 부정적인 시각을 가지고 있다면, 열린 마음을 유지하여 새로운 방식으로 ERP를 시도하는 데 도움이 되는 것은 무엇일까요?

....

....

....

....

....

....

....

....

....

....

....

현재에 온전히 머물고 연결된 상태로 노출 연습하기

노출에 대해 고려할 때, 무엇에 노출할 것인지만큼이나 어떻게 노출되는지도 중요합니다. 그 순간에 자신에게 너무 무리한 것에 노출이 되면 연습을 지나치게 몰아붙이게 될 수 있습니다. 무리하게 몰아붙일 때는 보통 생각과 감정에 온전히 머물거나 연결되지 못합니다. 노출 연습에서의 요점은 생각과 감정을 갖고 있어 보는 시도라는 것을 기억하세요. 당신이 원하는 노출과 행동을 계획하기 시작할 때, 충분히 좋은 도전(good enough challenge)인지 생각해 보시기 바랍니다. 당신이 너무 압도당할 것 같은 연습도 좋지 않지만, 반대로 너무 쉬운 연습을 선택하지는 않길 바랍니다. 압도당하지 않으면서 도전적인 일을 할 때 새로운 학습이 더 쉽게 일어날 수 있습니다.

관찰해 보기 **자신을 몰아붙인 적이 있나요?**

과거에 ERP를 해 본 적이 있다면, 연습을 몰아붙인 적이 있었나요? 당신이 몰아붙이고 있다는 것을 어떻게 알았나요? 이번에는 어떤 걸 다르게 해 볼 수 있을까요?

흔히 마음챙김의 태도로 연습을 하거나, 속도를 더 늦추거나, 생각과 감정을 알아차리는 것은 우리가 그 연습을 몰아붙이지 않게 도와줍니다. 11장에서 노출 연습을 할 때 마음챙김의 태도를 연습하게 될 것입니다. 먼저, 당신이 할 수 있는 노출의 유형에 대해 미리 살펴보겠습니다.

노출 연습의 유형

선택할 수 있는 노출 유형에는 여러 가지가 있습니다.

실제 상황 노출 실제 상황 노출(in vivo exposures)은 실생활에서 당신이 두려워하는 행동을 하면서 당신이 평소에 했던 전형적인 대응 행동을 최소화하는 것을 말합니다. 예를 들면, 엘리베이터를 이용하거나, 평소에는 만지지 않는 문 손잡이를 만지거나, 강박사고와 불안을 일으키기 때문에 평소에 피해 왔던 사람들 주변에 머물러 있어 보는 겁니다. 실제 상황 노출을 통해 원치 않는 생각과 감정이 당신의 삶 속에서 떠오를 때, 그것들을 온전히 갖고 있어 보는 연습을 해 볼 수 있습니다. 실제 상황 노출을 더 많이 연습할수록 더 큰 도움이 됩니다.

상상 노출 상상 노출(imaginal exposures)은 생각과 감정에 연결될 때 나타나는 두려운 것을 상상하여 시각화하는 것입니다. 상상 노출은 누군가 다치거나 죽는 상황같이 재현할 수 없거나, 실제 경험하기에 안전하지 않은 상황(예: 누군가 다치거나 죽는 상황)을 두려워할 때 사용합니다. 당신 자신이나 다른 사람을 해치는 등 실제로 안전하지 않은 행동은 절대로 해서는 안 됩니다. (참고: 노출 연습을 할 때, 강박증은 안전하지 않다고 말하지만, 대부분의 사람들이 안전하다고 여기는 것들은 연습할 수 있습니다.)

상상 노출은 실제 상황 노출이 부담스러울 때에도 도움이 됩니다. 상상 노출은 실제 삶 속에서 노출을 위한 전 단계로 사용할 수 있습니다.

가상 현실 노출 가상 현실 노출(virtual reality exposures)은 당신의 두려움을 가상으로 일으킬 만한 비디오 또는 사진, 기타 감각 정보(예: 소리)를 경험하는 장치를 사용하는 노출 연습입니다. 이는 상상 노출과 유사하지만 특정 장치를 사용하여 당신이 상상 노출에서 상상해 봄 직한 시각적 정보나 청각적 정보를 활용합니다. 이미지를 상상하는 것이 어렵다면 가상 현실 노출을 고려해 볼 수 있습니다. 가상 현실 장비를 사용할 수 있는 곳을 방문하여 이용하거나, 온라인으로 구매할 수 있습니다.

불확실함을 견딜 수 없음에 대한 노출 이러한 노출은 상황의 결과를 알지 못한다는 두려움에 연습의 중점을 둡니다. 불확실함을 견디기 어려운 것이 핵심 두려움이라면 이러한 유형의 노출을 연습하는 것이 좋습니다.

감정을 견딜 수 없음에 대한 노출 이러한 노출은 불편한 감정을 갖고 있어 보는 연습에 중점을 둡니다. 핵심 두려움이 감정을 견디기 어려워함으로 인한 것이라면 이러한 유형의 노출을 연습하는 것이 좋습니다.

재앙적 사건에 대한 노출 이러한 노출은 당신의 마음이 어떤 나쁜 것이 일어날 것이라고 말할 때 일어나는 불편한 감정을 가져 보는 연습을 하는 데 중점을 둡니다. 만약 당신의 핵심 두려움이 특정한 재앙적 사건에 대한 것이라면, 이러한 생각과 감정에 노출되는 연습을 하는 것이 좋을 것입니다.

어떤 노출이 가장 도움이 될지 이미 알고 있을 수도 있고, 그것이 확실하지 않을 수도 있습니다. 만약 후자에 해당한다면 몇 가지 노출을 시도해 보고 어떤 것이 가장 도움이 되는지 살펴볼 수 있습니다. 이는 사람마다 다를 수 있습니다. 당신은 실제 상황 노출을 원하지 않을 수 있고, 그럴 땐 상상 노출이나 가상 현실 노출로 시작합니다. 어떤 때는 감정과 연결되는 측면에서 불확실함을 견딜 수 없음에 대한 노출이 더 도움이 된다고 여겼다가, 다른 때는 특정한 재앙적 사건에 노출되는 것이 가장 효과적이라는 사실을 알게 될 수도 있습니다. 어떤 노출이 두려움과 감정에 연결되는 데 더 도움이 되는지 알아차리고, 기꺼이 하고자 하는 마음이 든다면, 그것을 해 보세요.

노출 연습 계획하기

이제 다양한 유형의 노출에 대해 알았으니 어떤 노출이 당신의 두려움을 목표로 삼고, 충만한 삶을 사는 데 가장 도움이 될지 브레인스토밍을 시작할 수 있습니다. 각 계획 단계를 천천히 그리고 신중하게 진행하세요. 이 책의 노출 계획 차트를 사용하거나 더 많은 공간이 필요한 경우 https://hakjisa.co.kr에서 차트를 다운로드 할 수 있습니다.

1단계: 촉발 요인 기록하기

강박증 기록지를 다시 살펴보세요. 그런 다음, 첫 번째 열에 촉발 요인들과 핵심 두려움을 적으세요(9장의 핵심 두려움 차트를 다시 봐도 좋습니다).

2단계: 노출 연습을 떠올려 보기

이제 촉발 요인 목록을 만들었으니, 각 촉발 요인에 대해 스스로에게 물어보세요. 촉발 요인이 있는 상황에서 나의 핵심 두려움, 강박 사고, 감정, 신체 감각을 온전히 갖고 있어 보기 위해서는 어떻게 연습할 수 있을까? 두 번째 열에는 각 촉발 요인에 대한 당신의 답을 적으세요. 각 촉발 요인에 대해 후보가 될 만한 노출 연습을 두세 가지 생각해 보세요. 가능한 한, 구체적으로 작성해 보세요. 당신의 연습 계획에는 꼭 할 필요가 있어서 하는 것이 아니라, 당신이 할 수 있는 것들을 포함해야 합니다. 아직은 판단하지 말고 무엇이 마음속에 떠오르든 그대로 작성하세요.

또한 각 연습을 다른 장소, 다른 시간에 하는 등 연습을 더 어렵게 또는 더 쉽게 만드는 여러 방법들을 나열해 보세요. 막막하다면 부록에서 노출 연습의 예시를 참조하세요.

뒤에 예시로 나오는 노출 계획 차트의 처음 두 열을 참고하시길 바랍니다.

3단계: 자신의 가치에 연결하기

다음으로, 이러한 연습이 당신의 삶에 어떻게 도움이 되는지 살펴볼 것입니다. 연습을 당신의 가치에 연결함으로써 이러한 고된 작업이 왜 중요한지 떠올릴 수 있을 것입니다. 이는 단기적인 고통이 장기적인 이득으로 이어지는 가치가 있는 것으로 보이게 해 줌으로써 당신이 더 큰 동기를 가질 수 있게 도와줍니다. 2장에서 작성한 다섯 가지 중요한 가치에 대해 다시 살펴보세요. 그런 다음, 노출 계획 차트에서 당신의 노출 연습 후보 목록을 각각 살펴보고, 다음과 같은 질문을 자신에게 던져 보세요.

1. "이 연습은 무엇을 위한 것인가?"
2. "이 연습이 직간접적으로 내 가치와 나를 어떻게 가깝게 만드는가?"
3. "이 연습이 나의 가치들 중 어떤 가치에 나를 더 가까워지게 만드는가?" (하나 이상일 수 있습니다.)

어떤 연습이 내 가치로 향하는 것 같지 않다면, 스스로에게 물어보세요. "이 연습이 더 넓게 봤을 때, 어쩌면 간접적이더라도 내 가치로 향하고 있을 수도 있을까?" 아니면 "이 연습을 하는 것이 더 유연한 태도로 현재를 살게 하는 데 있어 내 삶에 어떤 식으로 도움을 줄까?"라고요.

이제 노출 계획 차트의 세 번째 열에 답을 적으세요. 예시 차트를 참조하는 게 도움이 된다면 그렇게 하셔도 좋습니다. 어떤 연습이 당신의 가치를 향해 있지 않다면, 목록에서 자유롭게 지워도 됩니다.

4단계: 기꺼이 함의 수준 점수 매기기

다음 열에서는 목록에 있는 모든 노출 연습에 0~100점 척도로 기꺼이 함의 점수를 매깁니다. 0은 '전혀 의지가 없다'를 의미하고 100은 이 연습을 할 의지가 '매우 높다'를 의미합니다(Twohig et al., 2015). 이 정보는 어떤 연습을 해 볼 것인지 선택하는 데 도움이 됩니다(11장 참조).

노출 계획 차트

촉발 요인과 핵심 두려움	노출 연습	가치	기꺼이 함의 수준
1.			
2.			
3.			

노출 계획 차트 예시

촉발 요인과 핵심 두려움	노출 연습	가치	기꺼이 함의 수준
1. 내 애인과 함께 있는 것: 나는 내 애인이 정말 나와 맞는 사람인지 영원히 알 수 없을 것이다.	상상 노출: 소셜 미디어에서 다른 매력 있는 사람들을 보는 대신, 내 애인의 사진을 보면서 이렇게 말한다. "나는 내 애인이 정말 나와 맞는 단짝인지 몰라. 영원히 알 수 없을지도 모르지." 그리고 내 몸의 감각을 느껴 본다.	애인과 함께하기: 그때의 생각과 느낌을 온전히 갖고 있을 수 있다면, 오늘 저녁에 내가 집에 왔을 때 온전히 내 애인과 함께하는 더 도움이 될 것이다.	60
	실제 상황 노출: '내 애인이 정말 나랑 맞지 않는 사람일지도 몰라.'라는 생각을 알아차릴 때 그것을 피하지 않고 이렇게 말한다. "나는 내 애인이 정말 나와 맞는 사람인지 아닌지 모른다." 그리고 그것들과 연결되는 동안 내 몸에 느껴지는 감각을 느껴 보도록 한다.		75
	실제 상황 노출: 내가 이전에 만났던 사람들이나 매력적인 다른 사람들의 사진을 보면서 이렇게 말한다. "나는 내 애인이 정말 나와 맞는 단짝인지 몰라. 영원히 알 수 없을지도 모르지." 내가 어떤 감정인지 확인하기보다 내 몸에 어떤 감각이 있는지 느껴 본다.		70
2. 아이들: 나는 소아성애자다.	실제 상황 노출: 아이들과 공원에서 함께 놀면서 나에게 말을 한다. 혹은 내 말을 녹음한 것을 듣는다. "나는 소아성애자다. 나는 이 아이들 중 하나를 해칠지도 몰라. 정말 그럴지도 모르지." 그리고 내 몸에 나타나는 신체 감각을 느낀다.	자유: 아이들 주변에 있으면서 '나는 소아성애자다.'라는 생각을 가진 상태로 불편한 신체 감각을 느끼는 것은 자유라는 내 가치를 추구하는 것이다. 강박증이 나에게 원하는 대로 자동적으로 행동하기보다 내가 원하는 선택을 할 수 있게 된다면 좋을 것이다.	70
	상상 노출: SNS나 잡지에 있는 아이들 사진을 보면서 나에게 말한다. "나는 소아성애자다. 나는 이 아이들 중 하나를 해칠지도 몰라. 정말 그럴지도 모르지." 그리고 내 몸에 나타나는 신체 감각을 느낀다.		80
	실제 상황 노출: 내 친구의 아이들을 돌봐 주면서 '나는 소아성애자다. 나는 이 아이들 중 하나를 해칠지도 몰라. 정말 그럴지도 모르지.'라는 생각을 알아차린다. 그리고 내 몸에 나타나는 신체 감각을 느낀다.		55

<table>
<tr><td rowspan="2">3. 낯선 음식들: 나는 식중독에 걸릴 것이다.</td><td>실제 상황 노출: 농수산물 시장의 무료 시식 코너에서 시식을 한다.</td><td>유연성: 나는 상황을 유연하게 대하는 것을 가치 있게 여긴다. 이런 연습을 하는 것은 내가 언젠가 원할 때는 싫어하던 음식도 먹을 수 있다는 것을 보여 줄 것이다.</td><td>85</td></tr>
<tr><td>실제 상황 노출: 새로운 음식점에 가서 적은 양이라도 한 가지 시도해 본다.</td><td>친절한 친구 되기: 나는 친구와의 우정과 친구를 위해 거기 있어 주는 것을 가치 있게 여긴다. 그렇기 때문에 탈리아가 이디오피아 레스토랑에서 생일파티를 열 때, 나는 색다른 음식을 시도해 볼 것이다.</td><td>70</td></tr>
</table>

5단계: 경험을 관찰해 보기

노출 계획 차트를 작성하면서 어떤 생각과 감정이 떠오르는지 살펴보세요. 불안한 기분이 드나요? 지금 무엇을 두려워하고 있나요? 지금 두려움 및 불확실함과 함께 나아가기 위해 무엇을 할 수 있나요? 아마 당신은 강박 증상에게 이렇게 답해 볼 수도 있을 것입니다. '나는 무슨 일이 일어날지 몰라. 한번 보지 뭐.' 그리고 몸의 감각을 온전히 느껴 보세요. 또한 스스로에게 "위험을 감수하고 노출 연습을 하는 것이 내 삶과 나에게 중요하다고 여기는가?"라고 질문하여 자신의 가치를 상기시킬 수도 있습니다.

의미 있는 위험을 감수할 때 불안감과 취약함을 느끼는 것은 지극히 정상입니다. 용기 있게 살아간다는 건 자신의 가치를 위해 위험을 감수한다는 말일 테죠. 하지만 용기 있게 살아가면서 위험을 감수하는 연습을 하려면, 당신은 취약함과 불편함을 기꺼이 경험해야 합니다. 바로 그때가 용기 내기를 연습하는 것이 도움이 되는 순간입니다! 과감하게 위험을 감수하고 용기를 내보는 연습을 해 봅시다. 당신이 두려움과 취약함을 겪을 수 있도록 허용하세요. 이런 말들이 끔찍하게 들릴지도 모릅니다. 그리고 이런 것들을 피해 갈 수 있는 방법이 있다면 얼마나 좋을까요. 하지만 당신이 자신과 자신의 삶을 위해 더 많은 것을 원한다면 대담하게 용기를 내는 순간들이 필요합니다. 이 다음 장에서는 위험을 감수하는 연습을 할 것이며, 당신이 불편한 상태일 때 용기를 어떻게 낼 수 있는지 배워 볼 것입니다.

11장

용기 있는 태도 취하기

이제 당신이 원하는 삶을 살기 위해 무엇이 필요한지 알았으니, 지금부터는 용기를 가지고 어떻게 불편함과 취약함을 겪어 낼 수 있는지 연습할 차례입니다. 노출 연습을 수행하는 것은 이러한 경험을 가져 볼 수 있게 해 주면서, 천천히 점진적인 방식으로 위험을 감수할 수 있게 하는 방법입니다. 이 장에서는 노출 연습을 설정할 수 있는 다양한 방법에 대해 설명합니다. 또한 핵심 두려움을 목표로 하여 연습을 최대한 활용하는 방법도 배울 수 있습니다. 이 장이 끝날 무렵에는 무슨 연습을 선택하여 시작할지, 그리고 언제, 어떻게 연습을 시작해야 하는지 명확하게 알게 될 것입니다. 이제 시작해 보겠습니다.

계획 노출 연습

용기와 대담함을 가져보는 연습을 하는 한 가지 방법은, 당신이 원하고 누려야 하는 삶을 살 수 있도록 불편감을 느끼면서 위험을 감수하는 연습을 할 시간을 따로 마련하는 것입니다. 한 주에 정해진 시간을 노출 연습에 할애함으로써 이를 실천할 수 있습니다.

이를 계획 노출 연습(formal practice)이라고 합니다. 자신과 자신에게 중요한 가치를 삶의 우선순위로 두는 것은 어려운 과정일 수 있습니다. 그래서 이를 시작하는 데 도움이 되는 몇 가지 구체적인 과정에 대해 알아보겠습니다.

1단계: 연습 일정 잡기

요일이 나와 있고 시간대를 표시할 수 있는 달력을 사용하세요. 종이 달력, 혹은 컴퓨터나 스마트폰의 디지털 달력을 사용할 수 있습니다. 일주일에 4~6회, 45분씩 노출 연습 일정을 잡는 것을 추천합니다. 이 일정이 과도하게 느껴진다면 스스로에게 어느 정도의 연습을 기꺼이 할 의향이 있는지 물어보고, 그 시간을 달력에 기록하세요. 다른 사람의 방해를 가장 적게 받을 수 있는 편한 시간을 선택하세요.

관찰해 보기 **장애물 살펴보기**

이런 식으로 자신을 돌보는 시간을 계획하는 것이 어떤 느낌인지 알아차려 보세요. 어떤 점을 발견했는지 적어 보세요.

....

....

....

....

당신의 계획을 실천하는 데 방해가 되는 장애물에는 어떤 것이 있을까요? 어떻게 하면 이러한 장애물이 있음에도 연습을 해 나갈 수 있을까요?

....

....

....

....

2단계: 어떤 연습을 할지 선택하기

달력에 연습 시간을 계획하여 당신 자신과 당신의 연습시간을 우선순위에 두었으니, 이제 어떤 연습부터 시작할지 선택해 봅시다. 당신이 가장 기꺼이 할 수 있는 노출부터 시작하는 것이 좋습니다. 기꺼이 노출을 한다는 것은 노출 도중과 노출 후에 강박 행동이나 회피 행동을 하지 않으면서, 떠오르는 어떤 생각, 감정, 신체 감각이라도 경험해 나가기로 당신이 동의한다는 말과 같습니다. 만약 정신적 강박 행동을 당신이 경험하게 된다면, 당신을 강박 행동으로 끌어당기려는 마음을 알아차리고 노출에 다시 초점을 두는 것이 목표가 될 것입니다.

10장에서 작성했던 당신의 노출 계획 차트를 살펴보세요. 두 번째 열에서 생각해 낸 노출 연습과 네 번째 열의 기꺼이 함의 수준 점수를 검토하세요. 노출 계획 차트에서 지금 당장 가장 하고 싶은 노출 연습에 동그라미를 치세요. 동그라미를 2개 이상 표시한 경우, 더 쉬운(하지만 여전히 도전적인) 연습이나 가장 의욕적으로 시작하고 싶은 연습을 선택하세요. 너무 쉽거나 압도당하지 않으면서도 도전적이고, 강박 행동을 하지 않으면서 기꺼이 온전하게 경험하고자 하는 연습을 목표로 합니다. 어려운 시도에 강박 행동을 해버리기보다 차라리 쉬운 노출을 선택하는 것이 더 좋습니다. 여기에 당신이 시작할 노출 연습을 적어 보세요.

3단계: 노출 연습 작업지 완성하기

이제 어디서부터 시작할지 선택했으니 연습을 설정하는 작업을 해 보겠습니다. 이 장의 마지막 부분과 https://hakjisa.co.kr에 있는 노출 연습 작업지는 구체적인 계획을 세우는 데 도움이 될 것입니다. 이 작업지는 노출을 하도록 안내하고, 핵심 두려움을 목표로 삼고, 학습을 극대화하는 데 도움이 될 것입니다(Craske et al., 2014)

다음은 노출 연습 작업지를 작성하는 방법에 대한 몇 가지 예시와 지침입니다. 작업지를 시작하기 전에 이 예시를 먼저 읽어 보는 것을 추천합니다. 본격적으로 연습을 시작하기 전에 그 과정에 미리 익숙해지는 것이 도움이 될 수 있습니다. 너무 서두르지는 마세요.

1. 노출 연습에 제목을 붙이기

노출 연습 제목 예시: 남편에게 해를 끼칠 것 같은 강박 사고 노출 연습

2. 노출 계획 만들기

어떤 종류의 노출(상상 노출, 실제 상황 노출)을 실시할 예정인가요? 이 노출을 언제, 어떻게 진행하나요? 필요한 사람이나 준비물이 있나요? 노출이 진행되는 동안, 그 순간에, 머무를 수 있도록 어떤 것이 도움이 되나요?

노출 계획 예시: 실제 상황 노출. 오늘 저녁 7시에 저녁을 만들 때 나는 남편 근처에 있을 것이다. 나는 내 스크립트를 쓸 때 나타나는 감정과 불확실성과 함께 머무르면서 '내가 그를 죽일 수도 있다.'라는 생각을 갖고 있어 보는 연습을 해 볼 것이다. 저녁을 만들 때 내가 평소 쓰던 칼을 쓸 것이다. 남편은 저녁 6시에 집에 도착할 것이다. 우리가 저녁을 만드는 동안 남편에게 조용히 해줄 것을 요청할 것이다.

3. 반응 방지 계획 수립하기

반응 방지 계획을 세우기 위해 다음 질문에 답해 보세요. 이러한 촉발 요인과 두려움에 직면했을 때 당신은 주로 어떤 반응을 보이나요? 노출 중 또는 노출 후에 나타나는 일반적인 반응을 어떻게 방지할 수 있나요?

반응 방지 계획 예시: 나의 일반적인 반응에는 남편이 내 주변에 있는 상황을 회피하거나, 칼을 쓰지 않는 것들이 있다. 또는 핸드폰을 보면서 내 주의를 분산시키거나, 내가 남편을 해치지 않을 모든 이유들을 검토해 보곤 한다. 이러한 반응들을 방지하기 위해서, 저녁을 만들 때 주방에 머물면서 지속적으로 칼을 쓸 것이다. 내 스크립트와 내 느낌에 초점을 둘 때 주의를 분산시키거나 이유를 검토하고 싶은 충동이 느껴지면, 그것을 알아차려 볼 것이다.

강박 행동을 하거나 주의를 분산하는 대신, 당신의 삶을 위해 대담함과 용기 있는 태도를 실천하는 것에 초점을 둡니다. 어쩌다가 강박 행동이나 회피 행동에 사로잡히게 되더라도 다시 그 노출을 반복하는 것으로 대응하시면 됩니다.

4. 가치 살펴보기

이 연습이 당신 자신에게 어떤 가치를 지니고 있나요? 이 연습을 통해 진정한 당신의 모습, 그리고 당신에게 중요한 것에 어떻게 다가가게 해 주나요? 이 연습이 당신의 어떤 가치와 부합하나요? 필요하다면, 당신의 다섯 가지 중요한 가치들을 검토해 보세요(2장 참조).

가치 예시: '나는 내 남편을 죽일 수도 있다.'라는 생각을 갖고 있어 보는 연습은 내가 불확실성과 함께 머무를 수 있다는 것을 가르쳐 주며, 내가 내 가족, 친구들과 온전히 함께할 수 있게 돕는다.

5. 핵심 두려움 파악하기

노출 연습 작업지에서 핵심 두려움 차트를 작성하기 위해 9장을 다시 검토해 볼 수 있습니다. 다음은 몇 가지 예시입니다.

예시 1: 불확실함에 대한 두려움

핵심 두려움 차트	예시	
내가 이 **촉발 요인**에 노출된다면	내 남편 근처에 있을 때 보이는 칼	
그리고 **이 행동**을 통해 이런 위협을 낮추지 않으면	칼을 쓰는 것을 피하거나, 방을 나가는 행동	강박 행동
이러한 **재앙**이 발생할 것이다	나는 내 남편을 죽일지도 모른다. 예측하기 어렵다(불확실함에 대한 두려움)	핵심 두려움

예시 2: 감정을 견딜 수 없는 것에 대한 두려움

핵심 두려움 차트	예시	
내가 이 **촉발 요인**에 노출된다면	문 손잡이	
그리고 **이 행동**을 통해 이런 위협을 낮추지 않으면	과도하게 씻거나 장갑을 쓰는 행동	강박 행동
이러한 **재앙**이 발생할 것이다	모든 것이 오염될 것이고, 그때의 역겨운 감정은 영원히 사라지지 않을 것이다(감정을 견딜 수 없는 것에 대한 두려움).	핵심 두려움

예시 3: 재앙적 사건

핵심 두려움 차트	예시	
내가 이 **촉발 요인**에 노출된다면	내가 질병에 대한 생각을 하는 것	
그리고 **이 행동**을 통해 이런 위협을 낮추지 않으면	음악으로 주의를 분산시키거나, 더 긍정적인 생각을 하는 행동	강박 행동
이러한 **재앙**이 발생할 것이다	내 가족과 나는 고통을 받고 죽을 것이다(재앙적 사건).	핵심 두려움

6. 예상되는 것들 파악하기

당신의 마음은 이 노출 중에 어떤 일이 일어날 것이라고 말을 하나요? 그것이 당신의 핵심 두려움과 같다면 이 질문을 건너뛰세요. 다르다면 빈칸을 채우세요(노출 연습 작업지에 작성할 것).

"나의 마음은 노출 중에 .... 이 일어날 것이라고 말한다."

7. 스크립트 만들기

이제 어떤 작업을 수행할지 확인했으므로, 노출을 진행하는 동안 말하거나 읽거나 들을(사전에 녹음한 것으로) 스크립트를 만들 차례입니다. 9장의 스크립트 작성에 관한 부분을 검토하고 이미 작성한 스크립트가 이 노출에도 적용되는 경우 이를 사용해도 되고, 그렇지 않다면 당신의 핵심 두려움이 포함된 새로운 스크립트를 작성하시면 됩니다. 노출 연습 작업지에 할당된 빈칸에 스크립트를 작성하세요.

노출 중에 스크립트를 사용하는 방법은 다음과 같습니다. 어떤 말을 해야 할지 꽤 잘 떠올릴 수 있을 때까지 노출하기 전에 수차례 읽어 볼 수 있습니다. 혹은 기기에 녹음하여 노출 중에 재생할 수도 있습니다. 두 가지 방법을 모두 시도해 보고 어떤 방법이 당신의 두려움과 감정에 더 연결될 수 있게 해 주는지 살펴보세요. 당신의 경험과 더 잘 연결될 수 있게 도와주는 것을 선택하세요.

스크립트를 녹음하든 노출 중에 말하든, 감정이 떠오를 때 당신이 더 잘 알아차릴 수 있도록 아주 천천히 말하는 것이 좋습니다. 스크립트를 말하는 방식(목소리 톤, 속도, 리듬, 음량)이 불편감을 느끼는 데 도움이 되는지 혹은 느낌과 연결되는 데 방해가 되는 요소가 있는지 살펴보세요. 느낌과 연결되는 데 방해가 되는 것이 있다면, 스스로에게 물어보세요. "불확실함 및 두려움과 함께하는 데 나에게 도움이 되려면 이것을 어떻게 바꾸면 좋을까?"

이제 스크립트가 완성되었으니 시작하기 전에 몇 가지 마지막 세부 사항을 살펴봅시다.

8. 노출 연습하기

연습을 시작하기 이전에, 연습 실행 30분 전 혹은 당신이 원하는 준비 시간 후에 알람이 울리도록 설정하세요. 시계나 휴대폰을 사용하여 알람을 설정하는 경우, 시간 때문에 주의가 산만해지지 않도록 알람은 들리지만 보이지 않는 곳에 두세요. 다음으로 당신의 스크립트를 천천히 말하거나 듣습니다. 무언가 자극받는 느낌이 있다면 언제든, 잠시 멈추고 그것과 함께하세요. 예를 들면, 다음과 같습니다.

느낌을 명명해 봅니다. "나는 .... [슬픔, 화, 무서움, 수치감 등]을 느껴."

각 느낌은 몸 안의 신체 감각과 연결되어 있습니다. 다음은 신체 감각과 당신이 연결되는 데 도움이 될 수 있는 몇 가지 질문입니다.

- 몸에서 어떤 신체 감각(조임, 따끔거림, 무거움, 가벼움 등)이 느껴지나요? 두 가지 이상의 감각이 느껴진다면, 다소 힘들 수 있지만 압도적이지는 않은 쪽의 감각을 느끼도록 초점을 둬 보세요. 온몸에 느껴지는 신체 감각이라면 특정 부위 하나를 골라 초점을 두세요.
- 신체 감각이 정확히 어디에(복부, 가슴, 얼굴 혹은 신체의 다른 부위) 위치해 있나요?
- 어떤 색(빨간색, 검은색, 회색 또는 다른 색)인가요?
- 신체 감각의 형태나 모양(벽돌, 공, 매듭, 주먹, 또는 다른 형태)은 무엇인가요? 그 감각을 상상 속에 이미지로 그려 보고 원하는 만큼 느낄 수 있도록 허용해 주세요. 만약 이미지를 그려 보는 것이 그 느낌과 연결되는 데 방해가 된다면, 그냥 흘러가도록 놔두세요. 이미지를 떠올리는 것이 당신이 연결될 수 있게 도움을 준다면 그 이미지를 사용하세요.

당신은 이 신체 감각을 기꺼이 받아들일 의향이 있나요? 그것은 그 감각을 충만하게 느끼거나, 더 천천히 감각의 바깥쪽 가장자리까지 느끼고 받아들이는 것을 의미합니다. 당신이 그것을 수용할 때 어떤 일이 일어나는지 알아차려 보세요. 마음이 당신을 빨아들이려고 하면 그 생각을 알아차리고 벗어나기(7장)를 시행한 다음, 다시 신체 감각에 초점을 두세요. 비판적인 생각을 알아차릴 수 있다면, 자기 자비를 시행하고 다시 수용하는 것을 선택해 볼 수 있습니다.

다음은 노출 스크립트의 시작 부분에 자기 자비를 추가하는 방법입니다. 노출 스크립트와 마찬가지로 천천히 읽으면서 무엇이 나타나는지 알아차려 보세요.

> "나는 ………………………… [느낌을 기록]을 느껴. 내가 ………………………… [앞과 동일, 느낌을 기록]를 느껴도 괜찮아. 누구나 때로는 …………………………를 느끼니까. ………………………… [핵심 삶의 가치: 독립성, 연결성, 존재감, 혹은 당신의 삶에서 추구하고 싶은 방향을 기록]을 추구하기 위해서 내가 ………………………… [느낌을 기록]를 느낄 때 그것을 ………………………… [핵심 자기 가치: 사랑, 수용, 용기, 친절, 혹은 당신이 당신 자신이나 타인을 대하고 싶은 방식을 기록]하게 대할 수 있을까?"

이 멘트를 여러 번 반복한 다음, 노출로 돌아가거나, 노출 스크립트의 시작 부분 또는 노출 스크립트 마지막에 말해 볼 수 있습니다. 자기 자비는 고통을 없애기 위한 것이 아니라 고통을 통해 자신을 안아 주기 위한 것임을 기억하세요.

당신이 자극받는 느낌이 나타나 잠시 멈추어 그것들을 마주할 때마다, 노출 스크립트(자기 자비 부분이 있든 없든)를 천천히 듣거나 말해 보기 바랍니다. 1~2분마다 스크립트를 반복해 보는 방법도 선택해 볼 수 있습니다. 스크립트를 얼마나 자주 읽을지를 염두에 두세요. 노출은 생각하는 과정이 아니라 느끼는 과정이어야 합니다. 스크립트는 감정을 느끼도록 돕기 위한 것이므로, 너무 자주 또는 너무 빨리 읽으면 자신의 감정을 알아차리고 받아들이는 데 방해가 될 수 있습니다. 또한 노출 중에 다른 생각이나 이미지가 떠오르면 이미지 혹은 생각이라고 그저 이름을 붙이고 이를 인정하며 하늘의 구름이나 역의 기차처럼 스쳐 지나가도록 놔두세요. 그런 다음, 노출에 다시 초점을 둘 수 있습니다. 당신은 어떤 생각이나 이미지도 무시하거나 억누르고 싶지 않을 것입니다. 정해진 시간만큼 채울 때까지, 혹은 지루해질 때까지 당신의 스크립트를 읽고 받아들이는 것을 반복하세요.

그런 다음, 몇 분 동안 이 과정에서 무엇을 알아차렸는지 돌아보세요.

자신의 감정에 집중하면서도, 두려운 생각이 떠오르도록 내버려 두었을 때 어떤 점을 알아차렸나요? 두려운 생각을 받아들였을 때 몸의 느낌과 감각에 어떤 변화가 생겼나요? 불확실함과 불편함을 받아들이는 당신의 능력, 그리고 당신에 대해 어떤 점을 알아차렸나요?

노출 연습에 부가적으로 도움이 될 만한 것들

몇 해 동안 저는 노출 경험을 극대화하는 데 도움이 될 수 있는 작은 팁들을 발견했습니다. 이러한 아이디어를 한데 모아 여기에 넣어 봤습니다. 연습을 시작하기 전에 다음 사항을 검토해 보세요.

- 몸의 느낌이나 감각과 연결되는 데 방해가 되는 것이 있는지 살펴보고, 그 장애물을 내려놓고 감각에 다시 초점을 둘 수 있는지 확인하세요. 느낌에서 멀어질 때마다 이 과정을 반복하세요. 당신은 느낌에서 멀어지게 될 것입니다. 이는 완전히 정상입니다.
- 여러 종류의 손잡이를 만지거나 여러 곳의 대중교통 또는 화장실을 이용하는 등 가능하면 같은 노출 연습을 다양한 환경에서 해 보세요.
- 노출 연습을 섞어서 할 수 있습니다. 이번 주 중 3일은 서로 다른 환경에서 같은 노출을 하고, 나머지 3일은 다른 노출을 선택하여 연습할 수 있습니다.
- 노출 연습이 어려울수록 더 많은 것을 배울 기회가 됩니다.
- 강박 행동이 나타나는 와중에 더 어려운 노출을 하는 것보다, 더 쉬운 노출을 하고 강박 행동을 하지 않는 편이 더 낫습니다.

노출을 완료한 후에는 당신을 꼭 칭찬해 주시기 바랍니다. 정말 잘했다고요! 이어지는 작업지의 질문은 노출 경험을 되돌아보고 배운 정보를 통합하는 데 도움이 될 것입니다.

9. 실제로 어떤 일이 일어났나요?

다음 질문을 생각해 보세요. 지금까지 당신의 핵심 두려움과 관련된 일이 실제로 발생했나요? 어떻게 확실히 알 수 있나요? 당신의 두려움에 따라 이 질문에 답할 수 있을 수도 있고, 없을 수도 있습니다. 노출 연습 작업지에 답을 적으세요. 다음은 몇 가지 예시입니다.

반응 예시 1: 나는 내가 죽을 거라고 생각했다. 나는 아직 숨을 쉬고 있으므로 그건 실제로 일어나지 않았다.

반응 예시 2: 나의 최악의 두려움은 내 자식이 심하게 아프게 되는 것이었다. 지금 이 순간 그 아이가 아픈지는 확실히 알 길은 없다.

10. 당신의 예상들을 검토하기

예상했던 일이 노출 중 또는 노출 후에 발생했나요? 어떻게 확실히 알 수 있나요? 노출 연습 작업지에 답변을 작성하세요. 다음은 몇 가지 예시입니다.

반응 예시 1: 나는 내가 그 느낌을 감당하지 못하거나, 이후에 집중을 못하게 되지 않을까 두려웠다. 노출 연습 중에 불안함을 느꼈지만 나는 지금 읽고 쓰는 것에 집중할 수 있다.

반응 예시2: 나는 강박 행동 없이 내 두려움들을 마주하지 못할 것 같아 무서웠다. 하지만 나는 지금껏 강박 행동 없이 노출 연습을 해내고 있다.

11. 무엇을 배우거나 알아차렸나요?

노출 연습 작업지의 다음 질문에 답하면서 노출을 통해 배운 것 또는 알아차린 것을 적으세요.

당신의 느낌에 초점을 맞추면서 두려운 생각들을 허용했을 때, 당신은 무엇을 알아차렸나요?

반응 예시: 나는 내가 기꺼이 그 생각들을 갖고 있으려고 할 때, 시간이 지나면서 그것들이 주는 영향력이 작아지는 것을 알아차렸다. 그 생각들이 진실이기보다는 그저 단어들로 느껴졌다.

당신이 몸의 느낌들과 감각들을 받아들였을 때 어떤 일이 일어났나요?

반응 예시: 나는 내 느낌들이 변화한다는 것을 알아차렸다. 어떨 때는 더 강해지고, 어떨 때는

더 약해졌다. 어떤 때는 하나 이상의 느낌이 나타나기도 했다. 나는 그것들이 때때로 불편하다는 것을 알아차렸다.

불확실함과 불편함을 수용하는 당신의 능력, 그리고 당신 자신에 대해서 어떤 점을 알아차렸나요?
반응 예시: 나는 나에게 의미 있는 행동들을 할 때, 떠오르는 불편한 느낌과 생각들을 함께 갖고 있을 수 있다는 것을 알아차렸다. 또한 나는 중요한 행동을 추구하기 위해서 결과들을 알지 못하고도 위험을 감수할 수도 있다는 것을 알아차렸다.

4단계: 문제를 다루어 나가기

노출 연습을 하는 것은 어렵습니다. 만약 당신의 마음이 "넌 노출을 제대로 하지 못하고 있어."라고 말을 하거나 당신이 포기하고 싶은 충동을 느낀다면, 당신만 그런 것이 아닙니다. 스스로에게 물어보세요. "완벽하지 않더라도 어려운 일을 해내는 것이 나와 내 삶에 중요하다면 어떨까? 내 가치들은 뭐라고 말하고 있지?" 만약 그렇게 하는 것이 맞다고 한다면, 당신은 연습을 계속하는 것을 선택해 볼 수도 있을 것입니다.

노출 연습을 한 후에도 계속 자극을 받고 건드려지는 것이 있거나 당신의 두려움이 떠오른다면, 온전히 마주하고, 당신이 작성한 스크립트를 읊으며, 당신의 감정을 느껴 보세요. 30분 정도는 하지 못하더라도, 아무것도 하지 않는 것보다는 조금이라도 하는 편이 낫습니다. 핵심 두려움을 말하고 그 감정을 느끼는 연습을 많이 할수록 당신은 그것들을 더 잘 가져볼 수 있게 될 것이고, 당신의 삶에 초점을 두게 됩니다.

과제 연습을 위한 동기 부여하기

계획했던 노출 연습이 끝난 후에도 계속 자극받는 부분이 있다면 어떤 반응 방지 행동을 해 보는 것이 도움이 될까요? (힌트: 이전에 당신이 노출할 때 했던 것과 동일한 반응 방지일 가능성이 높습니다.)

....

....

....

....

....

....

노출 연습이 완료된 후 당신의 두려움이 떠오를 때, 당신의 가치들에 따라 살아가기 위해 불확실함과 불편함을 어떻게 수용할 수 있을까요? (힌트: 계속 수용해 나가기 위해서 이전 질문들에 대해 당신이 나열한 답변 중 어떤 단계든지 선택해 볼 수 있습니다.)

....

....

....

....

....

....

당신의 다음 노출 연습 시간은 언제인가요?

....

....

즉석 노출 연습

계획적인 노출 연습이 도움이 되겠지만, 일상생활에서 두려움이 유발되었을 때 어떻게 대면해야 하는지에 대한 모든 것을 알려 주지는 않습니다. 결국, 두려움과 감정이 나타났을 때 당신이 알아차리고 어떻게 대하는지가 중요합니다. 더 빨리 그것을 수용할수록 더 좋습니다. 계획 노출 시간까지 당신이 수용하기를 미루고 있는 것은 아닌지 알아차려 보세요. 그리고 이렇게 하는 것이 당신이 자신의 삶에 머물 수 있게 하는 데 도움이 되는지 살펴보세요. 당신이 기꺼이 다루고자 하는 촉발 자극이 나타나면, 언제든 그 촉발을 포용하는 것이 좋습니다. 촉발 자극을 만났을 때 나타나는 당신의 두려움과 감정을 기꺼이 함께하고 싶지 않다면, 계획 노출 연습을 하면서 수용을 다시 시도해 본 다음, 점진적으로 일상생활의 촉발 자극을 느꼈을 때의 두려움과 감정을 다루어 나가는 방향으로 시도해 보세요. 계획 노출 연습을 할 때뿐만 아니라 당신의 일상을 살아갈 때도 대담함과 용기, 그리고 유연함을 연습해 나갈 수 있습니다. 마사가 인생의 불확실함과 불편함에 직면하는 법을 어떻게 배웠는지 살펴봅시다.

마사의 이야기

마사는 관계에 대한 강박증을 치료하기 위해 계획 노출 연습을 하고 있었습니다. 그녀는 남자 친구가 자신의 짝이 아닐지도 모른다는 불안과 불확실함을 수용하는 연습을 해 왔습니다. 이를 위해 그녀는 남자 친구가 다른 여자에 대해 이야기하는 것을 녹음한 다음, 그가 자신의 짝인지 아닌지에 대한 불편함 및 불확실함과 함께 앉아 있었습니다.

이렇게 계획 노출 연습을 하는 것이 어느 정도는 도움이 되었습니다. 그녀는 더 현재에 머무를 수 있었고, 강박 사고를 덜 경험했다고 했습니다. 하지만 남자 친구가 여자 동료, 이웃, 친구에 대한 이야기를 꺼낼 때면, 그녀는 남자 친구가 자신의 인연이 아닐지도 모른다는 강박 사고에 사로잡혔고, 강박 행동을 하게 되었습니다. 이는 현재에 머물지 못하고, 연결되지 못하는 느낌으로 이어지곤 합니다. 마사에게는 두려운 연습이었지만, 그녀는 즉석 노출을 연습해야 한다는 것을 알고 있었습니다. 예를 들어, 남자 친구가 저녁 식사 후 여자 동료에 대한 이야기를 꺼냈을 때, 그녀는 그 사람이 내 짝이 맞는지 모르겠다고 스스로에게 말하며 불확실함과 불편함을 마주하면서도 남자 친구에게 확인을 구하지 않고, 그가 말하는 것에 다시 집중할 필요가 있었습니다. 시간이 지남에 따라, 연습을 통해 그녀는 더 오래 현재에 머물 수 있게 됐고, 더 많이 그 순간에 연결되어 있다고 느낄 수 있었습니다.

또 다른 예로, 알렉스는 손을 씻거나 장갑을 끼지 않고 문 손잡이를 만지는 계획 노출 연습을 통해 청결 강박에 직면했습니다. 알렉스는 이 연습이 어느 정도 도움이 된다는 것을 알았지만, 하루 동안 예상치 못한 문 손잡이를 마주할 때면 계속해서 압도됨을 느끼고 강박 행동을 하게 되었습니다. 알렉스는 예기치 않게 손잡이를 마주쳤을 때 그 느낌을 수용하고 노출을 해 나가는 것이 어렵다는 것을 알고 있었지만, 그 연습을 통해 원하는 곳으로 가고, 하고 싶은 일을 하는 데 더 자유로워질 수 있다는 것 또한 알았습니다.

두려움이 떠오르는 순간 그 두려움과 마주하는 것은 어렵지만, 그렇게 함으로써 엄청난 학습을 만들어 낼 수 있습니다. 당신이 촉발 자극을 만날 때 그것들을 직면하는 단계는 7장에서 배웠었기 때문에 익숙하게 느껴질 것입니다. 이제 노출 연습과 함께 그것들을 사용하겠습니다.

1. 당신이 낚이고 자극 받았을 때를 포착하기
2. 낚인 상태에서 벗어나는 연습하기: "내 강박 증상이 나에게 ~(낚인 내용 넣기)라 말하고 있어." 또는 7장의 다른 벗어나기 연습 중 하나를 사용하기
3. 당신의 가치 확인하기: 자신에게 물어보기. "지금 두려움과 불확실함을 받아들임은 무엇을 추구하기 위한 것인가?"
4. 가치 행동에 전념하기: 이 경우에는 촉발 자극을 마주하기

당신의 핵심 두려움('지금 내가 가장 두려워하는 것은 무엇인가?')을 말하고 그때 올라오는 자극을 계획 노출 때 연습했던 대로 마주하면서, 당신은 자극받는 그 순간에 머물 수

있습니다. 다음은 자극을 직면하는 몇 가지 간단한 문장입니다. 하나만 사용하거나 몇 가지를 조합하여 사용해도 됩니다.

- 지금 가장 두려운 것이 무엇인지 스스로에게 물어보세요.
- 강박증에게 말하세요. "나는 ……[당신의 두려움을 넣으세요.]라는 생각을 알아차리고 있어."
- "나는 ……[당신의 두려움을 넣으세요.]이 일어날지, 아닐지 모르겠다."라고 덧붙입니다.
- 그저 당신의 마음에게 말하세요. "……[당신의 두려움을 넣으세요.]이 일어나는지 한번 보자."
- 당신의 몸에서 느껴지는 감정을 명명하세요. "나는 ……[슬픔, 무서움, 화, 부끄러움 등]을 느껴.".
- 그 느낌을 알아차리고, 그 느낌이 어떻게 생겼는지 그려 보고, 기꺼이 원하는 만큼 느껴 보세요.

마주한 후에도 그 생각이 계속 성가시게 하거나, 그 생각에 사로잡힌 자신을 발견하거나, 강박 행동을 하고 싶은 충동이 계속 느껴진다면 계획 노출 시간 동안 이 두려움을 다시 한번 마주해 보아야 합니다.

노출 연습 목록 확장해 나가기

첫 번째 계획 노출 연습을 어느 정도 해 보고 그 형식에 익숙해졌다고 생각되면, 다른 연습을 선택하여 연습 시간에 포함시켜 보세요. 현재 노출이 더 이상 어렵지 않을 때, 당신이 새로운 노출을 할 준비가 되었다는 것을 알 수 있습니다. 여전히 힘들지만, 당신은 어떻게 경험해 나가야 하는지 알고 있습니다. 또한 지금 새로운 노출 연습으로 범위를 넓혀 나가는 것이 다가가는 행동(삶에 보탬이 되고 가치에 가까워지는 행동)인지, 아니면 멀어지는 행동(장기적으로 삶에서 멀어지고 불편함에서 그저 벗어나기 위한 행동)인지 당신 스스로에게 물어볼 수도 있습니다.

다가가는 행동이라고 느껴지면 다음 단계로 넘어갈 준비가 된 것입니다. 10장의 노출 계획 차트로 돌아가서 더 이상 도전적으로 느껴지지 않는 노출 목록은 모두 지워 버리세요. 그런 다음, 지금 이 순간 나머지 노출을 얼마나 기꺼이 할 의향이 있는지 점수를 매기세요.

관찰해 보기 **지금 당신은 얼마나 '기꺼이' 하고자 하나요?**

노출 계획 차트로 돌아가서 얼마나 기꺼이 할 의향이 있는지 점수를 매기면서 어떤 것을 알아차렸나요? 지금까지 당신은 무엇을 배웠나요?

....

....

....

....

....

새로운 노출을 선택하세요. 다시 한번 당신이 가장 기꺼이 하고자 하는 노출을 선택할 수 있습니다. 어려운 연습이 모두 완료될 때까지 노출 계획 차트에 남은 모든 연습에 대해 이 단계를 반복합니다. 모든 연습을 완료하지 못할 수도 있으며, 일부 연습은 다른 연습을 열심히 하다 보면 자연스럽게 쉬워질 것입니다. 그런 연습들은 목록에서 지워 나갈 수 있습니다. 당신이 한 가지 노출을 잘할 수 있다는 것을 알게 되면, 이때의 학습은 비슷한 유형의 다른 노출에도 적용될 수 있습니다.

명심해야 할 또 한 가지 사항은, 목록에서 더 어려운 노출을 시도해 나가는 일이 중요하다는 것입니다. 어려운 노출 과정을 통해 더 많은 것을 배울 수 있으며, 이러한 유형의 학습은 지속되는 경향이 있습니다. 목록에 있는 어려운 노출을 모두 완료했으면 12장으로 넘어갑니다.

연습하다 보면 많은 장애물이나 의문이 생길 수 있습니다. 그것은 매우 정상적입니다. 당신의 질문에 대한 답을 찾으면서 연습을 계속해 나가길 응원합니다. https://hakjisa.co.kr에서 노출 관련 자주 묻는 질문과 답변을 확인하세요.

연습에 전념하기

연습에 전념하는 것은 어려울 수 있습니다. 당신이 가장 기꺼이 하고자 하는 연습부터 시작하여 장기적인 성공을 위한 발판을 만드세요. 또한 이 과정에서 당신에게 친절하세요. 이것은 쉽지 않습니다. 막막한 느낌이 들 때 자책하기보다는 다음 기회에 실천할 수 있는 가능성을 높이기 위해 노출 계획을 어떻게 조정할 수 있을지 스스로에게 물어보세요.

당신에게 도움이 필요하다면, 도움을 요청하세요. 우리 모두는 때때로 추가적인 도움이 필요하므로, 노출을 계속 피하고 있는 자신을 발견하더라도 자책하지 말고 주변에 도움을 요청하세요. 가족이나 친구(강박증에 대해 잘 알고 있고, 당신이 신뢰할 수 있는 사람이 바람직합니다)에게 처음 노출을 할 때 함께해 달라고 요청할 수 있으며, 결국에는 혼자서 노출을 하는 것을 목표로 삼을 수 있습니다. 또한 사람들에게 노출 연습을 할 계획임을 알리고 그 사람들이 다시 당신에게 확인하도록 요청해 볼 수도 있습니다.

또 다른 방법은 치료 모임이나 온라인 포럼을 통해 강박증이 있는 다른 사람들을 만나고, 그중 한 명에게 노출 연습의 동료가 되어 달라고 요청하는 것입니다. 두 사람은 노출 연습 중 서로에게 조언하거나, 노출을 시작하고 끝낸 후 무엇을 배웠는지 알려 줄 수 있습니다. 여전히 막막한 느낌이 든다면 강박증 치료 전문가에게 도움을 청하기 바랍니다.

과제 **계획 노출 연습 일정 잡기**

아직 계획 노출 연습을 수행하지 않았다면 첫 번째 계획 노출 연습을 선택하세요. 노출 연습 작업지를 작성하고, 달력에 계획 노출 연습 시간을 잡으세요. 막힌 느낌이 들 때는 자신의 가치('이렇게 하면 내가 되고 싶은 사람이 되거나, 내가 원하는 방식으로 사는 데 도움이 될까?')를 확인하거나 도움을 요청하세요. 이것은 쉽지 않은 일이며, 시도하는 것만으로도 큰 용기가 필요합니다.

〈노출 연습 작업지〉

1. **노출 제목**: ....

2. **노출 계획**: 어떤 유형의 노출(상상 노출, 실제 상황 노출)을 실시할 예정인가요? 노출은 언제, 어떻게 진행하나요? 필요한 사람이나 소품이 있나요? 노출이 진행되는 동안, 그 순간에 머물기 위해 어떤 것이 도움이 되나요?

....

....

....

....

....

....

3. **반응 방지 계획**: 이러한 촉발 요인과 두려움에 직면했을 때 당신은 주로 어떤 반응을 보이나요? 노출 중 또는 노출 후에 나타나는 일반적인 반응을 어떻게 방지할 수 있나요?

....

....

....

....

....

....

4. 이 노출을 통해 어떤 가치를 추구할 수 있나요?

이 연습이 당신 자신에게 어떤 가치를 지니고 있나요? 이 연습을 통해 진정한 당신의 모습, 그리고 당신에게 중요한 것에 어떻게 다가가게 해 주나요? 이 연습이 당신의 어떤 가치와 부합하나요?

....

....

....

....

....

5. 당신이 가장 두려워하는 것은 무엇입니까?

핵심 두려움 차트를 완성하세요. 9장의 다양한 예시들을 다시 봐도 좋습니다.

핵심 두려움 차트		
내가 이 **촉발 요인**에 노출된다면		
그리고 **이 행동**을 통해 이런 위협을 낮추지 않으면		강박 행동
이러한 **재앙**이 발생할 것이다		핵심 두려움

6. 이 연습을 해 나가면서 어떤 것들이 예상되나요?

당신의 마음은 이 노출 중에 어떤 일이 일어날 것이라고 말을 하나요? 그것이 당신의 핵심 두려움과 같다면 이 질문을 건너뛰세요. 다르다면 빈칸을 채우세요.

"나의 마음은 노출 중 혹은 노출 후에 .... 이 일어날 것이라고 말한다."

7. 스크립트 만들기

이제 어떤 작업을 수행할지 확인했으므로, 노출을 진행하는 동안 말하거나 읽거나 들을(사전에 녹음한 것으로) 스크립트를 만들 차례입니다. 9장의 스크립트 작성에 관한 부분을 검토하고 이미 작성한 스크립트가 이 노출에도 적용되는 경우 이를 사용해도 되고, 그렇지 않다면 당신의 핵심 두려움이 포함된 새로운 스크립트를 작성하시면 됩니다. 여기에 당신의 스크립트를 작성하세요.

8. 노출 연습하기

노출을 완료한 후 다음 질문에 답해 보세요.

9. 지금까지 당신의 핵심 두려움과 관련된 일이 실제로 발생했나요? 어떻게 확실히 알 수 있나요?

10. 예상했던 일이 노출 중 또는 노출 후에 발생했나요? 어떻게 확실히 알 수 있나요?

11. 이 노출 연습을 하면서 무엇을 배우거나 알아차렸나요?

당신의 느낌에 초점을 맞추면서 두려운 생각들을 허용했을 때, 당신은 무엇을 알아차렸나요?

당신이 몸의 느낌들과 감각들을 받아들였을 때 어떤 일이 일어났나요?

불확실함과 불편함을 수용하는 당신의 능력, 그리고 당신 자신에 대해서 당신은 어떤 점을 알아차렸나요?

12장

가치에 기반한 삶을 살기

이쯤 되면 이 책이 강박증을 극복하는 방법을 넘어서, 풍요로운 삶을 사는 데 도움이 되는 모든 감정, 감각, 생각을 갖는 방법에 관한 책이라는 것을 이해했을 테지요. 이 책이 제안하는 도구들은 고통을 갖고도 삶을 살아가는 방법을 배우는 데 초점을 맞추고 있습니다. 왜냐하면 고통은 삶의 정상적인 부분이기 때문입니다. 이제 노출 연습을 마쳤으니 다음 단계는 강박 증상과 기타 고통을 온전히 받아들이며 충만히 살아가는 방법을 배우게 될 것입니다.

우리는 강박증의 맥락에서 수용 연습을 해 왔습니다. 이 장에서는 모든 경험을 수용할 수 있는 삶의 방식을 만드는 방법에 대한 몇 가지 아이디어를 공유하고자 합니다. 좋은 소식은 당신이 이미 이 책에서 대부분의 기술을 어느 정도 연습해 보았다는 것입니다. 이제 그 기술을 실천하고 다른 경험으로 확장하는 일만 남았습니다.

계속하기 전에 온라인 자료(https://hakjisa.co.kr)에 있는 가치 지도(value map)를 완성해 보세요. 가치 지도를 완성할 때까지 이 장을 진행하지 마십시오. 이 지도는 당신의 가치와 다음에 초점을 둬야 할 행동을 인식하는 데 도움이 될 것입니다.

매일 점검하기

이 책에서 요청하는 것 중 하나는 속도를 늦추고 자신이 하고 있는 일과 경험에 주목하는 것입니다. 이를 지속하는 한 가지 방법은 구조화된 일기를 쓰는 것입니다.

온라인(https://hakjisa.co.kr)에서도 다운로드 할 수 있는 이 양식을 사용해 보세요.

구조화된 일기 쓰기

날짜:	
나는 오늘 어떤 가치 기반 행동(다가가는 행동)을 알아차렸나? 막히면 가치 지도를 검토하세요. 마음은 부정적인 사건과 우리가 하지 못한 일을 기억하는 데 매우 능숙합니다. 정기적으로 당신의 다가가는 행동을 검토하면 당신이 어떻게 살고 있는지에 대해 보다 균형 잡힌 시각을 갖게 됩니다.	
나는 내일 또는 향후 24시간 이내에 어떤 가치 기반 행동(다가가는 행동)을 하고 싶은가? 행동 목표를 설정하면 목적을 가지고 살아가는 데 도움이 됩니다. 그것은 시간과 에너지를 어떻게 쓸지에 대해 마음이 아닌 당신이 통제할 수 있게 해 줍니다.	
지금 가장 두려운 것은 무엇인가? 불안에 취약한 사람들에게는 항상 두려움이 존재할 가능성이 높습니다. 매일 두려움에 대해 자세히 들여다보면 마음에서 벗어나는 데 도움이 될 수 있습니다. 이러한 두려움은 강박관념, 걱정 또는 일상적인 스트레스 요인과 관련이 있을 수 있습니다. 두려움이 없다면 현재 어떤 감정이 있는지 알아차리고 이름을 붙이는 것만으로도 충분할 수 있습니다.	

직전 질문의 두려움이나 느낌을 떠올리며, 이 책의 도구를 사용해 불확실성이나 불편함을 어떻게 극복할 수 있을까? 이는 노출 연습을 하거나, 그냥 몸에서 느껴지는 감각에 가만히 머물러 있는 것을 의미할 수도 있습니다. 마음챙김 연습, 자기 자비 연습을 하거나 의미 있지만 두려운 일을 하는 것일 수도 있습니다. 지금까지 배운 모든 기술과 도구를 확인하려면 (https://hakjisa.co.kr)에서 도구 체크리스트를 참조하세요.	
마지막으로, 이전 연습을 통해 불편함과 불확실함을 마주하는 나 자신과 나의 능력에 대해 무엇을 느꼈거나 배웠나? 생각과 감정에 대해 무엇을 느꼈거나 알아차렸을까?	

모든 감정들을 수용하기

수용은 강박증에 대한 치료법을 넘어서 삶의 방식이며, 당신의 모든 경험에 적용될 수 있습니다. 어떤 감정이든 받아들이는 것이 얼마나 도움이 되는지 스스로 살펴보세요. 그것이 당신이 성장하고, 삶 속에 더 온전히 존재하게 해 주며, 앞으로 나아갈 동기를 부여하는 데 도움이 되나요? 우리가 경험하는 것과 싸우고, 억압하거나 피할수록 우리는 더 많은 고통을 겪게 됩니다. 아픔(pain)을 다 막을 수는 없지만, 더 많은 고통(suffering)을 겪을지는 선택할 수 있습니다.

당신의 삶 속에 온전히 존재하는 연습하기

마음챙김 연습을 통해, 주의를 기울이지 않고 지냈던 삶을 벗어나 인생의 순간순간을 음미할 수 있게 됩니다. 어떤 사람들은 평생을 생존을 위해 애쓰느라 삶을 온전히 살아가지 못합니다. 예를 들어, 저는 가끔 직장에 도착했는데도 출근길에 지나쳐 온 것을 잘 기억하지 못할 때가 있습니다. 걸어서 출근한 것은 기억하지만 정확한 경로나 누구와 마주쳤는지, 신호등 때문에 몇 번이나 멈췄는지를 늘상 기억하지는 못합니다. 일터에 도착했을 때 즈음의 저는 마치 중요한 것이 아무것도 없었던 것처럼 느껴집니다. 지루하고 모든 것이 식상하게 느껴지죠.

마음챙김 상태로 걸어서 출근하면 자신의 경험을 더 잘 설명할 수 있습니다. 예를 들어, 저는 인도를 빗자루로 쓸고 있는 이웃과 서로 미소 짓는 모습을 발견합니다. 다른 이웃이 심어놓은 예쁜 새 다육식물을 발견합니다. 또한 출근길에 걸어가는 내 발이 어떤 느낌인지 알아차립니다. 그리고 다가오는 차량이 지나가기를 기다릴 때와 걸을 때는 느낌이 어떻게 다른지 알아차립니다. 제가 적극적으로 마음챙김을 실천할 때 찰나의 경험에 대해 더 잘 알아차리게 되고, 이는 제 일상의 풍요로움으로 이어집니다. 저는 더 충만함을 느끼고, 삶과 연결되어 있다고 느낍니다. 제가 일터에 도착할 때 즈음에는 혼자 생각하곤 합니다. '아, 출근길에 멋진 일들을 많이 경험했구나.'라고요.

다음은 마음챙김에 관한 몇 가지 참고자료입니다.

- 『Hardwiring Happiness』, 릭 핸슨(Rick Hanson)의 저서
- 『Everyday Mindfulness for OCD: Tips, Tricks, and Skills for Living Joyfully』, 존 허시필드(Jon Hershfield)와 샬라 나이슬리(Shala Nicely)의 저서
- Insight Timer에서 온라인으로 찾을 수 있는 안내형 명상인 〈Sense and Savor Walk〉
- 마음챙김 기반 스트레스 감소(mindfulness-based stress reduction) 수업

당신의 공동체

당신이 속한 공동체는 주변에서 정서적 지지를 받기 위해 당신이 선택한 사람들의 집단입니다. 더 많은 사랑과 연민으로 당신을 대하기 시작하면, 당신은 삶의 전반에 더 필요한 것들을 알아차리기 시작할 것입니다. 특히 당신의 주변 사람들로부터 필요한 것이

무엇인지를 알게 됩니다.

지금 당신의 주변 사람들 중 일부는 당신의 필요를 충족시키지 못할 수도 있습니다. 이는 그들도 고통을 겪고 있기 때문일 겁니다. 인생에서 나를 채워 주는 것이 아니라, 메마르게 하는 관계가 있다면 변화가 필요한 때입니다. 설령 상대방이 실망할지라도, 실제로 함께 있고 싶지 않을 때는 거절하는 등 사람들과의 경계를 설정하는 것을 의미할 수 있습니다. 또한 연락하는 횟수를 줄이는 것도 가능합니다. 대인관계의 질을 알아차리는 것은 어떤 사람들에게는 고통스럽고 두려운 일이 될 수 있으며, 특히 그 대상이 가족인 경우에는 더욱 그렇습니다. 제 멘토 중 한 명이 "누군가를 사랑하면서도, 동시에 놓아줄 수도 있다."고 말한 적이 있습니다.

사회적 관계를 선택할 때는 내게 필요하고, 마땅히 받아야 할 사랑과 존경을 줄 수 있는 사람들과 함께해야 합니다. 종종 이런 사람들은 나와 비슷한 일을 하고 있고, 자신의 고통에 대한 통찰을 가진 사람들입니다. 마음챙김 명상 그룹이나 명상원에 소속될 때 얻을 수 있는 이점 중 하나는 감정을 잘 인식하고 자신의 고통을 다뤄 나가는 사람들에게 둘러싸이게 될 가능성이 높아진다는 점입니다.

자기 자신이 가장 중요합니다!

당신을 돌볼 때는 사람들에게 "나 바빠."라고 말해도 괜찮습니다. 자신의 필요를 우선시하는 것은 자기 자비의 행동이며, 당신이 마땅히 받아야 할 사랑과 친절에 더 가까이 다가갈 수 있게 해 줍니다. 달력을 활용하여 자신을 더 잘 돌볼 수 있습니다. 나를 채우는 일들로 달력을 채우세요. 넓게 살아 보세요. 용기 있게, 담대하게 살아 보세요. 그리고 자신에게 많은 사랑을 줍시다. 자신을 억지로 고치거나 바꿀 필요는 없습니다. 장기적으로 자신에게 필요한 것을 주면서 자신을 사랑하는 것이 당신이 해야 할 유일한 일입니다. 당신은 이 유한한 삶이 제공하는 모든 것을 누릴 자격과 가치가 있습니다.

당신의 남은 여정에 많은 사랑과 자비가 깃들기를 기원합니다. 더불어 평온하고 목적 있는 삶이 함께하기를 바랍니다.

부록

노출 연습의 예시

다음은 다양한 유형의 강박증과 촉발 요인에 대한 몇 가지 노출 연습의 예시입니다. 참고로 이 스크립트(대본)는 핵심 두려움을 목표로 하며, 몸에서 느껴지는 느낌과 연결되도록 돕기 위한 것입니다. 즉, 이는 노출 중이나 노출 후에도 강박 행동을 포함한 회피 행동을 자제하는 것을 의미합니다. 스크립트를 천천히 읽고, 몰두하여, 현재의 느낌을 느낄 수 있도록 충분한 시간을 갖고 연습하세요.

관계에 대한 강박

촉발 요인: 내가 파트너에게 끌리지 않는다는 생각

노출 연습(상상): 파트너의 사진을 보면서 "내가 파트너에게 끌리는지 잘 모르겠어. 영원히 알 수 없을지도 모르지."라고 말합니다.

촉발 요인: 내가 파트너에게 감정적으로 상처를 줄 것이라는 생각

노출 연습(상상): 파트너에게 상처를 주는 최악의 시나리오에 대한 스크립트(대본)를 만들어 반복합니다.

촉발 요인: 내 파트너가 내가 고대하던 그 사람이 아니라는 생각

노출 연습(실제 상황): 온라인이나 오프라인에서 매력적인 사람들을 보면서 "내 파트너가 내 진정한 짝인지 모르겠어. 영원히 알 수 없을지도 모르지."라고 말합니다.

촉발 요인: 파트너에게 매력을 느끼지 못할 수도 있다는 생각

노출 연습(실제 상황): 파트너의 사진을 보면서 "어쩌면 나는 파트너에게 끌리지 않는지도 몰라. 나는 영원히 알지 못할 수도 있지."라고 말하면서 몸에서 느껴지는 감정에 집중하세요.

촉발 요인: 남자 친구 또는 여자 친구 없이 친구들과 외출하기

노출 연습(실제 상황): 친구들과 외출하기 전, 그리고 가능하다면 외출하는 동안 강박증에게 "내 남자친구는 내 짝이 아닐지도 몰라. 알 수 없는 일이지."라고 말하며 몸에서 느껴지는 감정에 집중해 보세요.

완벽주의 강박

촉발 요인: '내 작업은 완벽해야 해. 그렇지 않으면 나는 실패하게 될 거야.' 하는 생각

노출(실제 상황): 작업은 두 번까지만 수정하세요. 그런 다음, "이 정도로는 충분하지 않아서 실패할지도 몰라. 알 수 없는 일이지."라고 말하며 몸에서 느껴지는 감정과 연결돼 보세요.

촉발 요인: 퇴근

노출(실제 상황): 동료들과 함께 퇴근하면서 "나는 일을 다 하지 않고 퇴근할 거야. 실패해서 해고당할지도 몰라. 알 수 없지"라고 말합니다. 그리고 몸에서 느껴지는 감정에 연결돼 보세요.

촉발 요인: 새 이메일

노출(실제 상황): 새 이메일이 도착했음을 알아차립니다. "뭔가 놓쳐서 해고당할 수도 있겠다. 알 수 없지."라고 말합니다. 그때 몸에서 느껴지는 감정에 연결돼 보세요.

촉발 요인: 실수하기

노출(상상): 실수를 했을 때, 최악의 시나리오가 어떻게 될지 상상을 반복하며 몸에서 느껴지는 감정과 연결돼 보세요.

촉발 요인: 피드백 받기

노출(실제 상황): "내 마음이 '내가 충분히 잘하지 않았고 앞으로도 잘하지 못할 것'이라고 말하고 있구나."라고 말하는 연습을 합니다.

오염(청결) 강박

촉발 요인: 쓰레기통(또는 기타 유발 대상)

노출(상상): 다른 쓰레기통의 사진을 보면서 "이것은 오염되었을 수 있어. 알 수 없는 일이지. 나는 병에 걸리거나 죽을 수도 있어."라고 말합니다. 이때 몸에서 느껴지는 감정과 연결돼 봅시다.

노출(실제 상황): 다양한 쓰레기통을 만지거나 최대한 가까이 다가가서 "오염되었을 수 있지. 알 수 없는 일이야. 내가 병에 걸리거나 죽을 수도 있어."라고 말합니다.

노출(상상): 쓰레기통을 만졌을 때 최악의 시나리오에 대해 상상력을 발휘하여 스크립트를 작성하고 이를 반복합니다.

노출(실제 상황): 쓰레기통 옆에서 음식을 먹으면서 "오염되었을 수 있어. 어떨지 모르지."라고 말하거나, 또는 "내가 병에 걸려 죽거나, 사랑하는 사람이 병에 걸리거나 죽을지도 몰라."라고 말합니다.

노출(실제 상황): "이건 오염됐을 수 있어. 알 수 있는 방법은 없어."라고 말하면서 촉발 요인을 만진 후 무언가를 먹어 봅니다. 또는 "내가 병에 걸리거나, 죽거나 사랑하는 사람이 병에 걸리거나 죽을 수 있어."라고 말해 봅니다.

성적 지향에 대한 강박

촉발 요인: 강박을 유발하는 사람(연인, 친구, 매력적인 사람)

노출(상상): 강박을 유발하는 사람을 보며 "내가 게이일지도 몰라. 알 수 없지. 영원히 알 수 없을 거야."라고 말합니다.

노출(상상): 최악의 시나리오를 상상하면서 파트너의 사진을 봅니다.

'좋지 않아' 강박

촉발 요인: 혐오감 또는 무언가 좋지 않다는 느낌

노출(실제 상황): 평소 좋지 않다고 느껴서 피하는 행동 한 가지를 선택하세요. 이때의 느낌을 스스로 느끼도록 허용하세요. "이 느낌은 절대 사라지지 않거나, 내가 견딜 수 없을 수도 있어."라고 반복할 수도 있습니다. 그리고 다른 피하는 행동으로도 이 과정을 반복할 수 있습니다.

촉발 요인: 집에 들어올 때

노출(실제 상황): 집에 들어가서 그 느낌을 경험합니다. "이 느낌은 절대 사라지지 않을지도 모르고, 내가 견딜 수 없을 수도 있어."라고 반복해 봅니다.

촉발 요인: 집을 나설 때

노출(실제 상황): 집을 나서면서의 불편한 느낌과 연결하여 "이 느낌은 절대 사라지지 않을지도 모르고, 내가 견딜 수 없을 수도 있어."라고 말해 봅니다.

해를 끼치는 데 대한 강박

촉발 요인: 칼(또는 기타 날카로운 물체)의 주변에 있을 때

노출(실제 상황): 집에 아무도 없을 때 칼을 사용하며 "내가 자제력을 잃고 누군가를 죽일지도 몰라. 그렇지 않을 거라 확신할 수 없어."라고 말해 봅니다.

노출(실제 상황): 집에 누군가가 있을 때 칼을 사용하며 "자제력을 잃고 누군가를 죽일 수도 있어. 확실히는 알 수 없지."라고 말합니다.

촉발 요인: 다른 사람을 죽이거나 다치게 할 수 있다는 생각

노출(상상): 누군가를 죽이는 최악의 시나리오에 대한 대본을 작성하고 반복해서 읽어 봅니다.

도덕성과 종교에 대한 강박

촉발 요인: 사람들에게 잔돈을 거슬러 줄 때

노출(실제 상황): 사람들에게 틀린 잔돈을 거슬러 주고, "나는 나쁜 놈일지도 몰라. 나는 지옥에 갈지도 모르지. 어떻게 알겠어."라고 생각합니다.

촉발 요인: 물건 값 지불하기

노출(실제 상황): 사람들에게 잘못된 금액을 지불하고, "나는 나쁜 사람일지도 몰라. 확신할 수 없어."라고 말해 봅니다.

촉발 요인: 돈을 낭비하고 있을지도 모른다는 생각

노출(실제 상황): 분수대에 동전을 던지며 "나는 나쁜 사람일지도 몰라. 나는 지옥에 갈지도 몰라. 확신할 수 없어."라고 말해 봅니다.

노출(실제): 이번 달 옷 구입 예산을 초과한 뒤, "나는 나쁜 사람일지도 몰라. 나는 지옥에 갈지도 몰라. 어떻게 아니라고 확신할 수 있겠어."라고 말해 봅니다.

소아성애에 대한 강박

촉발 요인: 어린이 및 어린이와 관련된 모든 것

노출(상상): 잡지나 SNS에 나오는 아이들의 사진을 보고 "나는 소아성애자라서 이 아이를 해칠지도 몰라. 내가 어떻게 알아."라고 생각합니다.

노출(실제 상황): 어린이 용품점에 들어가서 "나는 소아성애자일지도 몰라. 확실히 알 방법은 없지."라고 말합니다.

노출(실제 상황): 공원, 친구의 집, 학교 자원봉사자로서 아이들 근처에서 어울리면서 "나는 자제력을 잃고 아이들을 해칠 수 있어. 내가 소아성애자인지 알 수 있는 방법은 없어."라고 말합니다.

촉발 요인: 소아성애자

노출(가상): 소아성애자에 관한 드라마나 영화를 읽거나 보고 "나는 자제력을 잃고 아이들을 해칠 수 있어. 내가 소아성애자인지 알 수는 없지."라고 말합니다.

촉발 요인: '내가 소아성애자일지도 몰라.'라는 생각

노출(상상): 어린아이를 해치고 감옥에 가서 평생 혼자 지내는 등, 상상한 최악의 시나리오 대본을 작성하고 이를 여러 번 읽어 봅니다.

건강에 대한 강박

촉발 요인: 운동 후 심장 박동이 올라가는 상황

노출(실제 상황): 숨이 차고 심장이 두근거릴 때까지 제자리에서 뛰는 연습을 하면서 "폐나 심장에 문제가 생긴 것 같아. 죽거나 심장마비가 오거나 통제력을 잃을지도 몰라. 어떻게 할지 잘 모르겠네."라고 말하며 몸의 감각과 연결돼 보세요.

촉발 요인: 현기증

노출(실제 상황): 1분 동안 제자리에서 빙빙 돌기를 한 후 얼마나 어지러운지 알아차립니다. "내가 정신을 잃고 미쳐 가고 있는 것 같아. 확실히 알 수는 없지만."이라는 말을 해 봅니다. (이 연습을 하기 전에 걸려 넘어지거나, 부딪힐 수 있는 물건을 치워 두세요.)

촉발 요인: 신체 상태의 변화(기침, 복통, 피로)

노출(실제 상황): 꼭 필요한 경우가 아니라면 병원에 가는 것을 자제하고, "내가 병에 걸렸을지도 몰라. 죽어 가고 있을지도 모르지."라고 말하세요. 그리고 신체의 느낌과 연결돼 보세요.

촉발 요인: 의사 진료 예약

노출(상상): 의사에게 자신이 가장 두려워하는 병에 걸렸을지도 모른다는 말을 듣는 상상 스크립트를 만들어 연습해 봅니다. 이때 자신의 감정에 집중해 봅시다.

촉발 요인: 내가 아프거나, 죽을지도 모른다는 생각

노출(실제 상황): 친구나 파트너에게 맥박이나 머리의 열을 체크해 달라고 요청하지 말고, "확실하지 않은 병에 걸린 것 같아."라고 말해 보세요. 몸에서 느껴지는 느낌과 연결돼 봅시다.

참고문헌

Abramowitz J. S., S. Taylor, and D. McKay. 2009. "Obsessive-Compulsive Disorder." *Lancet 374*(9688): 491-9.

American Psychiatric Association. 2013. *Diagnostic and Statistical Manual of Mental Disorders (DSM-5), 5th ed.* Arlington, VA: American Psychiatric Association.

Amir, N., L. Cashman, and E. B. Foa. 1997. "Strategies of Thought Control in Obsessive-Compulsive Disorder." *Behaviour Research and Therapy 35*(8): 775-7.

Arch, J. J., C. Davies, G. H. Eifert, J. C. Plumb Vilardaga, R. D. Rose, and M. G. Craske. 2012. "Randomized Clinical Trial of Cognitive Behavioral Therapy (CBT) Versus Acceptance and Commitment Therapy (ACT) for Mixed Anxiety Disorders." *Journal of Consulting and Clinical Psychology 80*(5): 750-65.

Catalino, L. I., S. B. Algoe, and B. L. Fredrickson. 2014. "Prioritizing Positivity: An Effective Approach to Pursuing Happiness?" *Emotion 14*(6): 1155-61.

Craske, M. G., M. Treanor, C. Conway, T. Zbozinek, and B. Vervliet. 2014. "Maximizing Exposure Therapy: An Inhibitory Learning Approach." *Behaviour Research and Therapy 58*: 10-23.

De Dreu, C. K, L. L. Greer, M. J. Handgraaf, S. Shalvi, G. A. Van Kleef, M. Baas, F. S. Ten Velden, E. Van Dijk, and S. W. Feith. 2010. "The Neuropeptide Oxytocin Regulates Parochial Altruism in Intergroup Conflict Among Humans." *Science 328*(5984): 1408-11.

Eisen, J. L., M. A. Mancebo, A. Pinto, M. E. Coles, M. E. Pagano, R. Stouf, and S. A.

Rasmussen. 2006. "Impact of Obsessive-Compulsive Disorder on Quality of Life." *Comprehensive Psychiatry 47*(4): 270-5.

Gilbert, P., and S. Procter. 2006. "Compassionate Mind Training for People with High Shame and Self-Criticism: Overview and Pilot Study of a Group Therapy Approach." *Clinical Psychology and Psychotherapy 13*: 353-79.

Goodman, W. K. 1989. "The Yale-Brown Obsessive Compulsive Scale: Development, Use, and Reliability." *Archives of General Psychiatry 46*(11): 1006-11.

Gururaj, G. P., S. B. Math, J. Y. Reddy, and C. R. Chandrashekar. 2008. "Family Burden, Quality of Life and Disability in Obsessive Compulsive Disorder: An Indian Perspective." *Journal of Postgraduate Medicine 54*(2): 91-7.

Harris, R. 2009. "Mindfulness Without Meditation." HCPJ October: 21-24. http://www.actmindfully.com.au/upimages/Mindfulness_without_meditation_--_Russ_Harris_--_HCPJ_Oct_09.pdf.

Harvard Medical School. 2005. National Comorbidity Survey (NCSSC). (2017, August 21). Retrieved from https://www.hcp.med.harvard.edu/ncs/index.php. Data Table 2: 12-month prevalence DSM-IV/WMH-CIDI disorders by sex and cohort.

Hofmann S. G., and J. A. Smits. 2008. "Cognitive-Behavioral Therapy for Adult Anxiety Disorders: A Meta-Analysis of Randomized Placebo Controlled Trials." *Journal of Clinical Psychiatry 69*(4): 621-32.

Hoge, E. A., B. K. Hölzel, L. Marques, C. A. Metcalf, N. Brach, S. W. Lazar, and N. M. Simon. 2013. "Mindfulness and Self-Compassion in Generalized Anxiety Disorder: Examining Predictors of Disability." *Evidence-Based Complementary and Alternative Medicine*. Epub Sep 23. doi: 10.1155/2013/576258.

Kabat-Zinn, J. 2003. "Mindfulness-Based Interventions in Context: Past, Present, and Future." *Clinical Psychology: Science and Practice 10*(2): 144-56.

Key, B. L., K. Rowa, P. Bieling, R. McCabe, and E. J. Pawluk. 2017. "Mindfulness-Based Cognitive Therapy as an Augmentation Treatment for Obsessive-Compulsive Disorder." *Clinical Psychology and Psychotherapy 24*(5): 1109-20. doi:10.1002/cpp.2076.

Koran, L. M., G. L. Hanna, E. Hollander, G. Nestadt, H. B. Simpson, and the American Psychiatric Association. 2007. "Practice Guideline for the Treatment of Patients with Obsessive-Compulsive Disorder." *American Journal of Psychiatry 164*(7 Suppl), 5-53.

López, A., R. Sanderman, and M. J. Schroevers. 2016. "Mindfulness and Self-Compassion as Unique and Common Predictors of Affect in the General Population." *Mindfulness* 7(6): 1289–96.

Luoma, J. B., and M. G. Platt. 2015. "Shame, Self-Criticism, Self-Stigma, and Compassion in Acceptance and Commitment Therapy." *Current Opinion in Psychology 2*: 97–101.

MacBeth A, and A. Gumley. 2012. "Exploring Compassion: A Meta-Analysis of the Association Between Self-Compassion and Psychopathology." *Clinical Psychology Review 32*(6): 545–52.

Marcks, B. A., R. B. Weisberg, I. Dyck, and M. B. Keller. 2011. "Longitudinal Course of Obsessive-Compulsive Disorder in Patients with Anxiety Disorders: A Fifteen-Year Prospective Follow-Up Study." Comprehensive Psychiatry *52*(6): 670–7.

Mauss, I. B., M. Tamir, C. L. Anderson, and N. S. Savino. 2011. "Can Seeking Happiness Make People Unhappy? Paradoxical Effects of Valuing Happiness." *Emotion 11*(4): 807–15.

Meyer-Lindenberg, A., G. Domes, P. Kirsch, and M. Heinrichs. 2011. "Oxytocin and Vasopressin in the Human Brain: Social Neuropeptides for Translational Medicine." *Nature Reviews. Neuroscience 12*(9): 524–38.

Murray, C. J., and A. D. Lopez. 1996. *Global Health Statistics: A Compendium of Incidence, Prevalence, and Mortality Estimates for over 200 Conditions*. Cambridge, MA: Harvard School of Public Health.

Neely, M. E., D. L. Schallert, S. S. Mohammed, R. M. Roberts, and Y. Chen. 2009. "Self-Kindness When Facing Stress: The Role of Self-Compassion, Goal Regulation, and Support in College Students' Well-Being." *Motivation and Emotion 33*(1): 88–97.

Neff, K. D. 2011. "Self-Compassion, Self-Esteem, and Well-Being." *Social and Personality Psychology Compassion* 5(1): 1–12.

Neff, K. D., and S. N. Beretvas. 2013. "The Role of Self-Compassion in Romantic Relationships." *Self and Identity 12*(1): 78–98.

Neff, K. D., and C. K. Germer. 2013. "A Pilot Study and Randomized Controlled Trial of the Mindful Self-Compassion Program." *Journal of Clinical Psychology 69*(1): 28–44.

———. 2018. *The Mindful Self-Compassion Workbook: A Proven Way to Accept Yourself, Build Inner Strength, and Thrive*. New York: Guilford Press.

Neff, K. D., Y. Hsieh, and K. Dejitterat. 2005. "Self-Compassion, Achievement Goals, and

Coping with Academic Failure." *Self and Identity 4*(3): 263-87.

Neuroskeptic. 2012. "The 70,000 Thoughts Per Day Myth." May 9. Discover Magazine (blog). http://blogs.discovermagazine.com/neuroskeptic/2012/05/09/the-70000-thoughts-per-day-myth/#.WzaWetgzr3h.

Norris, C. J., D. Creem, R. Hendler, and H. Kober. 2018. "Brief Mindfulness Meditation Improves Attention in Novices: Evidence from ERPs and Moderation by Neuroticism." *Frontiers in Human Neuroscience 12*: 13. doi: 10.3389/fnhum.2018.00315.

Obsessive Compulsive Cognitions Working Group. 2005. "Psychometric Validation of the Obsessive Belief Questionnaire and Interpretation of Intrusions Inventory-Part 2: Factor Analyses and Testing of a Brief Version." *Behaviour Research and Therapy 43*(11): 1527-42.

Pinto, A., M. C. Mancebo, J. L. Eisen, M. E. Pagano, and S. A. Rasmussen. 2006. "The Brown Longitudinal Obsessive Compulsive Study: Clinical Features and Symptoms of the Sample at Intake." *Journal of Clinical Psychiatry 67*(5): 703-11.

Pollard, C. A. 2017. "Articulating Disconfirmable Core Fears, A Key Component of Useful Case Formulations." Conference presentation, IOCDF, San Francisco, July 8.

Raes, F. 2010. "Rumination and Worry as Mediators of the Relationship Between Self-Compassion and Depression and Anxiety." *Personality and Individual Differences 48*(6): 757-61.

Rasmussen, S. A., and J. L. Eisen. 1990. "Epidemiology of Obsessive Compulsive Disorder." *Journal of Clinical Psychiatry 51*(Suppl): 10-13.

Rasmussen, S. A., and M. T. Tsuang. 1986. "Clinical Characteristics and Family History in DSM-III Obsessive-Compulsive Disorder." *American Journal of Psychiatry 143*(3): 317-22.

Regier, D. A., M. E. Farmer, D. S. Rae, J. K. Myers, M. Kramer, L. N. Robins, L. K. George, M. Karno, and B. Z. Locke. 1993. "One-Month Prevalence of Mental Disorders in the United States and Sociodemographic Characteristics: The Epidemiologic Catchment Area Study." *Acta Psychiatrica Scandinavica 88*(1): 35-47.

Rhéaume, J., R. Ladouceur, M. H. Freeston, and H. Letarte. 1995. "Inflated responsibility in obsessive compulsive disorder: Validation of an operational definition." *Behaviour Research and Therapy 33*(2): 159-69.

Schooler, J. W., D. Ariely, and G. Loewenstein. 2003. "The Pursuit and Assessment of Happiness May Be Self-Defeating." In *The Psychology of Economic Decisions, vol. 1*, edited by I. Brocas and J. D. Carrillo. New York: Oxford University Press.

Simpson, H. B., M. R. Liebowitz, E. B. Foa, M. J. Kozak, A. B. Schmidt, V. Rowan, et al. 2004. "Post-Treatment Effects of Exposure Therapy and Clomipramine in Obsessive-Compulsive Disorder." *Depression and Anxiety 19*(4): 225-33.

Society of Clinical Psychology. 2019. "Exposure and Response Prevention for Obsessive Compulsive Disorder." https://www.div12.org/diagnosis/obsessive-compulsive-disorder/.

Sookman, D., and G. Pinard. 2002. "Overestimation of Threat and Intolerance of Uncertainty in Obsessive Compulsive Disorder." In *Cognitive Approaches to Obsessions and Compulsions: Theory, Assessment, and Treatment*, edited by R. O. Frost and G. Steketee. Oxford: Elsevier Science.

Tangney, J. P. 2002. "Perfectionism and the Self-Conscious Emotions: Shame, Guilt, Embarrassment, and Pride." In *Perfectionism: Theory, Research, and Treatment*, edited by G. L. Flett and P. L. Hewitt. Washington, DC: American Psychological Association.

Tangney, J. P., and R. L. Dearing. 2002. *Shame and Guilt*. New York: Guilford Press.

Taylor, S. 2011. "Early versus late onset obsessive-compulsive disorder: Evidence for distinct subtypes." *Clinical Psychology Review 31*(7): 1083-100.

Thompson, B. L., and J. Waltz. 2008. "Self-Compassion and PTSD Symptom Severity." *Journal of Traumatic Stress 21*(6): 556-8.

Thompson-Hollands, J., T. J. Farchione, and D. H. Barlow. 2013. "Thought-Action Fusion Across Anxiety Disorder Diagnoses: Specificity and Treatment Effects." *The Journal of Nervous and Mental Disease 201*(5): 407-13.

Torres, A. R., M. J. Prince, P. E. Bebbington, D. K. Bhugra, T. S. Brugha, M. Farrell, R. Jenkins, G. Lewis, H. Meltzer, and N. Singleton. 2007. "Treatment Seeking by Individuals with Obsessive-Compulsive Disorder from the British Psychiatric Morbidity Survey of 2000." *Psychiatric Services 58*(7): 977-82.

Twohig, M. P., J. S. Abramowitz, E. J. Bluett, L. E. Fabricant, R. J. Jacoby, K. L. Morrison, L. Reuman, and B. M. Smith. 2015. "Exposure Therapy for OCD from an Acceptance and Commitment Therapy (ACT) Framework." *Journal of Obsessive-Compulsive and Related*

Disorders 6: 167–73.

Twohig, M. P., J. S. Abramowitz, B. M. Smith, L. E. Fabricant, R. J. Jacoby, K. L. Morrison, E. J. Bluett, L. Reuman, S. M. Blakey, and T. Ledermann. 2018. "Adding Acceptance and Commitment Therapy to Exposure and Response Prevention for Obsessive–Compulsive Disorder: A Randomized Controlled Trial." *Behaviour Research and Therapy 108*: 1–9.

Weingarden, H., and K. D. Renshaw. 2015. "Shame in the Obsessive Compulsive Related Disorders: A Conceptual Review." *Journal of Affective Disorders 171*: 74–84.

Werner, K. H., H. Jazaieri, P. R. Goldin, M. Ziv, R. G. Heimberg, and J. J. Gross. 2012. "Self-Compassion and Social Anxiety Disorder." *Anxiety, Stress and Coping 25*(5): 543–58.

Williams, J. M G. 2008. "Mindfulness, Depression and Modes of Mind." *Cognitive Therapy and Research 32*(6): 721–33.

Yadin, E., E. B. Foa, and T. Lichner. 2012. *Treating Your OCD with Exposure and Response (Ritual) Prevention Therapy. 2nd ed.* New York: Oxford University Press.

찾아보기

인명

내용

저자 소개

마리사 T. 마자(Marisa T. Mazza, PsyD)는 임상 심리학자이자 초이스테라피 심리 서비스(Choicetherapy Psychological Services, Inc.)의 설립자입니다. 그녀는 15년 이상 강박증(OCD)과 불안장애를 가진 사람들을 돕기 위해 근거 기반 치료법을 활용해 왔습니다. 캘리포니아주 샌프란시스코에서 개인 치료실과 집중 외래 환자 프로그램을 개설하여 운영하고 있습니다. 마자와 그녀의 팀은 수용전념치료(ACT), 노출 및 반응 방지(ERP), 연민 중심 치료(CFT) 등 근거 기반 치료법을 통합하여 성인과 청소년에서의 강박 사고와 강박 행동 간의 관계를 변화시켜 활기차게 살아갈 수 있도록 돕고 있습니다. 그녀는 국제 강박증 재단의 지역 계열사인 강박증 샌프란시스코 베이 지부(OCD SF Bay Area)의 이사, 샌프란시스코 베이 지부의 맥락행동과학협회 회장, 샌프란시스코 대학교 교육학과의 교수로 재직하고 있습니다.

서문의 작성자 리사 W. 코인(Lisa W. Coyne) 박사는 임상심리학자이자 연구자로서 20년 이상 어린이, 청소년 및 가족의 심리적 안녕을 개선하기 위해 노력해 왔습니다. 현재 하버드 의과대학의 맥린 병원에서 아동 및 청소년 정신과 조교수로서 불안장애와 강박증 치료를 전문으로 하고 있습니다.

역자 소개

신재현(Shin Jaehyun)

계명대학교 의과대학 졸업
정신건강의학과 전문의
정신의학 칼럼니스트
대한맥락행동과학회 회원
한국인지행동치료학회 인증 인지행동치료 전문가
강남푸른정신건강의학과의원 대표원장
저서: 어른의 태도(위즈덤하우스, 2022), 내가 살린 환자, 나를 깨운 환자 (공저, 황소자리, 2022), 나를 살피는 기술(부크럼, 2020)
역서: 변형적 의자기법(공역, 학지사, 2020)

이규홍(Lee Kyuhong)

가톨릭대학교 의과대학/의학전문대학원 졸업
정신건강의학과 전문의
대한맥락행동과학회 회원
있는그대로 정신건강의학과의원 대표원장
저서: 핵심정신의학(공저, 군자출판사, 2019)

강박증 스스로 치료하기

수용전념치료(ACT)가 알려 주는 강박증과 더불어 잘 사는 법

The ACT Workbook for OCD:
Mindfulness, Acceptance, and Exposure Skills to Live Well with Obsessive-Compulsive Disorder

2025년 4월 20일 1판 1쇄 인쇄
2025년 4월 30일 1판 1쇄 발행

지은이 • Marisa T. Mazza, PsyD
옮긴이 • 신재현 · 이규홍
펴낸이 • 김진환
펴낸곳 • ㈜학지사
04031 서울특별시 마포구 양화로 15길 20 마인드월드빌딩
대표전화 • 02-330-5114 팩스 • 02-324-2345
등록번호 • 제313-2006-000265호

홈페이지 • http://www.hakjisa.co.kr
인스타그램 • https://www.instagram.com/hakjisabook

ISBN 978-89-997-3397-0 93180

정가 22,000원

역자와의 협약으로 인지는 생략합니다.
파본은 구입처에서 교환해 드립니다.